经营改变世界

吉利传奇

王自亮　著

中国出版集团
東方出版中心

CONTENTS
目录

第十二章

DSI：闪电式收购

第十三章

沃尔沃并购始末(上)

第十四章

沃尔沃并购始末(下)

第十五章

从兰州，穿越中亚西亚

卷四 “力量在风中回荡”

楔　子

据说一只亚马逊河流域热带雨林中的蝴蝶翅膀偶尔的扑闪，会搅动起得克萨斯州的一场龙卷风，由此我可以推及，世间一个偶发事件的降临，一种熟悉事物的亡佚，一句舌头不受管辖时的言辞，也能改变人的整个生活。

2010年元旦清晨，我照例7时左右起床。吃过早饭，下意识地朝窗外投去一瞥：为何不见接我去公司上班的帝豪EC718的影踪？那台JL4G18发动机在南方细雪中发出的匀称而欢快的声音哪里去了？

几秒钟后心里就明白过来：是的，我已经离开了吉利汽车公司。今天又是节日，什么都不必如此操心了！因为频繁出差，以前人们管我叫“空中飞人”，现在终于可以过上“赋闲”的日子了。

这是我自己几个月前就作出的决定。“蝴蝶”会死亡，新的秩序却难以建立，因为“风暴”诞生后是不受控制的。

似乎一切早就定局：我要离开吉利。是的，我要离开这个正如朝日般上升的中国汽车公司，在吉利收购沃尔沃取得决定性胜利前夕，离开它。离开四年来与我朝夕相处的伙伴们，告别流光溢彩的集团总部大楼、焕然一新的汽车展厅，还有耳畔熟悉的钱塘江涛声……

我还清楚地记得几个月之前在成都一个晚宴间隙与李书福简短的交谈。

2009年10月28日，美国福特公司宣布吉利汽车公司为沃尔沃汽车公司首选竞购方。显然，这是一个里程碑式的时刻。

这一天我和李书福正好在成都。我们在吉利成都基地举行了一款新车下线仪式。那天晚上受到成都市委书记会见，市长设晚宴招待。当电视里播出“吉利成为沃尔沃公司首选竞购方”的消息时，晚宴的氛围由热络转为激奋。

在座的还有中国机械工业联合会副会长张小虞，成都市政府和吉利基地所在地龙泉驿区的领导们，还有吉利集团其他高管。看罢这条信息，大家情不自禁地发出一阵欢呼。为了纪念这个历史性的时刻，市长提议我们在大厅里拍个合影照。

镁光灯不停闪烁，而我却意识到这些照片也许正是自己告别吉利汽车的留影。

席间听了我想辞去吉利控股集团副总裁兼新闻发言人职务，并“暂时”离开吉利的请求，李书福显然吃了一惊，甚至掩饰不住一丝不快。为了不让旁边的人听到，我把声音压低到耳语的程度，董事长清晰地接收到了这个信息。

记不清当我说出这番话时，他的脸部表情是惊愕还是茫然，因为在最近一段时间里，他对我非常器重，甚至夸奖我已经从“歼击机”跃升为“战略轰炸机”了。还有一次从天津回北京，我俩都喝了一点“革命小酒”，在车上李书福对我说，要“把汽车进行到底”，他可以干到 90 岁。

“王总，你就干到 80 岁吧，呵呵！”他笑着说，还哼起了《革命人永远是年轻》。

此刻我却要提出离开吉利，他感到非常意外。就像有人说他要改行做电影明星一样，有点匪夷所思。不过他到底是“身经百战”的人，很快就恢复常态，说了一句“我们再找个时间好好商议这件事吧”。

此后的几个月里，我和李书福多次探讨过我的去留问题。我提出了一百个理由，他都不赞成。有一次他甚至这样说，“你为什么要作出这个决定？难道你觉得吉利前途渺茫吗？你是否最近意识到工作上有什么特殊困难或者这几年干得太吃力？你们这些官员出身的人，就是思想太复杂。干汽车多有意思啊！”

我很快否定了这些：“我以后会告诉你真实原因的，不过我去意已决，还是暂时离开吧。我累了。再说我还有另外的想法，我的归宿不在企业。我可以继续以别的方式为吉利服务。你觉得如何？”李书福沉默半晌，终于答应了。

2010 年元旦假期结束，我开始谋求新的职业，到高校任教。在政府工作期间，我与学界联系比较密切。“大学精神”是我向来所推崇的，培育年轻一代是我所向往的事业。大学才是我的精神家园，在那里可以过上我的理想职业生涯。当然，我还有更加重要的理由，这也是由我的个性和价值观决定的。不管怎么说，大半辈子都献给社会和公众了，我从今往后应该为自己的想法而活着，起码为我所推崇的事业活着，做自己认定值得做的事。这不应算是过分吧？

过了几天，媒体就陆续知道我离开吉利了。

“请问，您为何在吉利收购沃尔沃最为关键的时刻离开吉利？”

“您为什么离开吉利？有什么深层次原因吗？您是否跟李书福董事长之间发生了不可调和的争执？您对自己这些年的工作业绩和行业影响力是如何评价的？是您自己提出离开的吗？李书福对此事的态度是什么？您什么时候萌发了离开吉利的念头？”

“您能否跟我们媒体独家透露一下您下一步的打算？您的继任者是谁？

我们怎么跟他取得联系?”

元旦之后的那些日子,我忙于接这样的电话。好多好多。

我真的很服帖。资讯时代,信息飞快,过目即忘。可是这次他们一点也不放过我。部分原因是这些年我在吉利控股集团主管传播、企划和公关,特别是我还兼任吉利集团新闻发言人,跟媒体形成了某种“鱼水关系”。更大的原因是,吉利和李书福本人正处在一个关键时刻,吉利汽车在这次金融危机中表现出色,口碑攀升,即将完成收购世界一线汽车品牌沃尔沃汽车。正因为这一点,他们更不会轻易放弃我在这个时候离开吉利这个题材。

记得2007年8、9月间,我曾经跟一位吉利集团高管开过一句玩笑:“还是无法设想,有一天我这个新闻发言人突然宣布:本新闻发言人将辞去新闻发言人职务。”

在好多天的应付中,我真的有点烦了,干脆告诉媒体:“我还没有离开吉利,只是去组建一个咨询公司继续服务于吉利。”记者紧追不舍:“跟沃尔沃并购有关吗?”我只好回答:“有关,有关!”

第二天,我登录互联网,竟然发现有这样的报道文字:“吉利汽车副总裁兼新闻发言人王自亮先生,并没有真正离开吉利,他受命组建一家公关咨询公司,据称这家公司与吉利收购沃尔沃有关。”

当晚我接到一位老友的电话:“听说你要去沃尔沃工作啦?怎么不告诉我一下?”三人成虎,哭笑不得。

甚至路透社、法新社、彭博通讯社和《华尔街日报》驻华记者也来电询问,“王先生,是什么原因促使你离开吉利,尤其是眼下离开?”

其实,这时我也在想着这些问题:这四年是怎么过来的?我经历了哪些事?吉利给了我什么,而我又给吉利带来了什么?我的选择是经过慎重考虑的还是“冒失”的?如果将我在吉利的业绩和缺失两两相抵的话,结论是什么?我究竟度过哪些“艰难时刻”,经历过吉利大变局中的哪些“关键时刻”?什么人和哪些事在我心中是难以忘怀的?这些年我跟李书福和经营管理团队是如何相处的?作为曾经的“职业经理人”,该如何对自己作出评估?还有,四年的汽车职业生涯,在我的一生中意味着什么?

回答这些问题很难,也很容易。

说难,就是用最细腻的笔触,也很难叙说这些日子我的种种际遇,因为在企业做事,并不是靠已有的社会资源和“政治动员力”进行的,也不是靠什么小聪明可以蒙混过关的,这是一场充满艰辛而又无处可说的“战役”,就我个人来说,这是一次没有先例的尝试。

自然,我所对付的,是一些很棘手的事,所解决的,经常是任何人也不会告诉我解决方法和途径的问题。比如，怎么样通过精准而有力的传播，把企业和产品的形象确立起来？又比如，参与那些重大车展时，如何通过策划和运作，让观众流连忘返，令世人过目难忘？还有，怎样通过现场活动和媒体传播，使吉利的新技术和新产品，成为街谈巷议对象？

我既不是中宣部长，也非穿街走巷吆喝的，但必须要做到上面所说的这些，达到理想的传播和公关效果，否则企业一刻也不需要我。我知道，我的工作和汽车主营业务的关系，是“毛”和“皮”的关系，用古人的话说，“皮之不存，毛将焉附”？要承认自己的工作是“毛”，而且是一根愉快的“毛”，附着在主营业务的“皮”上，就是含着泪水也要把“毛”梳理得魅力无比。这是我心里明白，却很长一段时间不肯多说的。

有一次，我坐飞机到兰州，邻座是一个小企业主，问我服务于哪个企业，我说自己是吉利的，他马上说：“听说你们吉利有一项技术很先进，跟爆胎有关？”当时，我心里的那个快活真叫爽。对吉利独有的“爆胎监测与安全控制系统”(BMBS)这项技术的推广和传播，我们动了不少脑筋，因这次极其偶然的机会，通过飞机上邻座告诉我的信息，我知道“全国人民”接受这一点了！

还有一次，在湘潭的吉利基地参加公司成立22周年庆典活动时，湖南省几位领导都很高兴地跟李书福说，你们今天的活动搞得太好了，这才是真正的企业文化。我看到省长们在活动中流下了激动的泪水，知道我“导演”的企业节庆活动，取得了圆满成功。更重要的是，在金融危机之中，温家宝总理批示要学习吉利经验，还亲临吉利湖南基地视察，我们都沉浸在喜悦之中。我心里自然明白是什么能使总理来到吉利。我们有一种巨大的成就感。

2007年吉利处于低谷时期，我作为主管传播、公关、企划和品牌高管，自然心情沉重。我有被人误解的一面，也有经验缺乏、工作不到位的一面。可是我的压力再大，也没有李书福和集团总裁杨健的压力大。我很希望自己以建设性的姿态，与这个经营团队一起，扭转这个局面。但这谈何容易？于是我就忘情工作，奔波于途，几个月未见家人的面。我和同事日夜探索产品宣传与车展、广场活动等形式的融合，与新闻中心和销售公司一起，通过上海车展品牌系列求证活动、长春汽车拉力赛、厦门车展现场安全碰撞活动、董事长济南签名售车和影视嵌入式传播，同时经过销售公司的巨大努力，取得了很好的营销效果，重新打开局面。这个时期，我对自己的唯一要求就是：“不要趴下，身体不能出问题！”

回答我上面提出的这些问题，说容易也真容易。

这四年，我算是经过了一些“生死考验”。我在嬉笑怒骂中与“老板”结下了深厚情谊，通过做事处事得到了媒体的认同，也得到了员工的配合。因为忙，因为压力大，注意力就高度集中，也无暇顾及其他，所有的爱好都置之不顾，所有的杂事都搁置不管，每年几十趟上百次出差，把飞机称为“飞的”，有一天甚至起降了六次。好多次我和同事驱车出差，早出晚归，跑六七百公里是家常便饭。大小车展，大小会议，大小活动……因为忙，就没有时间忧愁。因为压力大，就想到“压力千斤，命就一条”，反而也就心安了。

再说，这四年中国社会和汽车行业变化太大了，也太快了。作为一个行业之外的人士，进入汽车行业之后，我如何适应这些变化，也是个考验。

先是高速发展，接着进入调整，国际金融危机接踵而至，通胀和滞涨交替出现；世界性能源危机，中国汽车社会如期降临，自主品牌崛起；汽车产业内部电子电器与机械的高度融合，世界范围内汽车产业的转移、重组和格局调整，通用帝国的轰然倒塌和丰田盛极一时后的危机隐现，以及新能源“雷声”和“雨点”的交织。

而我在吉利这四年，也正好是它变化最大，转身最为迅速的四年。目睹吉利转身，我见证吉利的挫折和成功，见证吉利生产布局和技术体系成形，看到了质量、品质和技术的提升，经历了一系列海外并购，特别是成功收购沃尔沃。

2008 年 1 月，本书作者(右)与吉利控股集团董事长李书福在北美车展吉利展台合影

总的来看，吉利这些年的发展，就像一部情节剧，其间穿插了危机与兴盛、低谷与高潮、预期与悬念，一波三折的故事情节，很是脍炙人口。如“广告门事件”和“换标”过程，如销售危机和随后供不应求的局面，《宁波宣言》的发表和

底特律北美车展，金融危机中的不凡身手和高盛[①]的加入，收购沃尔沃从神秘酝酿到成为“首选竞购方”，以及职业经理人队伍的壮大和营销的成功。有幸亲历这些事，还扮演其中的角色，就我的工作性质和职位要求而言，不仅“纸上谈兵”很多次，而且“舞枪弄棒”了多少回，也算不枉费心血了。一个字：值！

现在，可以卸下重担了。我要松一口气。

可树欲静而风不止。由于我的特殊经历，我身上职业经理人、政府官员和媒体领导“三位一体”的微妙性，似乎社会公众从未“放过”我。此刻，我已经不自觉地肩负起新的“使命”了，就是社会公众与吉利汽车之间需要一个精神纽带，一个“流动的剧场”，一场旷日持久的对话。

我知道，其实公众和媒体更关心的问题是：吉利汽车的技术、品质和安全究竟如何？吉利并购沃尔沃之后，路怎么走？能否笑到最后？李书福究竟是个什么人？他有多大的能耐可以成为中国汽车工业的扛鼎人物？他说的“力量在风中回荡”到底是什么意思？

这些天我经常问自己：我能担当这件事吗？我能把这个波澜壮阔的活剧报道出来吗？能把自己的喜悦和苦恼，以及种种“郁闷”写出来吗？我能呈现细节、解开悬念、作出提示吗？还要回答一个不容回避的问题，那就是：我为何离开吉利？特别是，为何选择在吉利收购沃尔沃眼看就要成功的日子离开？

于是，我就听从这个“至高律令”，试图表现我所亲历的事，和那些四年来曾经与我朝夕相处的人，特别是解答我应该回答的那些峻切的问题。

---

① 高盛：高盛集团(Goldman Sachs)，成立于1869年，是一家国际领先的投资银行和证券公司，向全球提供广泛的投资、咨询和金融服务，拥有大量的多行业客户，包括私营公司、金融企业、政府机构以及个人。

卷一
危机与蜕变

“什么事都不可能一成不变，世事殊为难料”，没有想到的是，日后这位貌不惊人的企业家，竟会成为我的“老板”。应验的不仅仅是职业上的变化、位置的转移，更重要的是，社会变迁的潮流激荡不已，一种巨大的吸附力和向心力，总会改变人的命运。

在许多重大场合，我都目睹李书福受到明星一般的追捧，请他签名和要求合影的人群如潮涌来，无法阻挡。曾经分析为什么会有这等情形出现，我最后的结论是，就因为李书福有着一个特别吸引人的特点——“知其不可为而为之”。

2007年，在吉利遭遇危机、四面楚歌的时候，吉利团队在李书福的带领下力挽狂澜。在被称为突袭行业“珍珠港”的“广告门事件”，出其不意的《宁波宣言》，举世瞩目的“换标记”之后，吉利终于如凤凰涅槃般浴火重生。

第一章 加盟吉利

第一节 徐刚陪我看吉利

2002年6月，新任吉利集团CEO徐刚给我打来一个电话，问我想不想来吉利看看。我很高兴地答应了。

这个时候，吉利已经造车几年，而且因为中国加入WTO，国家有关部门就要给吉利发“准生证”了。于是，我赶到吉利浙江临海基地，与徐刚见面。我认识他很早，约莫20世纪80年代末期，他在浙江省黄岩市财税局任职时。

看得出来，徐刚到吉利不久，热情似火，雄心勃勃。

从临海到宁波，我们一路上热烈地谈论着吉利的未来。记得徐刚这时搞了一些很宏大的吉利汽车发展规划，似乎都以“狮子”和“豹子”等命名的。那时李书福和他就想每年造车几十、上百万辆。虽然对这件事有点将信将疑，我还是被这种精神所感染。

那天到了吉利宁波基地，的确觉得吉利很有活力。车间里一派热火朝天，没想到李书福他们把汽车四大工艺①全搞起来了。虽然没有参观合资企业和国外汽车企业生产线时所见的壮观情景，却也初具规模，有声有色，大工业的景象霎时间映入眼中，具备了未来派“力与美”的感觉。

在食堂跟吉利那些员工和管理人员聊天，我发现他们都很精干、有想法，骨子里透露出一股冲劲。我心里暗想，李书福还是有点厉害，这些人的劲头准是他给鼓动起来的。我向来欣赏认准方向后的忘情与投入，这次又找到例证了。我到吉利宁波基地的时候已经很晚了，随徐刚到办公区转了一会，发现灯火通明，似乎管理团队与文员们都在加班。

空地上停着从总装车间出来的新车，就像一支刚招募的新兵，装束简陋却透出一股刚毅的劲道，还真有一种英武之气。

徐刚似乎觉察到我惊异的表情，于是探询我能否像他这样干脆下海，投奔吉利。晚饭后，我和他为这件事谈了好长时间。尽管我深受吉利上下士

---

① 汽车四大工艺：是指在汽车生产过程中，冲压、车身、涂装、总装这四大工艺。

气冲天的鼓舞，似乎也瞥见了它的远大前景，但还是下不了决心。其实我和他想的并不是一回事，他是感到了一种前所未有的刺激和动力，而我更多的是领受浙江商人的精明能干和无所畏惧。我要更多地深入他们的内心，增加一种洞察力。我很喜欢自己既是“局内人”又是“局外人”的感觉。

徐刚还说，他现在跟李书福很通气，有些事情都可以直接定下来的。他也开列了很多吸引人的条件。说实在的，我那时觉得，这么多年在机关和媒体工作，即使一咬牙下了海，是否真的适应企业生活，根本就是个未知数。

当晚我就在徐刚的宿舍里休息。他很忙，从办公室回来已经快半夜了。我们又谈了很久，其情景有点像“文革”后期我等早熟少年讨论“中国向何处去”之类问题，对中国汽车工业的前途畅想了一番。其实这些问题是不需要我们这些人考虑的，大概这一代人的特点就是这样吧：思想情感上可以与权贵不合作，但对有益于民生的事，还是希望多做一点。想到第二天还要回省政府上班，我就不打扰徐刚了。次日我就回到杭州，此事也就按下不表。

2002 年 6 月底，作为“中长期调查员”，我赴日本考察现代物流。

当晚住进静冈一家名为 Hotel Associa Shizuoka Terminal 的酒店，我闲着无事打开电视，想不到著名的 NHK 正在播出吉利汽车推出新款轿车——优利欧的专题报道。我惊呆了。为何到日本一打开电视就看到了吉利和李书福？只是觉得冥冥之中，似乎有根什么线，把我和李书福以及吉利拴在一起，到哪儿都挣脱不了。

从电视镜头上看来，因为优利欧的出世，穿着深蓝色工作服的李书福显得异常兴奋，和一个名叫矢吹晋的日本某大学教授对谈一番，还开着他制造的那款新车，回了一趟浙江东南沿海一个叫“路桥”的老家，让父母亲瞧一瞧。

在与双亲聊天时，李书福居然嘿嘿地笑了起来，像一个逃学在外却带了个小发明回来的顽童，既羞涩，又自豪。

正是这些日子里，素有“价格杀手”之称的吉利自主开发的第一代三厢式轿车——优利欧在宁波基地隆重下线。随后举行的新闻发布会，宣布这款新车型的市场售价——7.69 万元，参会的众多经销代理商争抢优利欧代理权。

以今天的眼光看来，吉利当年造出的美日、豪情和优利欧并不是什么惊世之作，质量上也稍逊一筹，但在普通版桑塔纳卖到 16 至 17 万元，而夏利也卖到 13 至 14 万元的年代，吉利汽车的价格着实使全国人民大吃一惊。优利欧是 7 万元，豪情和美日的价格更低，只有三四万元。也就是说，从吉利开始，一个最普通的中国人，都可以买上轿车，实现拥有私家车的梦想了。

优利欧还没有正式上市，就吸引了很多人的注意，媒体也不请自来，对李书福的这款新车作了大量报道。好多人都订了这款车。当然也有略显失望的，但人们还是觉得物有所值，皮实、廉价，发动机性能也不错，这是当时人们对吉利汽车的普遍感觉。要知道,在那种物质条件下,除了官方和“老板”,谁能买得起十几万或几十万元的轿车啊!

从汽车发展史的角度看,吉利对中国的第一个冲击波,就是以低成本和低价格强行进入汽车行业,使中国汽车在价格上“集体跳水”。李书福们以“汽车进家庭”的观念,把中国汽车从“神坛”上请下来,走进了寻常百姓家庭。

从此,轿车成了真正的代步工具。以前可不是这样的。正如后来郭孔辉院士①告诉我的,为什么中国人把日本人称为“自动车”的玩意儿叫做“轿车”呢?因为在中国人心目中,这是官府大人的座驾,就像先前的“八抬大轿”,都是有身份的官老爷坐的,还不都是“轿”嘛!

2002年10月,我陪同杭州一家杂志社主编去宁波采访李书福,结果很不幸,快到北仑港时出了车祸,我挂了彩,右臂撞成粉碎性骨折。在北仑医院稍微包扎一下,徐刚派车子送我回杭州治疗。我当然有点郁闷,心想,真是出师不利,怎么就这么倒霉?当晚动了四个小时手术之后,我静卧疗伤。

过了三四天,李书福给我来了一个电话。我自然高兴,就跟他聊起来,说伤好之后再拜访他。谁知他还未曾慰问我,却呵呵笑出声来,“你为什么不坐吉利车?要是这次你坐吉利车,就不会出事了!”

我知道,李书福这些年痴迷造车,做着他的中国好车梦,也很钦佩他,但想不到这个时候他竟然说出这句话,真要让我昏倒。

第二节 太平洋上空的“激战”

说起“加盟吉利”这个话题,我的思绪又回到了那次美国之行。

我们赴美考察这一天,正好是2月14日,2006年情人节。我们这个政府考察团的使命,是去联邦政府和华盛顿、纽约、旧金山等地考察应急指挥系统。那时我在浙江省政府工作,从事公共危机管理系统建设和应急预案制订。

入夜了。引擎在太平洋上空嗡嗡作响,飞机像一只孤独的蜂鸟,在夜空中寻求时间的同情。

屏幕上显示出“旧金山”的方位。这是一个富于西班牙式想象的地方,一个令人怀乡思旧的名字,有点像薄雾下的阳光——早年的辛酸,或消退的狂热。出乎我的意料,从上海前往旧金山并不径直穿越太平洋,而是经过日本的

① 郭孔辉:中国工程院院士,任吉林大学汽车学院院长、汽车动态模拟国家重点实验室主任、国务院学科评议组成员、中国科学技术协会常委、中国汽车工业协会副理事长、中国汽车工程学会常务理事兼技术工作委员会主任、吉林省暨长春市汽车工程学会副理事长、中国汽车工程学会操纵稳定性专业委员会主任、中国汽车标准化技术委员会车辆动力学分技术委员会主任委员。曾任美国密执安大学运输研究所客座研究员、国际太平洋汽车工程第五届学术会议技术委员会主席、世界汽车工程学会(FISITA)第25届年会技术委员会主席等职。

福冈、长崎后紧贴着白令海，作一次大弧度的飞行，就像一条连接两个不同世界的悬索桥。

大约穿越日本领空的时候，同伴中有位老兄跟我谈起了浙江的产业发展。我不经意间提到了“吉利汽车”四个字，他突然面孔涨得通红，说：“吉利汽车不行，质量太差，在高速公路上开久了就会散架。”还补充说：“李书福是个疯子，他还是个骗子。”听他这么一说，我不胜其烦，冲他高声说道：“说什么话都要有事实根据。你说的这两条有什么依据？我看你简直有点胡扯。”

这个时候飞机上的大多数人都在打盹或入睡。我的声音有点高，我们之间开始唇枪舌剑了。这个时候我很没有“礼貌”，甚至说他“胡言乱语”，“亏你还是个政府官员”。

我问他，你见过李书福吗？你去过吉利生产基地吗？你坐过吉利车吗？你了解吉利汽车的发动机吗？

他倒是说了实话：“没有。”

“那就请你免谈。”我说。

他气呼呼地不吭声了。周围的旅客对这场“论战”都听得犯傻了。我是省政府赴美考察团的秘书长，这时团长和同伴都出来解围。

其实，这时我对吉利汽车的质量、品质和技术还谈不上有什么深刻的认识，但我坐过吉利汽车，也去过吉利生产基地，虽然跟李书福没有经常在一起，但大致上知道他的创业历程和个性特点、他的眼光和目标。这些年养成一个习惯，就是“知人论世”，不可妄加评议。我还第一次听到有人这样看待吉利和李书福，感到很惊诧。

小我 5 岁的李书福和我是同乡，我们的出生地只隔着 6 公里的路程。但在飞越太平洋上空的这场激烈争论中，我如此捍卫吉利并不是出于乡情，力挺李书福也不仅是乡党情谊使然。

我觉得有更重大的理由引发这场论战，尽管当时我对那位同事说话时显得很“冲”，很有点过分。

在飞机上，我陷入了沉思：一个省级机关官员、资深公务员，对吉利汽车尚且抱有如此深重的“傲慢与偏见”，其他人就可想而知了。我不知道消费者是怎么看待吉利的，但吉利汽车在全国各地卖得不错，却是有据可查。

我知道，到 2006 年这个时候，吉利已经把汽车做得很精很工，自由舰早已出航，而金刚也炼就了。

我继续想着这件事。

为什么这样的企业和企业家时隔十几年还得不到理解和支持？是产品不行吗？这种偏见为什么不发生在消费者和社会公众那儿，偏偏发生在这些国家机关工作人员身上？这样侮慢的姿态，这般妄自菲薄的口吻，为何经常出自我们这些官员身上呢?

约莫进入白令海峡上空时,这场太平洋上空的"激战"结束了。

四周悄无声息。飞行在万米高空,似乎把人们抛入一个宝蓝色的奇异世界。此刻不需要争执论辩了,正如诗人昌耀说的:"有一天你发现你的呐喊阒寂无声空做姿态。"

当别人鼾声起伏时,我想得更多,美国反而变得一点也不重要了。于是,我把座位尽可能调得舒适一些,关闭阅读灯,这样可以掩饰我纷乱的心情。

其实我出国之前跟李书福有个约定。

自 2002 年徐刚陪我考察吉利后,李书福出于提升品牌和传播方面的需要,多次与我面谈或电话交谈,希望我加盟吉利。动情时,他分析利弊得失,指出中国汽车工业和吉利的目标与蓝图,仿佛邀我参加一次时间之战或命运之役,言之凿凿,实难推拒。这次,他要我出国回来就作出是否投身企业的决定,要有一个最后答案。用他的话说,就是"我们是否可以携手合作"。

我在浙江省政府部门工作那些年间,一次他和时任吉利集团办公室主任的赵杰到省政府办事,在我的办公室坐了一会,眉头紧锁地说:"办企业很难啊!"听了这话我心里有点愀然。自然我也对他好生劝慰了一番。对于有些事,我感到爱莫能助。

过了半年他突然打电话给我,起先用一种恳切的语气说:"你到企业来吧,我需要你!"谈到企业的发展,特别说到吉利最近几年来质量、技术有了跨越发展,可是品牌的提升几同蜗牛,李书福用几乎不容置疑的口气说:"这里的平台很大,就这样决定了吧!"

当时并没有贸然答应,因为我很难取舍。我不止一次地问过自己,能适应企业的生活吗? 到企业后角色和身份的转换能否顺利? 在这之前,有些政界人士下海,因为无法适应市场风浪和企业变幻,沉没了,偃旗息鼓了。

我知道他是有诚意也是很有耐心的,那会儿已经是 2006 年了。我必须给他一个明确的答复,否则会误了他的事。但是干企业我确实没有经验。如果去了吉利,那就不是闹着玩儿的,得真刀真枪地干,没准会"出生入死"。总之,现在要作出一个长期而非应急的选择: 何去何从? 路该怎么走? 当时我答应李书福,美国回来就给他一个确切的答案。我会在访美期间思考此事,最后作出决定。

现在好了,还没有踏上美国国土,还在太平洋上空,就要作出决定了。

一场激烈的争论使我清醒了不少,还明白了许多事理。愤怒与批驳解决不了问题,一个人或一群人转变思想相对容易,一个国家长时段形成的国民性,社会公众的观念和定势,一时难以改变。

民营企业造车,李书福造车,在我们这样一个国度,不是难在政策和法律层面，而是难在思维方式和行为惯性上。面对这个局面和情势，我难道就没有责任站出来吗？我不能成为扭转这种局面的合适人选之一吗？我不正是中国三十年改革开放的见证者和参与者吗？我不可以到更大的平台，到第一线去谋划其事、参与一番吗？

我想，如果我能融入中国最有代表性的微观经济活动，在浙商行列里一起做事和谋求发展，在最敏感活跃和集工业之大成的汽车工业中肩负使命，我失去的只是官场束缚和思想惰性，得到的是真切的参与过程和无比清晰的全景观照。一种全新的感觉，更大更刺激的尝试感，在诱惑着我。一种比80年代更为成熟的情感在激荡起伏，理想主义再次占了上风。

自然，也有人劝过我，企业不是那么好干的。比如，去企业有风险，尤其是民营企业，它的后台不硬，根基不深，很容易出问题；又如，去企业压力大，很累，也很难适应那种企业文化；还有，企业家与你过去是朋友，今后就是你的老板，说不定很难相处。与其今后闹翻，还不如现在就想好，谨慎从事。

我不是没有考虑过这些问题。我感到这些都不是问题，我本就来自民间，如今回归那里，肯定能找到我的方位的。企业有风险，难道官场就没有风险？新闻出版界就没有风险？问题不在于风险，而是如何看待风险，化解风险。干企业很累，难道做其他事就不累？只是累法不同而已。官场或文人圈子的朋友，碰到利益冲突或关键时刻，说不定会转眼背叛你、出卖你，而那些变成你老板的朋友，也许他会骂你，炒你的鱿鱼，但不一定会出卖你，置你于死地。这些都是我当时最为真切的想法。

我还有一个渴望，就是做一个近距离的观察者。

"自信人生两百年，会当击水三千里"，这自然是一种人生姿态，但做好一个时代的观察家，体验转型期社会的千姿百态，带上自己的钻探工具和指南针，踏勘经济—社会隐约可见的"矿藏"，观察各种经济社会力量"造山运动"的过程，探测社会发展的进程和转折点，在我，绝对是"诱惑中的诱惑"。

我决定加盟吉利了。在飞机继续巡航于太平洋上空时，我作出了决定。

第三节　找不着北

2006年5月6日，我到吉利正式上班。

与以往所有的经历不同的是，我一上班就开始做事，根本没有什么适应期或过渡期。这不是衙门或团体，这是企业，永远箭在弦上。

我进企业的第一天，就产生了错觉，似乎我已经在企业工作了几十年，属下汇报的事是我必须马上拍板的，比如立项与实施、检查与反馈。这是一种氛围，容不得你多想，更无时间清谈。

我还不十分熟悉吉利的发展脉络和企业文化，时任常务副总裁的杨健交给我一项“光荣任务”，要我马上梳理出吉利的企业精神，这个命题作文就叫“六面大旗打天下”。

长期在媒体和机关工作的我，一下子找不着北了，感到无所适从。

虽然我很快完成了杨总的任务，他也很满意，但我还是觉得太匆忙，唯恐不完美。类似的任务一个接着一个，传播方面的基调要斟酌，现场活动马上就要部署，媒体的采访一个接着一个。

李书福对我的要求更高，按照他的口气，仿佛是要让全国所有的人都知道吉利的技术、品质和质量。他要求我彻底了解汽车行业的特点和规律，吉利汽车从研发到制造以及营销的诸多环节的细节，而且迅速拿出传播方案和细节描述。这真是够呛。

有一次，他在车上跟我聊起亚洲国际方程式赛车的事，我不是很了解这件事，他马上很不高兴地说：“难道你不知道这件事吗？这应该是你的研究范围和工作对象，你怎么可以这样呢？”其实，没有任何人告诉我，这件事与我有什么关系。

我要迅速熟悉工作流程，知晓所有与吉利有关的国内外媒体名单，要知道他们在报道方面的需求，要处理好负面信息和恶意言论，要掌握新车下线活动和参加全国各种车展的程序和要害，还有，与销售公司、研发部门和各基地紧密配合，做好衔接工作。

非常重要的一点是，我得定下整个吉利集团的宣传基调和品牌传播方针，要快速理顺与政府和媒体的关系，要赢得更多的人对吉利的支持，赢得对产品的信赖和口碑。

可是我的手下就是十来个人——几位专业经理，少量的顾问。我的武器就是我的头脑和经验，我的一些人脉关系。我要变成一个万能的人，既是指挥员，又是战士。这简直要了我的命。

不管怎么样，既然进了吉利，必须迅速适应它。退路是没有的了。

我根据自己几十年积累下来的经验和办法，就是“立定脚跟，咬定青山”，从熟悉环境和人事开始，从掌握情况和调查研究开始，从最擅长的工作和最易入手的事情开始，把基础工作先做起来，同时把应急事务迅速分派出去。

过了一个多月，我渐渐地有了头绪。我对李书福的着急有了一些理解，这是一次“急行军”。进汽车行业后我就明白了，历史并不特别垂青自主品牌，留给我们的时间和机会并不多。

我去了几次生产基地，看到的是“只争朝夕”的景象，也看到了吉利从上到下都在从事创新，更为重要的是，吉利的管理团队正在探索一整套与汽车行业相适应的创新模式和资源整合方式，从整车设计到零部件供应，从销售网络到供应链建设。在资金、技术和人才方面,汽车企业的确“吃水很深”,但在所有这些方面老天和决定政策的人们都没有特别眷顾民营企业,创新也是逼出来的。这是历史给我们出的难题。

不过逼迫也有逼迫的好处。包括对我自己的逼迫,从某种角度看,也成全了我。

我在吉利汽车研究院看到的是,几代专家聚集一堂而没有什么排挤和倾轧,亲密无间地为吉利的新产品日夜操心,我也看到了这个研究院虽然没有世界上一流的实验手段和设备,却有着中国人的心灵手巧和吃苦精神,极强的动手能力和借助外力的智慧,一种紧迫感促使他们提出一个个很好的方案,取得了大量的数据和资料。计算机专家和汽车专家可以在这里不间断地配合,辅助设计和正向开发、集成创新和消化吸收并行不悖,原创性的思路和来自世界汽车业上百年来的文明成果,可以在这里碰撞出猛烈的火花。

有好多次,我和李书福一起到吉利汽车研究院去,当他要看新车设计中的一个局部设计方案时,马上有类似于“矩阵组织”的工程师们过来,铺开图纸,拿出数据,向他汇报。过了半个小时,李书福完全融入了这个组织,与这些工程师打成一片。也许为了某个格栅或前大灯的设计,李书福还有杨健等人会与这些工程师争辩起来,谁也不服谁,但最后谁有理就听谁的。

我同样在企业的供应链环节找到了我的灵感。

吉利发展到 2006 年时,几大基地已经初具规模,而且分工非常清晰。这些基地总经理还兼着集团副总裁,这样就解决了他们的全局观念与具体基地事务之间的矛盾。各个生产基地创造了很多适应汽车行业特点和自身实际的管理方式,而且形成了与整个集团文化有所区分的企业子文化。

从汽车的四大工艺来看,吉利此时已经完全做到了全流程精细化,而且有了相当流畅的工艺路线和物流体系。我发现,作为整个工业集成的汽车产业,它的确是力与美的交织、技术与人的融合。我进吉利之后感受最深的是,这些流动着的技术和工艺,需要的是流动着的跟踪管理,需要的是一整套融合理性和行为科学的管理方式,来治理整个企业,源源不断提供新产品。

我在吉利几个基地看到的,就是这种受控的研发和制造之“流”。这里所说的“受控”,是全流程控制,而研发、制造和营销之“流”,讲究的是精准度、匹配和衔接。行进中的一切,绝对不能出现“犬牙交错”,甚至不能慢半个节拍。最宏大复杂的交响乐,也不过如此。第一次,我把西方音乐与汽车业的宏大壮阔联系在一起,也是首次,我为工作需要,全面进入汽车产业的核心。一些动人心魄的细节呈现在眼前,使我惊讶,甚或错愕。当我仿佛瞥见全球最大的制造业内部秘密,洞悉研发、制造和营销全景时,竟一时无言,陷入默想。

因为就在这儿我碰到了一个难题。怎么传播吉利的进步,形塑“新吉利”?

吉利汽车生产线上，世界最先进的机器人正在对车身进行多点焊接，现场颇为壮观，体现了大工业的“力与美”

汽车品牌提升靠的是什么？我所描述的变化，社会公众会接受吗？即使他们能接受吉利汽车的进步，又怎么去传递这些信息？应该怎样采用社会公众乐于接受的方式？媒体对吉利看法的转变，靠的又是什么？

的确很难。这一切对我都是极大的挑战。习惯了政府工作方式和运用行政力量从事媒体宣传，这个转变是个“高难度动作”。

李书福刚刚造车的时候，国家汽车行业协会的一位所谓专家挖苦说，“李书福搞的不是汽车公司，而是汽车修理车间”，其实他根本就不了解也无视吉利的进步，到了后来，他再也不说这句话了。

这个行业“专家”有着根深蒂固的偏见，殊途同归的是，他跟我一样看到了一个新的强大的吉利，这里不仅有着流水线和生产节拍，有着来自德国、瑞典和日本的高端设备，也有着熟练技工和工程师以及试车员的配合，丰田精细生产方式的落地，德国和韩国专家们的巡视和意见交流。

那位国家行业协会的仁兄，尽管不再说吉利是“汽车修理车间”之类的风凉话了，不过我还是看到他在吉利汽车的仪表盘和车灯上挑毛病，以显示自己的“一贯正确”。从他身上我看到了一个人业已形成的看法，要来一次彻底转变，是何等困难。这就等于给我提了个醒，要让大家亲历其境，而且要反复多次，对吉利的变化和造车的进步真正入脑入心，方可发生作用。

我进吉利之后，因为工作的关系到基地、研究院去了解实际情形，与以前在省政府时去企业考察微观经济的动机是很不相同的。现在我看得很细，问得很彻底，由浅及深，由表及里。

我要找出吉利汽车的技术和创新的亮点，惠及汽车用户的重要性能和功用，比如内饰、仪表台、操控系统的重大改进，动力性、耐久性和操控性的结合点，先进动力系统带来的劲道和驾驶乐趣，以及各种零部件的匹配方式。从车型来说，自由舰的安全性，远景的低油耗和强劲动力，金刚的锐利和紧凑，都是我所关注的。

我虽然不是专家，但我要以准专业的眼光和汽车行业人士的视野，去认识和把握吉利的新现实。还要换个身份，以消费者的心理和专业的挑剔眼光，去打量吉利汽车。

这样一来，我的宣传基调定下来了，那就是对吉利汽车技术、品质和质量的再认识，以及无可比拟的性价比。我的传播方式和品牌塑造途径，打的不是民粹牌，更不是政治牌，而是技术牌、品质牌和专业牌，也就是吉利汽车在最高意义上的经济性。

自然，这个时候我对管理的认识还是很肤浅的，对技术的感知也是初步的。但我找到了工作目标和路径，我有了感觉，一种前所未有的感觉。

也许，李书福对我的要求的确过高了，对我的期望值也太过头，我不可能做到在媒体和社会公众面前一呼百应，也无法把吉利的故事讲得全国人民都耳熟能详，做不到一举扭转众人对自主品牌的成见(这是中国近代以来日积月累形成的)，但我的确找到了逐步改善这些现状和局面的“钥匙”，那就是中国制造业在世界经济格局变动中的变迁，以及李书福们的勤勉和智慧所造就的自主品牌汽车脱胎换骨的变化。

但我毕竟刚开始融入这个团队，这个时候，企业管理层对我来说一点也不“浪漫”。观察和体验不是主要的，而实际工作效果和数据事实是检验我能力和水平的唯一标准。严格的考核指标，层出不穷的思路变化，内部和外界对传播的反响，特别是最实际的销量指标的参照系，使我喘不过气来。

第四节　甘苦寸心知

我的新的职业生涯就这样开始了。

按照李书福的战略意图，我们不仅要在技术、质量上打一场持久战，而且要在品牌和传播上打一场阵地战，在他看来，没有比这件事更使人着急的，吉利汽车已经全面提升了，但国人对它的品牌的认识，还停留在原始阶段。

内部的一些人也很不争气，早年曾编了一个顺口溜，来形容吉利汽车的廉价低质，简直惨不忍“听”，加上好事者不断的攻击和诋毁，对手的挑刺和围攻，使得吉利汽车在媒体和社会公众的心目中，几乎是低劣的代名词，李书福也被人说成是夸大其词的“汽车疯子”。

本来“疯子”一词还有“疯狂专注于某事”的褒义，但这时全是贬义了。

不过好在行业内一些真正的专家，说了不少真心话。他们对吉利这些年的进步很欣赏，同时向我指出，吉利汽车的性价比非常高，动力性和操控性很平衡，主要零部件的质量是稳定的，如果内饰和匹配方面能不断加以改进，工艺水平再提升一步，就更好了。

后来消费者也基本认可吉利了。他们在乘坐和驾驶过程中发现，吉利汽车的低价并非意味着低质，其皮实和耐久给人们留下了深刻印象，江西上饶和浙江嘉兴的用户，还有河南、山东等地的消费者，来信说吉利汽车是他们的最爱，是国产汽车里最靠得住的。

其中江西有一个大家族，由于互相影响，一共买了十几辆吉利汽车，包括远景、金刚和自由舰，还寄了一张整个家族和吉利汽车的合影照片给我们。这件事后来被媒体登载了。

为了做个对比，我组织媒体和消费者到吉利基地参观，看看现在吉利汽车是怎么造出来的，与以前有什么不同。

引导消费者认识吉利，给他们说李书福的创业故事，只是一个引子，重要的是使他们感知新吉利，感受吉利的新车型是怎么来的，包括研发和生产工艺流程，发动机和重要零部件的特性，安全性和耐久性如何产生，大工业生产对质量和品质的保证，设计和制造是怎么控制的，特别是要使人明白，吉利汽车的成本控制并非以牺牲质量和减少配置为代价的。

在宁波、路桥和临海生产基地，特别是吉利汽车研究院和动力分厂，媒体和消费者代表对着新的生产设备，赞不绝口。口碑的力量是不可低估的。那些很挑剔的人，对吉利新车型也没有太多理由拒绝。当然，接受是一回事，购买又是一回事，这里有一个考虑和盘算的过程。品牌不是一天能树立的，不少人很想买吉利汽车，但是却碍于面子，还是暂时放弃了。

虽然这些工作并非立竿见影，但我已经看到了曙光。经过大半年时间，我觉得有点小小的成就感了。

期间，我做了不少基础性的工作，比如建立新闻发言人制度，初步理顺与媒体的关系，做好传播上的规范性，重视各种活动和窗口的植入式传播，形成企业文化与品牌建设的互动，以及与营销、研发和生产部门的工作融合，等等。

当然，李书福和高层其他同事也非常关心我的工作状况，我们经常一起探讨问题，陪同他出现在各种必须要去的场合，有时候还做他的“替身”，比如一些政府部门的会议和业界论坛，特别是接受媒体各种各样的采访，以便让他腾出更多的时间，考虑和处理重大战略问题。

我提出了一个命题，就是“精准传播”和“涟漪式扩散”，李书福非常欣赏，还多次竭力推崇，但以后当我的工作不到位的时候，他自然不会忘记我自己亲口说的话，就跟我半开玩笑半认真地说：“要做到精准传播还得加油啊！”

如果我有好的思路和想法，尽管不一定做得很好，还是要向李书福提出来。我始终认为，知行合一是对的，有“知”之后“行”会跟着而来，而没有“知”，要“行”得多远是永远做不到的。

自然，困难是很多的，我自己也面临巨大转折，不是三言两语所能穷尽。

不要说别的，光是工作方式、日常语言和生活习惯上的改变，就够伤筋动骨了。想想看，一个在政府和媒体工作了二十五六年的人，对机关和媒体的程序和“套路”固然很熟悉，但对企业工作方式就不免生疏，对大工业所追求的高效率和精确性，是很缺乏经验和感知的。包括汇报方式、布置任务和检查反馈的方法，与中层管理人员、员工的沟通形式，都与我原先熟悉的方式大相径庭。

尽管我也非常卖力地熟悉企业管理的路数，努力把握工作节奏和步伐，但毕竟是知易行难。当然我可以多请教，但关键还是要尽快地干起来。在吉利这样的企业，不可能让我拥有静态的学习时间，也没有办法做工作试验，然后再改进。我的办法就是边干边适应，在可控的状态下，放手让专业经理和员工去做，与经营管理团队的其他成员一起讨论问题，不熟悉的事自己多动手，也不怕“丢面子”。我心想，所谓面子是最害人的，如果工作做不好，那就连“里子”也没有了，怎么能保住“面子”？

特别是企划和创意，是我必须立刻适应的。没有创意的策划，大多是无效的，不经思索和不加策划的创意，一定是没有方向的。一些很好的资源，如果不加以整合和提升，也会枉自流失。

经过一段时间，我吸取各家意见的能力，还是培养出来了。比如与媒体的合作，就采取了战略合作与应急响应结合的办法，新闻传播逐步采取讲述故事和新闻事件结合的方式，与消费者的沟通上非常重视口碑的流传，并适当实地考察生产流程；与此同时，影视合作上采用很多嵌入式传播方式，与中央电视台和香港 TVB 合作的电视连续剧《岁月风云》就大获成功，在亚洲方程式赛车的传播上，我和刘建全动了不少脑筋，使人们对吉利发动机刮目相看。

意想不到的是，由于对吉利汽车的亮点和企业进步的传播比较到位，引起了三军仪仗队的关注，经过多次考察，他们选用了吉利汽车作为外事礼仪专用车，自主品牌终于登上了“大雅之堂”。这件事，对吉利上下信心的提振，特别是消费者对吉利汽车的认知，是很有好处的。

最难的事，莫过于思维方式的转变和生存姿态的转换。虽然有点痛苦，但必须尽快完成。

企业管理的透明、公开与科学严谨，还有充分授权与严格监管，都是政府部门和媒体所不能望其项背的。什么都要拿到桌面上来，而且要陈述得很清楚，每次经营管理高层会议上都有争论，决策也相当民主，李书福只是会议结束之前发表一些结论性意见和评价，并无一锤定音的说法，有时候采取票决的办法来解决问题，有点像国外议会的程序了。另外，企业决策的灵活多变也必须适应，因为市场情况千变万化，而决策不能不随之改变，甚至与原先的大相径庭。经过好多次阵痛和挣扎，我才慢慢适应这个变化。这正好应验了"文革"时候学到的"哲学"：变是绝对的，不变是相对的。

公关上的难度也是显而易见的。我自大学毕业之后，一直服务于机关和媒体。说是"服务"，其实是"被服务"居多。虽然不是权贵，也不是高级官员，但是办事和公关方面，多少是带着公共权力的影子去进行社会交往的。按照我们这个国家的文化传统和官本位意识，基层官员对来自省政府和主流媒体的官员或领导，总是九分尊重在先，一分客气随后。现在到了吉利，情形完全不同。对于民营企业要办的事，就得求告领先，笑脸殿后。意想不到的事经常出现，比如斥责与数落，比如躲猫猫式的拖延，迎接你的是难看的面孔和冰冷的官腔，所有这些我都必须接受，而且还得以企业的长远利益为准绳，以办好事情为原则，"不到黄河心不死"。

至于作息时间和休假之类的事，就无从谈起了。我也不想因为休息而耽误事，事后得花三倍的力气去补救，这是很冤枉的。到吉利之后，我第一个要做的改变，就是彻底取消午休，保持手机日夜通畅，全天候枕戈待旦，还有准备了好几套西装内衣和漱洗行头，各放在办公室和家中，随时准备奔赴机场，至于到300公里范围内的若干基地开会出差，那是不分白天黑夜，说走就走了。

这不算什么，真的。吉利的高管都是这样的，企业草创时期的风貌犹存，那些年纪比我大的，比我还要繁忙。干练、精神、迅疾，收放自如，也许后来高盛和福特看重吉利的，也就是这种行为规范和团队精神。但是我刚到吉利那会儿，这些有形或无形的要求，几乎要了我的命。

除了部分公众，没有人——特别是上层人士和那些"精英"——会把李书福长期以来承受的压力和煎熬，吉利这些高管的生存方式，一线员工的敬业与勤勉，真的当一回事。

第二章 近观远看

第一节 初识李书福

回想起来，17年前与李书福的首次“实质性接触”，是很有意思的一件事。人们都说李书福很疯狂，我的印象刚好相反，他很理性，岩石般的理性。我不知道，这是否正好应了那句话：“理性是最大的疯狂”？

1994年，我在《台州日报》任总编辑，李书福正埋头苦干摩托车，那时他刚30岁出头。有一次他突然打电话给我，请我去他厂里考察一下。

当时，我怎么也不相信李书福会造出摩托车。半信半疑地到了他的企业，一排排红色、黑色摩托车把我镇住了。好漂亮！好气派！我带着几个记者与他长谈了一次，令你不敢相信的是，听起来根本不是在采访企业家，而像是一次哲学意味浓厚的企业战略思想交流，还涉及制造业的国际化等问题。

除了管理和发展之类的话题，我们还探讨了改革开放的方向性问题，那时我也不过三十五六岁，整天忧国忧民。那时我年纪尚轻，又在媒体做事，就喜欢交往。说起来，在20世纪80年代后期和90年代初期，在浙江临海这个千年府治所在，台州行政公署驻地，我们是个思想很活跃的群体，经常聚会，谈论天下大事，向往法治与民主，讨论社群与自由，还常常与地方政府开明的主事一起，谋划区域经济社会的发展和创新治理模式。见到李书福，我觉得在企业界又找到了一个知音，心里很是高兴。

我经常跟人说，“什么事都不可能一成不变，世事殊为难料”，没有想到的是，日后这位貌不惊人的企业家，竟会成为我的“老板”。应验的不仅仅是职业上的变化、位置的转移，更重要的是，社会变迁的潮流激荡不已，一种巨大的吸附力和向心力，经常改变人的命运。

那天，我留意到他的办公室里贴满了英语单词，桌子上的《人民日报》社论画了很多粗细不等的杠杠。送别我的时候，李书福说，“我们不仅埋头拉车，还要抬头看天气啊。挺难的。希望你长期关心我们企业！”

那次采访结束，我回去后动笔写了一篇头条稿子：《信似闲庭信步——吉利摩托车董事长李书福访谈录》。大黑标题加粗，还配了李书福的照片。

1994年吉利进入摩托车行业,图为吉利摩托车有限公司生产线

第二天,读者反响之热烈是可想而知的。

说起来,我知道李书福这个名字,还更早些,可能在1991年左右。他那时二十八九岁的样子,从事装饰材料生产,有一次他托人送了一篇稿子给我看,是有关他企业的报道,我觉得写得还好,就把它发在第二版了。此后也没有什么深交,此番采访算是真正认识了他。这次见面,李书福跟我说了他造摩托车的前因后果,我更加理解“艰难”与“幸运”之间的关系了。

李书福做摩托车纯属偶然。他当时就想搞汽车,生产镁铝曲板时就想搞汽车,但是他去找黄岩市经委主任,直白地说“我们要搞汽车”,希望他能够帮自己到省里或北京去批。那个人认为“这是根本不可能的事”。后来李书福又去找省机械厅,厅里也说不可能,去找北京根本也没有门。

但李书福并不泄气,后来发现可以先造摩托车,就走曲线救国道路。

李书福一开始并不想做踏板车,而是跨式摩托车。后来他对我回忆说,“那时候我们铝制板也做,主要是镁铝曲板。大家不愿到摩托车厂去,谁都不愿去,都愿意在铝制板厂里。我自己也很少在工厂里,在海南比较多。

“我们有一名员工,有一天公司让他去买一些五金件,叫他骑自行车去。可是他借人家一辆摩托车,台湾光洋摩托车,后面还带了一个人。对面来了一辆军车,摩托车撞上了。人没有死,车子撞得一塌糊涂。这是人家新买的一辆摩托车,麻烦大了。让他赔钱,要将近2万元钱。一个工人怎么赔得起?人家就找到公司里来闹,不可开交了,我们就把钱赔给人家,摩托车扔在仓库的废品堆里。后来我哥哥和弟弟有点空，就跑过去看看这个摩托车怎么撞成这个样子？仔细观察一番，却有意外的收获，觉得这个东西比较简单。当时我们就想，原来摩托车就这么简单，为什么不可以造摩托车呢?!

“知道这个摩托车能造，我们就动手干起来了。结果这种摩托车造出来以后，发现市场大得不得了。买的人很多，供不应求。当初就是我们独家生产，大陆没有第二家。”

李书福发现在杭州有个西湖摩托车厂倒闭了，就希望用其品牌和生产许可权，联合生产、设计、销售摩托车，结果很快成功了。中国第一辆豪华型踏板式摩托车，正是在这样的情况之下诞生的。很快这款产品便替代了日本和台湾的同类摩托车，不仅一直占据国内踏板摩托车销量龙头地位，还出口美国、意大利等 32 个国家和地区。

“后来西湖摩托车厂的要求越来越高了，对我们各方面越来越苛刻，我们必须要自己搞一个工厂。这需要批一个批文，但当时肯定批不下，国家不批给你。我们就与杭州邮政车辆厂合作，但这个厂也不卖给我们。后来我们到临海找到一家国有的，叫‘鹿城摩托车厂’，就把它全建制地并过来。这个代价可大了，包括债务和退休工人的安置，现在想起来都感到可怕。那时候就把‘鹿城’改成‘吉利’。但还不好正式改名，一直到两三年后才真正改过来。”

在我看来，吉利之所以后来能够走上汽车之路，与它前期生产经营摩托车有很大关系。这不仅涉及资本和人力资源的积累，更重要的是，摩托车生产为汽车制造奠定了初步的技术、营销和生产经验，特别是大工业集成和规模化生产可资借鉴的运营模式和工艺流程，尽管汽车制造和营销，与摩托车不可同日而语。我曾把包括电冰箱、装饰材料和摩托车在内的发展阶段，称为吉利汽车的“史前期”。

时光荏苒。到了 2009 年 3、4 月间，我在吉利公司接待央视主持人董倩，她为《面对面》节目来浙江采访李书福，追寻吉利造车的踪迹。那一天我和李书福、董倩三人同坐一辆车子，提起这段历史，董倩很好奇地问李书福，“你刚才说省机械厅厅长反对你搞汽车，你当时的反应是什么?”

“我说厅长，我能不能研究汽车啊？厅长说：‘研究汽车，那没关系啊，你可以研究啊！’”李书福回忆。

“结果呢?”董倩问。“我一听大喜，就马上回答，‘厅长，那我就去研究汽车了！’这等于说，给了我一线光明。我可以借着研究汽车的名义，把装配车间搞起来，可以搜集汽车零部件，也可以做样车试验，还可以畅想我的汽车未来。研究嘛，什么都可以归入其中的……”董倩听罢，笑得几乎岔气了。

就是这么一个企业，这样一个企业家，日后成就了大事。1994 年那次初次见面，我就觉得李书福有点“特别”，但还不完全了解他“特别”在哪里；那时也对他的性格脾气有所观察，可是并不十分清楚那种个性和眼光在他的事业中起到什么样的作用，直到之后加盟吉利，我才彻底明白。

第二节　命运之波澜

李书福这个名字人们并不陌生。不要说在中国，就是几次我陪李书福去国外，有不少老外听他的名字就跷起大拇指，可见他的影响力之大，名声之盛。

这个 1963 年出生的中年企业家，生着一张过目难忘的面孔，练就了一副过人胆识和预言家式的敏锐，签名龙飞凤舞，而探究汽车技术比谁都严谨，笑起来憨态可掬，愤怒的时候带着一丝“君主”味道，他是一个穿着廉价衬衣的红酒鉴赏高手，业余歌词作者兼篮球爱好者，一个自称不懂资本运作却聚集了资本运作超级专家的实业家，一个崇尚实干却最具天赋的精明商人。

曾几何时，李书福成了中国企业家和中国制造的符号，成了集浪漫主义和商人色彩于一身的传奇人物。

李书福个人和吉利汽车的历史，就是一部不断从怀疑到相信的历史，一部从争议到平息到再起风波的历史，一部想象逐渐变成现实的历史。从长远的眼光看，历史垂青于他的和历史苛求于他的，正好达成一个平衡点。

李书福始终是中外媒体疯狂追逐的对象。自他进入汽车行业以来，他的言行举止，他独特的思路和语言风格，他时而出格、时而内敛，时而激情四射、时而质朴的说话方式，甚至他的生活细节，他的透明和神秘，都是媒体希望获得的极佳素材——他是一个可以挖掘的“富矿”。

在许多重大场合，我都目睹李书福受到明星一般的追捧，请他签名和要求合影的人群如潮涌来，无法阻挡。我经常指挥一群人为他“保驾”，使得他顺利脱身，去赶上一个旅程遥远的航班，或回企业开会。

曾经分析为什么会有这等情形出现，我最后的结论是，就因为李书福有一个特别吸引人的特点——“知其不可为而为之”。国人包括我们中的许多人，总是有一种魔幻追求，就是“梦想成真”。梦是思想符号，我的祖母经常说，“日有所思，夜有所梦”，这是人之所以成为人的本质之一。而他的想法如此奇特而诱人，每每出人意表，这投合了人类固有的好奇心。尽管李书福的战略家气质早已显露无遗，但现实中他总是在嘲笑和质疑中靠近预期目标，且能用魔术师般的魔力，让整个团队始终围绕他强大的意志运转。

不知多少场合，当人们要求我用一句话概括李书福身上最主要的特点时，我总是回答：“知其不可为而为之。”

他的出生地路桥，是个百年商埠，在浙东南出了名。这个地方商业氛围浓郁，有时这种氛围令人窒息。路桥人被当作台州的犹太人，有个说法是，“路桥人的头发都是空心的"，显然是用脑过度了，以形容他们的精明能干。

从小受到的商业熏陶，自然深入骨髓，但李书福有一个好处，他家离这个著名商业市镇中心地带还有点距离，可以呼吸一点清新的乡间空气。

他的那个村子叫"李家洋"。这个家庭和邻居们一样，农忙务农，有空就经商。当然，"文革"前后的经商只不过是偷偷摸摸地做点小生意。这叫"亦农亦商"。于是，我们看到了，在李书福身上，商人的精明和农民式的勤奋是兼备的，有时还带有点轻松诙谐，以及对精致生活方式浑然不解的简朴。

李书福想到造汽车的确有其偶然因素，但他身上的商业精神是天生的。

在这样的环境里长大，他耳闻目睹的就是交换和价值，算计和节俭，感受了货币和资本流动了不起的力量，更重要的是，对什么事都用心琢磨的他，在青少年时期就一眼看穿了工业和商业之间的链条，以及农业社会的单调与脆弱，因此他选择了实业和商业作为他一生的志业。

骑着单车的少年李书福

无论他多次提到的走街串巷给人拍照也好，从废旧电器里提炼贵重金属也罢，都是他从小练就的生存本领。他拍照时就开始成本核算，灯罩、布景和沙发，以及取景框，都是自己动手制作的，按照他有一次回答杨澜的问题所表白的，通过给人拍照，他还练就了观颜察色的能力，而拆解废旧电器提炼金银的经历，恰好是他想象力的展现，以及对大工业憧憬的开始，虽然带有对门捷列夫元素周期表运用的惊喜，但更多的是追求商业价值的肇始。

他还干过短期的苦力。他不太对人提起这段历史，但在心里却很看重它。

有一次他告诉我，他干过的事中，最鲜为人知的，就是用自行车带人。也就是让顾客坐在他自行车后座，从甲地拉到乙地，收取苦力费。这有点像骆驼祥子，但人家用的是老式人力车，而李书福用的是自行车。无论刮风下雨还是烈日当空，都要不停地"送客"（就是运载顾客），骑车技术要好，价格要公道，否则别人会抢走你的生意。

"那种苦，才真正叫'苦'。"李书福对我说。

到李书福成名之后，一些比较稚嫩的或喜欢刨根问底的媒体记者，老是追问其成功背后的因素，总是把李书福与“农民”画等号。其实他们根本就不了解温州、台州一带社会经济的底蕴，也不了解李书福赖以生成的土壤和精神氛围，不知道他个人对“农民”这个词语的复杂感情。

有一次我跟李书福闲聊，谈到当代中国农民尤其是江浙沿海农民社会学意义上的属性时，我脱口而出：“其实你并非纯粹意义上的农民，只是出身农村而已。即使说你是农民又有什么？中国农民特别这三十多年出现的新农民还不够伟大吗？”李书福非常赞同，简直有点找到知音似的眉宇舒展。他总把自己说成农民，其实这是他对“劳动”的深切理解，对故乡的思念，严格意义上讲这是对人性的回归。

其实亨利·福特①也出身农民，从来没有因为他出身农民，丝毫减少美国人对他的崇敬。我们这个国家，表面上看去是不讲身份的，还标榜“英雄不问出处”，其实最讲“身份”和“背景”了。如若对着一个陌生人，寒暄三句话之后，一定会问及背景和出身。对此我屡试不爽。

李书福出身的“农家”是很值得研究的。中国农民有极其厚道和吃苦耐劳的一面，也有志得意满和狡黠的一面。如果加上商人的精明，更是一个混合体了。李书福的一生，在“士工农商”中，他一个人占了“工农商”三个位置。如果你一定把他的“全国政协委员”算成“士”的话，那就齐全了。

有一天晚上，我到李书福的办公室去汇报工作，谈完正事，我看他还有余兴，就跟他说起往事，问起他在造摩托车之前的一段经历。他很有感慨地告诉了我一段难忘的往事——

1984 年的一天，李书福的皮鞋破了，下雨的时候漏水，他想找家鞋厂定做一双又便宜又牢实的。他找到一家鞋厂，见 4 个工人在做异型铁片，与人一聊，发现这玩意儿比自己干的活来钱多了。他几乎当场决定，自己也要而且也能开个类似的厂。心里有了底，他高兴得鞋子也忘了定做。

于是，当时年仅 21 岁的李书福，凭着筹集到的 1 万多元钱，租了 5 间旧房子，与人合伙办起了黄岩县石曲冰箱配件厂。不久，李书福作出了一个更大决定——生产电冰箱。1985 年前后，民营经济还没有获得正式承认，电冰箱这种国家统一配售商品，不可能获得有关部门批准生产。

1986 年，李书福在自己研发、生产出电冰箱关键零部件蒸发器后，组建了黄岩县北极花电冰箱厂，生产北极花电冰箱。“到 1989 年 5 月，冰箱销售额已达 4 000 多万元，并与青岛红星厂合作，为红星厂生产冰箱、冰柜。”他说。

北极花冰箱当时已成为国内冰箱行业的名牌产品。1989 年，李书福这个

① 亨利·福特(Henry Ford，1863. 7～1947. 4)，福特汽车公司的创始人，美国汽车工程师与企业家。

26 岁的北极花冰箱厂厂长,已经是一个十足的千万富翁。

电冰箱厂为李书福赚到了非常大的利润,可以说是他事业的起步,然而,由于国家政策的调整,电冰箱实行定点生产。“北极花”自然列不上去,要求关门。李书福气得有点想哭:“我生产商品,不走私不贩毒、不受贿不贪污,犯了哪门子的冲,不准我生产!”

但哭也没用。他还了贷款,交了税,发了员工最后一月工资,关门了。

这时,李书福跑到深圳大学去过大学瘾。读了几个月经济管理,才发现这大学读来是活受罪,该学的学不到,不该学的要背一箩兜,浪费青春,又浪费钱财。在寝室里,他睡在小床铺上,又谋划做生意了。

这帮自修生想把这寝室装修一下。于是 5 个人一起上街买材料,东摸摸、西问问,在装潢材料市场上逛。就在逛着问着的时候,走在最后的年轻的千万富翁李书福,发现这行业很赚钱。因为那些玩意儿全是从外国进口的。他又想干这个行业了。回到寝室,几个人讨论起这个产业来,越说越激动……

1991 年,李书福开始了建材的生产,这次选择可以说是他事业腾飞的起点。李书福这样回忆道:“这个生意是我在深圳时候去建材市场买建材发现的,我发现这个材料里面隐藏着很大的利润空间,这就是商机。中国第一张镁铝曲板就是这样出来的。后来我们生产铝塑板,也是全国第一张铝塑板。”

就在这时,海南的房地产热引起了他的注意,但是这次投资却让李书福尝到了失败的滋味,一年的时间就让他损失了五六千万元,然而,他并不服输。

李书福的事业算是小有成就了,可那个生产摩托车的梦却依然藏在他的内心深处。1992 年,李书福的浙江吉利摩托车厂终于在历尽艰辛之后成立了。

在摩托车制造的起始阶段,困难接踵而至,其中最紧要的是要找到对摩托车发动机制造特别懂行的技术人员,否则,制造摩托车只能是一个美丽的梦。

李书福绞尽脑汁,八方觅将。他几乎将整个黄岩县与发动机有点沾边的企业翻了个遍,终于得知八一机械厂有一位年近 50,从名牌学府出来,一直从事发动机设计研究工作的余挺。于是,李书福立即登门请将。

就这样,在余挺领衔下,吉利的摩托车之战很快拉开序幕。依然是夜以继日,废寝忘食;依然是试制、失败、再试制……产品一面世,便受到市场的热烈欢迎,用李书福的话来说就是:“简直卖疯了!”

第三节　一部造车史

吉利造汽车,堪称“神话”。

那是 1998 年,吉利集团摩托车产量达 35 万辆,不但占领了国内市场,还出口到 22 个国家和地区。初尝成功快感的李书福并没有满足,不断寻找利润上升空间更大的一个大行业来突破。汽车制造就是他的下一个目标。然而当时汽车生产实行国家垄断，民营企业想要生产汽车，无疑是不可思议的事。

对李书福的“异想天开”，就连亲友都无法认同，他们不断地劝告他：造“四个轮子”的汽车与造“两个轮子”的摩托不可同日而语。李书福却满不在乎地说：“造汽车没什么神秘的，无非就是四个轮子加一个方向盘再加一个发动机。世界汽车工业已经形成了非常成熟的技术，完全可以为我所用，只要有钱，就可以买来技术，买来零配件，请到人，设计出好的产品。我们过去造两轮(摩托车)时，不是没人相信我们能做出来吗？事实怎么样呢？我们不仅做出来了，而且还做得很好。我心意已决，我负全权责任，哪怕倾家荡产，头破血流，我也要干！”

对于他的“狂妄”，有人直言“吉利造车无异于跳楼”，他干脆回敬道：“那就给我一次跳楼的机会吧。”

李书福的困境确实非一般人所能想象：缺人才、缺资金、缺技术、缺设备，特别是没有“准生证”，对于想从事汽车行业的人来说，简直无法动手。

李书福到省里找相关部门，要求生产汽车，主管官员立刻瞪大眼睛，好像遇到一个最怪诞的疯子。得不到主管部门许可，固执的李书福还是在浙江临海市征地800亩，打着造摩托车的幌子，筹建了吉利豪情汽车工业园区。

李书福生产轿车，不但得不到政策许可、银行支持、媒体认可，就连汽车配件公司都不愿意卖给他零部件。有一次，他到一家零配件厂洽谈合作事宜，接待他的一位负责人听说他们只有几个亿的资本，又是民营企业，还想造汽车，就借口去洗手间，再也不出现了。

这一切打击足以让一个普通人信心崩溃，但李书福是一个坚决到了有些偏执地步的人。在这个世界上，恐怕没有多少人能阻挡他做自己想做的事情。

为了搞明白汽车是怎么生产的，李书福跑遍了全国各地的汽车厂家，甚至亲自拆装了自己的奔驰汽车，还为自制的“吉利一号”装上了玻璃钢外壳。结果玻璃钢很快就变形了，李书福意识到汽车生产没有捷径可循，必须按照成熟的工艺、平台、技术、零配件来设计生产，才能保证汽车质量。

所有这一切，都直接影响到李书福日后造车的理念和生产规程，也使他在脑子里对世界汽车工业的发展方向与技术路线有了一个明晰的图景。

后来，李书福耗费大量资金，找到一汽研究所的专家支持，最终攻克了造车的技术问题。然而，新的难关——汽车生产权问题，又截住了他前进的道路。他费尽周折，总算从四川德阳监狱下属的一个汽车厂里买来了汽车生产权，但他只能生产两款两厢汽车，不能制造三厢轿车。

为了实现轿车梦，李书福大胆向当时的国家计委主任曾培炎“请愿”：“请允许民营企业大胆尝试，允许民营企业家做轿车梦，大众在上海的投资累计46

亿元，而我只需26亿元就能造很好的轿车，几十亿的投资我们不要国家一分钱，不向银行贷一分钱，一切资金由企业自负。”边上有人问，如果失败了怎么办？李书福居然这样回答：“那就请领导给我一次失败的机会吧！”

这一次，李书福的请求终于获得了允诺。在经历了长长的痛苦之后，李书福终于等来了生产权放开的这一天。这一年，是中国加入WTO的元年，也成为吉利发展史上的一个关键点。

挣脱桎梏的李书福终于开始带领吉利人在汽车行业大展拳脚。经过这些年的不懈努力，吉利以令人不敢相信的产销年平均增长速度，进入中国国内汽车制造企业“3＋6”主流格局①。

我有很多与消费者直接见面的机会，就给他们讲述了李书福和“吉利第一车”的故事。我竟然发现，他们对这个事几乎听得入迷了，而且口口相传，对吉利汽车形象的重塑，起到了神奇的作用。

严格地说，吉利1998年造出第一辆汽车的团队即最早的汽车开发班底只有7个人，其中只有3个人是从事技术工作的。他们是1996年被吉利从湖南汽车制造厂招聘来的，当时招聘的目的依然是为了摩托车的开发与生产。在李书福下定决心进入汽车领域之后，公司人力资源部门翻查所有员工的档案，把这3个人翻了出来。

1998年8月，吉利牌汽车投产仪式

根据李书福的说法，“如果说有第四个工程师，并且是总工的话，那就是我”。

当时李书福们不仅没有轿车的设计经验，而且也没有在汽车底盘方面的设计经验（改装车厂主要是在其他厂家的已有底盘上进行生产的）。在设计手段上，吉利的工程师们不仅没有什么数模化设计平台，而且连资料都非常缺乏，他们的手里只有一本《机械设计手册》，拿着直尺、图板、铅笔进行开发。在这种情况下，用他们的话来说，只能凭着以前做卡车和改装车的经验来做了，尽管这些工作与轿车在产品结构与零部件上都有着

① “3＋6”格局：指一汽、东风和上汽3大集团加上广州本田、重庆长安、安徽奇瑞、沈阳华晨、南京菲亚特、浙江吉利6个汽车制造商。

非常大的区别。

吉利造车的第一次工程尝试甚至没有样车。李书福的理想是要做“中国的奔驰”，而恰好当时李书福有一辆奔驰车，另一个副总顾伟明则有一辆红旗车。两位老板把这两辆座驾拿了出来，工程师们通过学习这两辆车的构造，并且通过借用车上的一些零件来拼装出一辆新的车。

在拆车的时候，由于还想着事后得把车子还原回去，所以一些关键的部件是不能拆的（例如车身、底盘悬架），因为它们拆开之后就不能还原了。

当时的工程设想是“搞一个底盘，搞一个外壳”，因为奔驰车当时在国内还没有生产，因而零部件采购比较困难，所以吉利“第一款车”是采用了顾伟明的红旗车上的悬架和轮胎，同时买了一些红旗底盘的散件，另外一些底盘件则是自己手工敲出来的。

在车身上，工程师们装上了李书福奔驰车的4个车门，其他部分则依靠手工用尺子来测绘，用图板大致画图，然后依靠钣金工手工敲出来。这辆车的车身机盖板（即最前面的前盖板）是用玻璃钢制造的，为此还特意请了一个专门做玻璃钢的人。之所以用玻璃钢，主要是出于李书福另一个造车的理念，要“造中国老百姓买得起的好车”，因此为了降低车的整体成本，李书福想出用玻璃钢来代替部分钢板的主意。

在整车的配合上，由于这两辆车的关键尺寸非常相近，所以问题不是太大，但是所有的衔接部分都得靠手工敲出来。

这辆车算是成功地造了出来，但不幸的是，被拆卸的两辆车——李书福的奔驰车和顾伟明的红旗车——却已经无法还原。拆装奔驰的故事，现今吉利的新员工已经没有多少人知道了；而用玻璃钢来代替前盖板的思路，也很快成为了历史。

第四节　走出阴影

不管怎么说，2002年徐刚的加盟是吉利从家族式企业蜕变为公众公司的一个转折点。

徐刚进吉利可能有各种原因，但决心很大，李书福也力邀他加盟。不管怎样，他从一个很好的位置上下海，从省地税局总会计师变成吉利CEO，以世俗眼光来看，这个转换跨度还是很大的，而且有很强的“示范效应”。

我当时也收到了徐刚寄来的一封公开信，他对世人告白自己毅然辞去公职的原委，是为李书福勇敢的造车精神所打动，并进一步解释，他本人也有志于方兴未艾的中国汽车业。

我与朋友探讨过这件事，认为李书福邀请徐刚加盟的真正原因可能有两个：一是借助外力，打破家族式企业的樊篱；二是徐刚不到30岁就做了黄岩市的财税局长，应该富有管理经验，更重要的是，徐刚有财政和金融方面的人脉资源，也有一些政府背景，可以为吉利所用。

直到最近，李书福还跟我说，徐刚当年到吉利很不容易，之后还带动了一批人来吉利。是啊，那时谁看得上吉利？连普通大学生都看不上，刘金良和安聪慧能到吉利来，已经很不错了。当然他们现在都是吉利的高管，可当时没人看好吉利和李书福，尤其本地人更是鄙夷吉利。国人习惯于“墙内开花墙外红”，“外来的和尚好念经”。实际上对徐刚的评价应该还有一句话，只是李书福不肯说，或者不愿说：那就是徐刚的到来，宣告了李书福的企业永远告别了家族式治理。一个人能有这样的历史性贡献也就够了。

现代企业制度下的规模企业，与家族式企业相比，有时很难说到底哪一种好。如果一定要比个高下优劣，需要具体分析其发展阶段、行业、产品、规模，考虑交易成本、边际效用、企业文化、地域环境及经营者素质，等等。万物皆变，家族式企业与典型的公众公司也没有不可跨越的鸿沟。

家族式产权制度形式往往有利于企业的创立，也是大多数创业型企业成长过程中所必经的制度阶段。利用血缘和亲缘关系，家族企业容易获得创办企业所需的人力资本和物质资本，降低企业创立的成本。在市场秩序不够正常、产权和契约法规尚不完善、契约履行得不到可靠保证的环境下，家族制度作为一种有效的替代制度，减少了企业创立的风险。

在浙江台州起步的企业家，很少单打独斗，总是将血缘、地缘和交换方式紧密结合在一起。这一点，李书福从小就明白。后来真正办起企业来，他们几个兄弟都是遵循这个规律，抱团做事的，把这个李氏集团办了起来。

李家几个兄弟，虽然能力和水平上不及李书福，但一个个都是实干家。李书福在家里排行老三，他的闯劲从来都超过几个兄弟，性格上更不安分。20多年前，共创家业的李书福四兄弟成立了吉利集团。以当时的历史条件和企业规模，李家兄弟企业是顺理成章的。随着集团业务的发展，特别是董事长李书福铁心从事汽车制造后，当初的家族式企业开始出现了分化。

那么李书福为何要使他的家族式企业改变为现代企业？他为什么要动家族式企业的“奶酪”？他是怎么做成这件事的？

的确，家族企业固然有种种好处，但也隐含着许多未来的裂隙。既然李书福下决心把家族式企业改造成现代企业，自有他的道理。

这里面自然包含了很多矛盾冲突和令人心酸的故事，每个人都有不同的想法，行事风格也不一样，兄弟几个中，有的偏重于战略考虑且能控制全局，如李书福，有的喜欢做具体的实业活动甚至酷爱钻研技术工艺，有的只是精于商业之道而对社会的变化感到惶惑，这就难免形成主从关系，加上社会又是如此复杂,外人为了利益也可以挑动家族矛盾,温情脉脉的一面被撕破了,他们之间也有圆目怒睁,拍桌子、掀板凳的时刻。

我认识他们家的几个成员。据我从外表作直觉判断,几个兄弟个性和管理风格的差异是很大的。差异而不能互补,如果硬着头皮结合在一起,就有可能演化为某种悲剧。所以有媒体说过这样的话,在过去相当一段时间内,李书福非常不愿意别人说吉利是一个家族企业。这一点我是理解的,当然是基于对人性和商业社会的观察与分析。

作为一家民营企业,其家族制管理的弊病会一再暴露出来。即使李书福始终起主导作用,私营企业发展到一定阶段,那种企业主一人身兼董事长、总经理数职,和一家人掌管大权的管理模式,已不再适应汽车这类企业发展的需要了。引进职业经理人,改革家族制,是这类企业的必经之路。

那个时候的李书福,尽管有意气用事的一面,但对这个事情的思考和行动却显得很有理性。在 20 世纪 90 年代,他诸如此类的思想显得非常前卫。他已经感到在汽车行业和中国的文化背景下,家族式企业是很难维持的,更不太可能基业长青。

其实他对自己的兄弟并非没有感情,只不过他是对每个人的优势和劣势看得更清楚。他曾经对我们开玩笑说,那个时候他的几个兄弟是"火箭",他本人呢,就是精确制导和巡航的"控制器"。

家族企业的所有权高度集中在家族手中,构成了一个相对封闭的集团。家族企业以消极态度对待开放股权结构,为保证控股比例,它们排斥社会资本的参与。企业难以建立公众的价值认同,外界也难以有效监督和约束企业的经营活动,影响企业的资信等级,限制了企业的融资及其资本运营。

一般来说,中国家族式企业的家族成员几乎占据了所有重要的职位,加之业主对家族成员以外的员工缺乏基本信任,阻碍了优秀社会人才进入企业。这样一来,家族企业的人才结构会出现严重的对外封闭性,无法形成动态的人才代谢机制。李书福曾经很感慨地对我说,这些都不利于企业发展呵!

2002 年 5 月 25 日,徐刚出任集团首席执行官,标志着吉利集团开始从家族制企业向现代股份制企业的转型。

这一年,李书福针对吉利集团高层进行改组,拿掉了一直担任公司总裁的哥哥李胥兵,后来又通过资产置换方式(我称之为"赎买政策"),使弟弟李书通离开上海杰士达①。除李书福任董事长外,吉利集团最高管理层的其他人,都是从 2002 年以来加盟吉利的职业经理人,来自五湖四海。

---

① 上海杰士达:即上海华普汽车的前身,位于上海市金山枫泾工业区内,是一家以汽车制造为主业,同时也从事摩托车、家用电器、装饰材料生产的企业集团。

第三章 危机四伏

第一节 无名之火

2007年4月下旬，我与李书福之间爆发了加盟吉利后的第一次猛烈“冲突”。

事情并不大。问题是在企业陷入困难的关键时刻，什么事情都会放大了。有一天傍晚，我和几位朋友一起吃饭，正在谈论吉利最近的变化和发展前景时，突然接到董事长的电话，似乎他很恼怒，责问我怎么搞的，这些日子都干了一些什么，以至于把传播和品牌建设弄得一塌糊涂，“汽车也卖不出去了，你快要把企业搞垮了，你要负百分百的责任”，等等。

进入吉利之前，就有朋友告诫我，你虽不是什么显赫之人，也是有名望之士，大家也理解你进吉利的真实想法，但是你一定要有思想准备，如果碰到老板痛骂你的时候，能否受得了？还有，当你碰到替人受过的事，还要接受某种无情现实时，你是否拿得起放得下？

当时我回答得很轻松，也显得“没心没肺”。我笑着说，如果发生这等事，我就当老板骂墙壁好了，再说，冤屈之事自古就有，政治上的冤屈我也看得多了，从“文革”牛棚到古拉格群岛，虽然没有尝过滋味，思想上还是过关的。难道企业里还有什么大的委屈无法经受的吗？

这位好朋友，对我这样回答没有说什么，只是鼻孔里发出哼哼的声音，表示对我这个毫无思想准备的人，有点“无药可救”了。当然，临别时他还是扔下一串忠告。

此刻我就碰到这个问题了。

当时我对董事长的这股无名火感到莫名其妙。几个月之前，他褒扬我宣传搞得有声有色，还说你从政府部门出来，很快融入了这个团队，真是不错，等等。今天怎么突然会有一百八十度的大转变，到底出了什么事？一定有什么变故。

我一边听着，一边压着自己的情绪，扔给他一句话，说等会到办公室我来解释清楚吧。我出去接这个电话，好一会儿才回来继续吃饭，估计当时脸色很难看，朋友们很关切地问我发生了什么事。

我只得把李书福电话里跟我发火的内容复述了一遍，大家也感到事态严重，一边安慰我，一边散伙了。临走时大家反复叮咛我，要“能屈能伸”。

既然他发那么大的火，我必须跟他论理，就是要“说清楚”。要说清楚，就得有证据。我让新闻中心主任把最近半年的工作做个证据收集，试图证明我没有“要把企业搞垮”的企图，作为董事长怎么能够这样随意“猛批”一个高管呢？

当时我迅速地作出一个判断，一定是企业出了问题，销售或生产质量出了大事，这个压力正在由他传导给我们这些人。李书福还从来没有这样愤怒过，这个愤怒一定是由沮丧引发的。

其实我跟李书福认识虽久，却不知道他另一面的风格和特点，也就是说，他遇有压力的时候是希望大家一起承担，他对和衷共济的理解是，要让你了解你必须对自己没有做好的事负全部责任，还得对其他人出的问题也要共同承担责任。当他感到巨大压力的时候，他的口头禅就脱口而出：“你是否想把这个企业搞垮？”

事实上，2007年年初开始，吉利汽车的销售形势很糟糕。

由于销售公司换将，人心比较动荡，恰巧这段时间工厂出了一些批次质量事件，对吉利的口碑有很大的影响。

李书福是否为此烦恼？平时也很少见到他这样的，是否真的出了什么大事？情况有这么严重吗？如果真的有这么大的压力，我也应该理解，但是宣泄归宣泄，落到自己的头上，就觉得不那么爽了。说到底，当时我还是接受不了这个“待遇”，以至于把自己在朋友面前言之凿凿的表态，抛诸脑后了。

第二节 “冲突”与反思

李书福的一顿怒斥，使我的良好感觉瞬间瓦解，于是觉得不仅脸上无光，而且也认为自己根本就不知晓民营企业家的“底牌”，不了解企业文化。我知道自己长期以来对别人的评价过于敏感，在现实生活中接受批评很有限度，其实这也不好，是不适应现实的表现，但当时我确实心里有点懊悔：贸然加盟吉利是否太理想化、太鲁莽了？

我多年所高声赞扬和竭力传播的草根经济与台州模式，也在这样一些呵斥声里，可笑地变形了，甚至逃逸得无影无踪。呵，多年的理想主义，在现实主义面前几乎碰得粉身碎骨。

粉碎就粉碎。“士可杀而不可辱”的格言令我宽慰，觉得没有什么大不了的。我略微清理一下思路，就敲开李书福办公室的门。大概这个时候我脸上呈现出一种咄咄逼人的挑战式神情，李书福有点诧异了。随即他变得温厚而宽容，问我在哪里吃饭，我说在城里；他又问喝酒了没有，我说喝了很多，而且明确宣布原因："因为郁闷，对某些人我很烦。"

看到我这个架势，李书福非但没有接招，反而笑着应对。我真服了他。

更令我吃惊的是，他离开自己办公室，到外面打电话去了。一会儿就来了徐刚、杨健等人，说是董事长通知他们来开会，与我一起商量工作。其实他们是来解围的。于是我们就讨论起工作来了。其实这个时候吉利的中心工作就是营销，谁都明白这段时间汽车卖不出去了，甚至每天就卖一两百辆，这样下去企业真的成问题，看来又要重新开始"万里长征"了。

轮到我说话，当着大家的面，我说了我对这个时期营销的看法，以及我所做的工作，也提了一些建议。之后话锋一转，就当着李书福的面，谈了他对我发无名之火的看法，对他的工作方式和性格提出了很多意见。我越说越愤怒，最后干脆声明与他的情分"差不多到此为止"了，各自好自为之。李书福一听，可能觉得内部从来没有人这样挑战他，就气呼呼地离开会议桌，坐回到自己办公桌前，打开电脑上网浏览信息。

自然大家都出来打圆场。杨健悄悄地跟我说道："董事长最近压力特别大，你要理解啊！他并没有跟你过不去，我们也受到严厉批评了……"这时李书福也回到会议桌前，我们暂时忘掉不快，议论起营销和品牌的问题，对技术和质量也进行了长时间的讨论。

夜已很深，我们一点也没有倦意，分析了当前的市场形势和汽车行业的风向，特别对吉利自身存在的问题进行了反思，罗列出很多关键点，也对品牌的诊断和提升提出了不少构想。

我记得我当场受到了极大感染，也淡忘了傍晚发生的一切。这个时候李书福出其不意地跑到我的身后，用手拍拍我的胸膛，还笑着对我说："气消了没有？呵呵……"回到家里，已是凌晨两点了，还没有开门进屋，就接到李书福给我的短信："兄弟，为了一个美丽的追求，我们争论不休。多有冒犯，请多见谅！"

不过此后的日子里，我们倒是紧密合作了，也更抱团了。

我和李书福虽然发生了"冲突"，但我们两人都退后想过，为什么我们有冲突？为的是企业，也为了我们所从事的汽车。既然这样，还有什么根本矛盾？难道不可以各自退后一步，做出一个姿态吗？既然我和他都理解这一点，所以和解也是必然的。这使我想起了美国哲学家和心理学家威廉·詹姆斯说过的话："当你与某人发生冲突的时候，你们的关系是破裂还是更加紧密，取决于一个因素：态度。"

我也开始反思自己，进了吉利之后，虽然做了不少事，但究竟有多少是对企业直接发生作用的？对消费者和社会公众又有多大的影响力和渗透性呢？虽然动了不少脑筋，但在战略与战术的层面上，是否有“高度”并能出“效果”呢？虽然规范了自己带领团队的行为准则和业务流程，但是否真正符合汽车产业和市场的实际？能应对变化和环境吗？平时与销售公司和其他部门、生产基地配合得还算好，但是“还算好”能起到什么样的实际功效？

进一步地想，我反问自己，在企业处在生死存亡的关键时刻，我不应该承担一点责任吗？董事长固然在这个时候会对管理层提出更高的要求，甚至会有一些很重的责备，可是我真的没有任何问题吗？如果自己平时觉得有些事情很难实现，为什么不可以去与杨总等人商议，开辟新的途径，把该做的事情做好？

这件事发生后，我也向李书福和杨健谈起心情和反思的结果，在这样的时刻，我们没有理由不推心置腹地交换意见，互相取得谅解，这样，精神上更加凝聚了。记得这些日子里，我不止一次地听到李书福和杨健的自问和反问：吉利为什么被边缘化？吉利到底出了什么问题？为什么大家信心如此不足？我们走错路了吗？那么路在何方？

我清楚地记得，这个时期李书福和董事会的核心成员们，包括我们这些高管们，是如此之操心，以致食不甘味、夜不成寐。

我们想的是，问题得从何着手？设计和技术问题摆在第一位，还是需要营销和品牌先作诊断？质量体系必须尽快完善固然万分正确，但迫在眉睫的是要把车卖出去，否则一切都为时已晚。如果资金链断裂怎么办？如果经销商纷纷退出怎么办？人才流失加上创新失败也是十分要命的事！

其实最要紧的是企业凝聚力万不能下降，信心绝不可丢失。作为吉利的掌门人，李书福在考虑着同一件事，就是企业可以稳健发展，甚至可以放慢脚步，但进取精神不能垮掉，元气不可丧失。

李书福经常半开玩笑半认真地说，他自信自己是有智慧的，是很会考虑战略问题的。可是我觉得，在这个危机四伏的时刻，大刀阔斧的应急处理是更现实的智慧。

有一次，李书福突然来到我的办公室，要和我一起上网，研究传播和品牌问题。他居然径自用我使用的电脑鼠标点击汽车网页，跟我讲解网友们最感兴趣的是什么样的栏目和信息，应该怎样才能使消费者了解吉利的技术、质量和品质，知道吉利汽车的性价比。说着说着他就单腿跪在桌前，以便让个头不高的我看得更清楚些。

面对“老板”这个突如其来的动作，我傻掉了，赶紧说你就坐着浏览网页吧，谁知他对我说出一句更令人震惊的话：“呵呵，只要你们能把吉利汽车卖出去，把这个企业经营好，我就是趴在地上也心甘！”

第三节 究竟发生了什么

每当谈论起事物的发展过程或一个人遭遇的挫折，中国人最喜欢用的词就是“坎”，它意味着危机，背后可能是一连串的困顿挫败，不得不跨越的关口。

2007 年 4 至 9 月间的吉利汽车，就遇到了这样的“坎”。

就个性和意志力而言，李书福的确称得上是一条硬汉，而且他有许多逢凶化吉的故事，这些都为他增加了很多传奇式的光环。在员工心中甚至在高管的心目里，他总是带领大家过关斩将，狭路相逢也能冲出一派光明的。

可这次情形很有点不同。我从来没有看到过或听说过李书福对企业状况如此担忧，换句话说，对吉利和自己商务活动的进展感到如此郁闷，除了汽车起步阶段那次带点神秘色彩的挫折。那时虽然困顿，但他很快就恢复活力，带领企业走出了绝境。

就经营状况而言，各类车型销售的直线下降，特别是远景推出之后，试销阶段出现了批次质量问题和一些零部件方面的小毛病，并没有像原先期待的一炮打响，用户反响并不好，经销商也很有怨言，用户投诉的质量问题较多。

于是，整个企业包括总部上下弥漫着一种不安的情绪，普遍感到信心不足。基地与销售公司之间，基地与财务之间，基地与供应商之间，各个部门之间，时常互相埋怨。特别是销售公司和新闻中心，压力更大。车卖不出去，销售公司自然首当其冲，但也有一些受冤屈的地方，销售公司也只得承受。生产基地和质量监管部门也免不了要被拷问，因为这个时候吉利的质量体系并不健全，流程控制也不十分规范和严谨。最后大家也会把目光转向企划、传播和公共关系部门，车子卖不好，企划传播和公关一定也出了问题。

连企业内部都信心不足，更不要提外界对吉利的看法了。当时，网上甚至还流传着保险公司拒保吉利车的传闻。嘲笑、鄙夷、蔑视，压力之巨大是可想而知的。

这一年的全国汽车销售形势并不坏，而吉利车就是卖不出去，问题恰好出在这里。在求新求变的当今中国，在贪大求洋的主管部门那里，吉利汽车这个时候显得黯然失色，甚至不值一提。媒体向来是社会的晴雨表，自然比社会舆论走得更远些。

所有这些，都曲折地传递给吉利高管和李书福本人。一种沮丧情绪和怨言积郁，在企业上下弥漫。

一个幽灵，置吉利汽车于死地的幽灵，在广袤的国土上游荡。

在成者为王、败者为寇的国度里，人们对一个营销不畅，管理失范，品牌意识尚未觉醒，技术和质量体系有待完善，似乎已经陷入困境的企业，还有什么说道的？

对手的觊觎，业界的蔑视，媒体的沉默，官方的不顾，使吉利的团队有一种说不出的迷惘。一切都是问号。

第四节　被“妖魔化”

一些媒体这个时候也赶来凑热闹了。

曾几何时，吉利横空出世于中国汽车行业，使全国媒体突然之间发现了一个大题材，找到了一个诱人的富矿——李书福的特立独行的个人魅力，特别是他时而张扬、时而低调的行事方式，切中时弊、一语冲天的语言风格，冷静思考、大胆预言的思维特征，他身上的“草莽气息”伴随着对汽车工业的深刻把握，平民化的生活方式挟带着走向国际的严谨韬略，所有这些都使媒体疯狂推崇，竞相报道。

现在这一切都反过来了。

2007 年开始不少媒体对吉利的业绩倍感失望，也对李书福一阵子的低调修炼摸不到边，开始转而攻击吉利和李书福，或者干脆不着一字，硬生生地把“吉利”两字从所谓的自主创新阵营里抠下，任其自生自灭。

当然，媒体这种反常的做法，有着更加深刻的原因。且不说舆论界对财大气粗的合资和外资企业，始终抱有一种敬畏感，就是对其他新兴的自主品牌，媒体也开始有了更多关注，此时奇瑞如日中天，比亚迪如明星般崛起，华晨因为“金融大鳄”仰融①的出走也引人关切。无论是行业内部还是社会公众，都把目光转向了它们。

原先欲将吉利边缘化的一些媒体，这时对吉利的负面消息充斥于版面和网页，尽管没有人说到什么要害之处，但耸人听闻的语言还是不少。当然也包含了对自主品牌的集体攻势，这是近代以来中华民族的“光荣传统”了。比如有一篇文章，题目就让人吓了一跳：《主营业务受挫　转型艰难　吉利变脸难掩颓势》。

最糟糕的事情终于出现了。

“杀人不见血”向来是中国某些文人和报章记者的惯用伎俩，鲁迅时代就这样了，现在终于重新有了用武之地。2007 年 6 月 4 日，号称“与国际接轨”的南方某报发表了一篇某记者写的文章，运用了春秋笔法和嬉笑怒骂的口吻，一鳞半爪的纪实加上纯属想象的猜测，对吉利汽车和李书福进行了一番砍杀。此文既出，次日吉利的香港股票大跌，真有点刀笔吏的血腥味了。

---

① 仰融：华晨汽车创始人。

文章讲到了“吉利隐现成长烦恼：李书福再坐前台”，由于上半年销售状况不佳，吉利已经“迫不得已”调低了今年的销售目标，还讲到“迫不得已的人事调整”，以及“高速扩张的代价”，具体谈到“年初伤筋动骨的人事调整，一定程度上只是李书福对多年高速扩张的一次修正，吉利的结构和管理瓶颈实际上已经到来”，最要命的是，还讲到“过半产能放空”（这是国家发改委最忌讳的事），此君最懂得这一点，如果国家有关部门官员看到此处，一定会下猛药不让吉利再扩张了！文章说——

> 吉利的瓶颈危机因扩张而起，但是李书福已经难以停下高速转动的车轮——不做大规模吉利就难以在竞争激烈的汽车业立足，李书福已经陷入了两难境地。
>
> 除了原来的兰州、湘潭、成都、慈溪等基地外，最近李书福又到贵阳、河北开辟新基地，吉利未来能有多少产品来填充这些产能庞大的生产线值得担忧。吉利内部人士告诉记者，吉利其他的新基地现在还没有一个发挥产能的作用，湘潭基地开工至今仅试装了200辆车。
>
> 对于在产能充裕的情况下，还进行新基地扩张的做法，李书福对外的统一口径是，这是为了实现“就地生产，就地销售，减少物流，集中研发，降低成本”的基本思路。
>
> 现阶段吉利面临的最大缺失是，当别的企业频繁推出新车型的时候，吉利却没有新车上市，而目前销售的主力仍然是一些相对老化的产品。这也是迫使吉利修改今年销售计划的原因。

这个记者的结论是：

“为了压缩成本和提高生产规模，吉利不得不拼命扩张，提升研发能力，而为了扩张产能和提升研发水平，李书福必须四处筹钱；但是过度扩张后，品牌、管理以及其他配套资源难以跟上，进而影响销售，导致新基地产能放空，反而加剧了成本压力。

“知情人士透露，吉利销售公司正在由原先的分品牌销售，重新回归到合并销售。但这种改变，有业内人士认为对拯救吉利并无实质性作用。如何渡过现阶段的难关，李书福的心情恐怕不比10年前杀入汽车业轻松。”

除了这篇文章之外，别的媒体也出现一些挖苦、讥讽和不屑的声音，对李书福和吉利，竭尽“妖魔化”之能事。

2007年8月15日，又有一篇《调整或是陷入瓶颈？——解惑吉利现状》的文章出现了，说：“进入2007年，吉利汽车继续保持其相对低调和低迷的发展状态：销量增速乏力，新车罕有曝光，整合未见实质成效，不禁令人对吉利汽车的发展产生困惑。"作者列举了 5 个困惑,其实也就是对吉利的 5 个质疑和审问。文章写得倒是"纵横捭阖"的,也大有"文革遗风",这里举其大概:

一是"增速之惑:奇瑞、比亚迪如脱缰野马,吉利还能闲庭信步?"他在文章中具体地说:"面对比亚迪 F1 和 F6,以及华晨骏捷 FRV 和中华 COPUE 等新车的逼近,吉利如果没有新车及时跟进,销量上承受的压力将会更大,如果哪天销量被比亚迪或者华晨超越,那么吉利作为民营汽车企业的光荣将荡然无存。"

二是"中高端车型之惑:F6 们逼宫,吉利的'佳美'在哪里?"在历数华晨和比亚迪的种种好处之后,作者突然发问:"作为四大自主品牌汽车企业之一的吉利汽车,至今连 B 级车的影子都没看到,如何让人对吉利未来的发展有信心,如何来谈品牌的提升呢?当奇瑞、华晨、比亚迪的产品线从 A 级到 B 级逐渐完整的时候,吉利至今还在 A 级车市场折腾,如何令人信服吉利的未来无限美好?或许更为残酷的结论应该是,吉利已经陷入了瓶颈难以自拔。"

三是"新车之惑:奇瑞 A3、中华 A1 来势汹汹,吉利的熊猫们何日出阁?"作者说:"同为自主品牌企业,奇瑞的新 AO 级车 A3 已经登上发改委公告,华晨骏捷 FRV 也已经公开亮相,中华 COPUE 也上了公告,比亚迪微型车 F1 谍照也已经被多次曝光,兄弟企业新车汹涌而来,而吉利汽车就这么沉得住气?愣是把一款吉利熊猫藏了 2 年多,至今还不让外面看到一点影子。"

他还很刻薄地写道:"吉利的未来还得指望吉利的熊猫能一窝一窝地生出来,熊猫出阁之日,才是吉利扬眉吐气之时。建议吉利改一改新车提前 3 个月预热的做法,吉利若有'藏货'就让大家看看,哪怕是冰山一角,也胜过被动挨打。"

四是"整合之惑:海归何时显示价值?"作者似乎对李书福找到赵福全①还是有点感觉,但笔锋一转,说:"随着海归的加盟,吉利汽车也步入了一个整合调整的时期。这中间属担纲吉利研发体系整合的赵福全最为引人瞩目。那么经过大半年的调整,吉利汽车表现出了新的亮点和不同了吗?目前似乎还没有看到。以吉利现有的软硬件支持,能否为具备较强研发能力的海归派提供充足的发展空间?常言道:'巧妇难为无米之炊。'"

显然带上一点搬弄是非的色彩了。

五是"营销之惑:吉利营销是专业水准吗?"好家伙,连吉利的营销也成为议论对象,居然怀疑吉利的营销有无专业水准!他说:"吉利好多时候都被认为是造了几款好车,比如金刚,但是没有卖好。这实质就是指营销出了问题。

① 赵福全:现任吉利集团副总裁、吉利汽车控股有限公司执行董事、浙江吉利汽车研究院院长及浙江汽车工程学院院长。

以往吉利汽车都很低调，信奉花小钱办大事的原则，不做广告，不做推广，销量不温不火。”

这话说对了一半，李书福的确不相信光做广告能把车子卖好，所以在别人大做广告时，我们基本上没有动作。李书福这个特点，我在下文还要说到。

第五节　力挽狂澜

其实上述媒体说的也并不完全捏造，不过它们的意图是太明显了，就是说明吉利已经不行了，给人造成行将退出历史舞台的感觉。但是它们根本就不了解李书福和吉利最厉害的就是绝地反击能力，以及舔净伤口再度进发的智勇。当然也有一些目光短浅的投机者见不得这样的文字和数据，失去了对吉利的信心，他们似乎不曾考虑国内一些报道的失实是家常便饭。

这些文章有一点说得没错，李书福正在考虑或已经动手解决制约吉利发展的瓶颈问题，如品牌和营销，如产品线的调整和技术亮点的显示，以及汽车品质提升的提示。

如果不是不怀好意地加以诠释和发挥，那么“吉利隐现成长烦恼：李书福再坐前台”这句话恰好歪打正着，李书福和吉利当时正处于这样的情况。问题在于文章背后的企图，让人明显感到这些人对自主品牌的深刻敌意，刻意寻找吉利所谓“弱处”，而后予以痛打的阴暗心理。

这个时期，我们想尽了一切办法。有点“壮士断臂”的悲壮，也有点“挽狂澜于既倒”的味道。

我们进行了全面反思：对价格战的反思，对技术和品牌的反思，对什么是真正的人才和创新的反思，对吉利发展道路的反思，也包括对中国汽车工业出路的反思。李书福在一次会议上对我们说：“如果只有艰难没有希望，谁也不愿意去探索；因为有希望，所以再艰难我们也得去实践和尝试。”

就销售而言，李书福提出了“技术销售”的主张。李书福对吉利汽车的技术和品质是坚信不疑的。他最恼火的事就是企业内部包括销售人员对自己的汽车没有信心，他认为这些人不懂汽车，缺乏基本的知识和实践，自己都没有搞懂产品的技术含量和品质特点，怎么能够去说服别人呢？

宁波和路桥基地也开始了对供应商质量的严格检验和考核。从2007年4月份开始，集中精力抓住每款产品前10位质量问题进行整改，经过努力成效是相当显著的：全年索赔单车频次下降50%，在保有量增加的情况下索赔额下降20%，实现了全年减少索赔目标。

那些吉利汽车的零部件配套供应厂商，以低价实用在吉利的发展初期立下汗马功劳，但是现在很多在很大程度上成了吉利发展的障碍。如果零部件的质量得不到保证，吉利有可能被葬送。

李书福显然明白这一点，于是，他对这帮患难弟兄放了“狠话”：劣则出局。不仅是说说而已，吉利开始对各大零部件供应商开始现场评定，确定了12家索赔排名前10位的供应商。吉利对这些质量确实较差的供应商直接淘汰。此后，吉利将采用招标等形式重新开发供应商，以促进供应商质量升级。

我们的底气来源于汽车零部件跨国巨头的重视，博世①等很多世界级零部件供应商均表达了与吉利合作的意向。

各基地和销售公司还认真分析了J. D. POWER②的调查结论，有针对性地改善薄弱环节。售后服务质量的提升也为吉利汽车2006年的市场表现提供了支撑。吉利汽车开始在服务网络导入新的模式，进行“5S管理规范”③和标准服务流程的推广。

一切能够动员的都动员起来了，一切能够使用的力量都用上了。没有什么誓言，只有不惜转死沟壑的决心。所有退路被切断了。

我负责的企划、公关、传播和品牌建设也开始行动起来，策划意识大大增强，而且实际操作层面的能力也有了很大提升。

很高兴的是，我所领导的部门和相关人员在这个时候很快确立了市场观念和为营销服务的意识。我跟新闻公关部的人员说，我们不能搞“两张皮”。只有为企业和产品服务的高明宣传，才是好宣传，让营销和品牌直接挂钩的企划公关，才是有效的企划公关。

也就在这个时候，我对自己的工作有了更多的感悟。可以说，我第一次真正把自己与市场联系起来，把工作思路与营销、制造与研发真正挂钩，把品牌、传播、企划与产品完全融合在一起，同时着手对公共关系和企划传播方面的工作，进行一系列的整改和重新规划。

整个吉利团队和那些依然看好吉利的媒体，给我以很大的支持，我所领导的部门也在这种氛围之中深受感染，抱定一个宗旨，一定要做出个“名堂”来，因为成败在此一举。

于是，我和新闻中心负责人一起，策划了好些技术和产品的整体推广活动：比如2007年夏季的长春拉力赛，让东北消费者亲眼见证了吉利汽车的质量，以及在河北廊坊与消费者直接对话活动，特别是配合销售公司进行的品牌—技术营销的尝试，给人留下深刻印象。

---

① 博世：罗伯特・博世有限公司是德国最大的工业企业之一，从事汽车技术、工业技术和消费品及建筑技术的产业，是全球第二大汽车技术供应商。

② J. D. POWER：建立于1968年，是一家全球性的市场咨询公司，主要就顾客满意度、产品质量和消费者行为等方面进行独立公正的调研。

③ 5S：指整理(Seiri)、整顿(Seiton)、清扫(Seiso)、清洁(Seiketsu)和素养(Shitsuke)这5个元素。

第四章　广 告 门 事 件

第一节　突袭行业“珍珠港”

2007年5月1日，时值第八个“五一”黄金周，正是人们放松身心，沉浸于节日轻松惬意氛围之中的时候，那些比平日晚归的人们还没有从白日游玩的兴奋中回过神来。

晚10时14分，刚打开电视的人们忽然注意到了央视一套《晚间新闻》时段播出的一则汽车广告。在中央电视台做汽车广告，本来不是什么新鲜事，然而这一则广告却不由得让人们睁大了眼睛。因为在这则吉利远景的广告片中，浑厚有力的画外音向世人宣布，这款车搭载的CVVT－JL4G18发动机性能达到了“世界先进，中国领先”的水平。

虽然只有短短的8个字，整个广告片也只有十几秒钟，但其巨大的震撼力却经久不息，吉利一下子被推到了舆论的风口浪尖上。有叫好的，有讥讽的，有人甚至在长假期间直接给央视值班室打电话，指责央视不应该做这种排他性的广告。媒体形象地将此比喻为吉利偷袭了汽车行业的“珍珠港”。

因为在许多人眼中，吉利只不过是造低端车的民营汽车企业，能自主研发出发动机已属不易，很难和CVVT这样技术含量极高、具备世界先进水平的发动机挂上号。

在人们的记忆和印象中，吉利还是一个刚学会走路的“孩子”，怎能说上天就上天了呢?

这场争论迅速波及吉利集团杭州总部。吉利新闻中心的十几部电话以及吉利400销售服务热线的铃声此起彼伏，整日不断，光接这些电话就让工作人员接到手软，而电话内容均与吉利这款发动机有关。在众多议论声中，人们听到最多的是质疑的声音，概括起来主要有三大疑问：

疑问之一：“世界先进，中国领先”的广告词是否违反《广告法》?

此前，自主品牌谁都不敢在广告中公开宣传自己的发动机“世界先进，中国领先”，吉利这次开了先河，而且还是在中央电视台，把吉利的CVVT发动机推到了国产发动机最先进的位置，焦点之一就集中在央视播出这样的广告是不是合法上。有人说，吉利“世界先进，中国领先”的广告词在标榜自己的同时，贬低了同行，违反了《广告法》有关规定，央视允许这样的广告词播出，令人费解。甚至有这样的声音：央视是吉利开的吗？

疑问之二：吉利 CVVT 发动机真是“世界先进，中国领先”吗？

在很多人眼里，自主品牌几乎是低价、低质的代名词。即使经过这些年的发奋与努力，自主品牌“集体造芯运动”令不少人刮目相看，但要说达到了“世界先进，中国领先”，相信的人恐怕不是很多。特别像吉利这样的后起汽车公司，以它的研发能力，说一下子跃居世界先进的水平，并在国内独步，可信吗？所以，有人就此认为，吉利的这则广告更多的是从营销角度来说的，是产品宣传，而不是纯粹从技术角度来说的。

疑问之三：吉利是在挑起自主品牌间的争斗吗？

发动机是汽车最核心的技术，直接关系到一款车的品质和性能，因而现在厂家也都大打发动机牌，用各种宣传方式标榜自己是最先进的。现在吉利高调宣布，自己的发动机属于“世界先进，中国领先”，并且敢于在以严格审查著称的中央电视台投放巨额广告，使用排他性的广告词。对这样一个非同寻常的广告行为，有人认为，怎么看都像是冲着国内其他自主品牌同行来的。

一些吉利的竞争对手，尤其是前一阵子在发动机性能上大做宣传的车企，此时似乎显得格外沉得住气，几乎是集体“失语”。这是对吉利这种宣传的默认，还是对吉利这种宣传的不屑一顾？吉利“一掷百万金”是想与中国本土汽车公司一比高低？还是在挑起自主品牌间的争斗？

在这场争论发生后的几个月里，全国共有 4 000 多家媒体先后对这场大争论进行了报道。一位汽车行业资深评论员在博客中这样写道：“这场规模空前的争论是中国汽车史上第一次关于发动机的激烈碰撞。”

一家主流门户网站将该事件称为“吉利广告门事件”。

第二节　来龙去脉

2007 年 4 月初，一位多年来一直致力于中国自主品牌发展研究的汽车媒体专家，与我有过一次长谈。

当时，我向他提起一个困惑，吉利的汽车产品无论是品质、技术，还是服务，都不比合资品牌差，甚至与国外品牌相比，也没有太大差距，性价比上具有很大的优势，可是为什么销量增长不够快呢？

他的回答是：“消费者对吉利的产品尤其是先进技术了解得太少。”他的话让我听出了弦外之音，“吉利现在需要做广告”。

当天晚上，我是彻夜难眠。

20

汽车新闻

中国主流媒体汽车联盟汽车版主编畅谈

一石激起千重浪

吉利『广告门事件』

世界先进　中国领先

新闻聚焦:

世界先进　中国领先

CVVT—JL4G18发动机

中央电视台一套 播发广告
《晚间新闻》22:14分
6月2日起双日播出
中央电视台一套《新闻联播》后19:32分
央视体育频道21:47分

吉利汽车公司在央视投放广告,称 CVVT 发动机为"世界先进,中国领先",一石激起千层浪,被业界称为"广告门事件"

回想近年来众多媒体对吉利的报道,我觉得这话很有道理。媒体在报道时只要提到吉利,评价几乎仍与几年前如出一辙:"吉利车低档低价",而吉利在发动机、自动变速箱等核心零部件及安全、节能、环保等重大科技创新方面取得的突破却鲜为人知,公众方面更是如此。这也可以说是我的工作没有做到家，虽然有很多原因，但我是逃脱不了干系的。

特别是发生在宁波车展上的一件事，证实了这个问题的严重性。一位顾客在吉利远景展车前看了半天，对销售人员说："你们门口有辆很像吉利远景的大众车比你们的好多了，一看就比你们这个高级、有档次。"这个销售人员很纳闷，因为他并没有发现和吉利远景相似的大众车型。

于是，销售人员就在这个顾客的带领下到门口看个究竟。一到现场，这位销售人员就笑弯了腰，这哪是什么大众车，而是一辆地地道道的吉利远景，只不过车主把车标换成了大众。那位顾客仔细察看了半天，最终才明白自己被一个标志"忽悠"了。

同样的车，用吉利的标志就被认为档次低、没有品位，而换成一个知名标志，其身价就倍增，就成了消费者追捧的名车。认识到这一问题的不只是吉利人，国内一些著名专家、学者对此也心知肚明。

可是李书福向来是反对做广告的。谁要是在他面前谈起做广告，没准会碰一鼻子灰。

在相当长的一段时间内，吉利很少有广告，即使出现汽车广告，大多也是经销商在当地媒体投的，而且零星分布，不成气候。我刚到吉利那会儿，李书福非但不主张做广告，而且让我写一篇文章，从环保、节能和观瞻等方面入手，批评高速公路沿线的广告牌。

他认为"高炮广告"（高速公路等交通要道上的路牌广告）采用很不环保的材料制作，晚上需灯光投射照明，浪费能源难以计算，还有一个坏处，就是让开车的人分散精力，甚至酿成车祸。我心里也有点赞同他，还加上一条，就是广告牌林立破坏了沿途的风景，本来江南美景是需要珍惜的，这么一来，在如画的风光里穿插成百上千的广告牌，岂非大煞风景？

但我总觉得，这些事我们是管不了的，因为这是个不可阻挡的潮流。市场经济没有来的时候，我们日夜盼着它来，没想到姗姗来迟的中国市场经济，一来就"洪水滔天"，何止这个事煞风景啊！我没有能完成李书福交办的任务，对此他还很有点意见。他压根儿就对广告反感，觉得汽车就要靠本身的质量、技术和品质说话。

我可以佩服李书福的性格和事业，也乐于与他一起商量企业战略和执行层面的工作，但在做广告这件事情上，他的观点我实在不敢苟同。我想，可以不做高速公路路牌广告，但其他广告也不做或很少做，就对销售带来影响了。

从低端起家的品牌，除了技术升级和品质提升之外，十分需要口碑。在口碑的形成过程中，消费者的切身感受当然最重要了，但广告的宣扬也是非常需要的，眼球的吸引力是不可或缺的。为此我没有少跟李书福争论，有时甚至搞得"不欢而散"。

但我在这些问题上，也是一个非常固执的人。我想，既然你李书福经常说，专业的事要专业的人来做，我负责传播和品牌，应该在服从大战略的前提下，做我认为应该做的事。我深知这一点，广告的意义其实远远超过广告本身，甚至也不只是营销的需要，是企业和产品形象塑造的需要，更是传递文化和品位的需要，也是品牌提升的需要。

问题不在于是否要做广告，而在于怎么做广告，什么样的时候做怎么样的广告，广告传递的信息有没有附加值和“弦外之音”，以及投放的精准度，与之配合的氛围营造。

想到这些，我觉得何不以此为契机，尽力说服李书福，做高端媒体的广告，把搭配卓越性能的 CVVT－JL4G18 发动机的吉利远景推荐给消费者，彻底改变公众对吉利的固有认知？

我把这些想法与李书福作了沟通，想不到的是，他思想转变得很快，很开通，还觉得这样做很有道理。于是，我就和销售公司负责人以及新闻中心同仁一起，开始讨论 CVVT－JL4G18 发动机及远景登陆中央电视台的推广方案。

事后有人证明我的想法是对的。

有一次，西安交大内燃机研究所所长曾科教授告诉我，“多年前，我们学院曾有人买了一辆吉利豪情，这辆车每天都在学校内开，因此给人们的印象吉利汽车就是豪情那样的车，要说吉利汽车发动机达到‘世界先进，中国领先’真还难以置信。

“这次吉利将搭载 CVVT－JL4G18 发动机的远景开进校区巡展，使我对吉利有了全新的看法。我专门和同校的几个教授一起做了个小试验，将一支香烟竖立在怠速状态的吉利这台发动机的机顶盖上，结果这支烟稳稳站立，始终没有倒下，说明其动力的振动也达到理想的水平。在试驾过程中，发现你们的发动机动力性非常不错、噪声很小、空调制冷效果很棒。我还注意到远景的内饰、做工也非常精致，和一些合资品牌车没有两样，性价比比合资品牌车高很多。看来你们的传播力度要加大啊！”

第三节　央视碰壁

2007 年 4 月 16 日。尽管是春夏之交，街道上树木已初绽新绿，但北京的早晨还透着丝丝寒意。

我和集团总裁助理张家淦、集团销售公司副总经理南圣良带着吉利远景的广告片，以及企业营业执照、CVVT－JL4G18 发动机的说明书、省级科技成果鉴定书、发动机权威专家的报告等 20 多项相关资料，从北京知春路丽亭华苑宾馆出发，匆匆赶到位于海淀区复兴路 11 号的央视广告部。

9点上班后，我们找到了央视广告部的有关负责人，满怀信心地将相关资料送到他手中。

在确定广告片具体内容时，有人认为最理想的办法是突出CVVT-JL4G18发动机"世界先进，中国领先"的主题，同时也要将远景车装配这个发动机的信息传递给公众，这样公众不但记住了先进的CVVT-JL4G18发动机，又记住了性价比很高的远景。

这个建议马上得到了内部很多人的一致认可，而在选择具体播出时间时，却产生了一些分歧，多数人认为既然远景的目标消费人群是中级商务人士和白领阶层，以及面大量广的创业者，就应该充分考虑相应的收视效果。

大家经过逐一分析，认为"东方时空"、"朝闻天下"尽管收视率比较高，但由于播出时段正值上班时间，而远景的潜在消费人群在此时间段正忙着安排一天的工作，无暇收看电视节目；"午间新闻"或"新闻联播"播出时段，这一人群一般情况会忙于应酬，这时的广告效果同样会大打折扣；而选在"晚间新闻"时段播出，该人群这时大多已忙完一天的工作和应酬回到家中，有时间收看电视，他们大多会选择收看央视"晚间新闻"节目，此时段插播远景广告效果无疑最佳。

对于哪天播出也让我们费了一番周折，因吉利远景将于2007年5月18日全球同步上市，5月1日成为远景广告投放第一天是最佳选择。

然而，令我们始料未及的事情发生了，几个小时后这位央视广告部负责人明确告知我们："你们的材料我仔细看了，但是按《广告法》有关规定，不管是什么产品，广告内容都不得出现唯一性、排他性的词语，而你们的广告说明书中居然说它创造了国内三个第一，这样的说法是不是太过分了？我们央视是无法接受的！再说你们凭一个省级鉴定就认定你们的发动机是'世界先进，中国领先'，也太不权威了吧？别说3 000万广告费，就是3个亿我们也照样不会播出。"

一席话说得我们目瞪口呆。当时的感觉就好像顿时被人从头浇了一盆冷水。

"这可是国内权威的发动机专家、中国工程院唯一的发动机院士郭孔辉主持认定的，也得到了博世等国际知名公司的验证，白纸黑字的，怎能随随便便就说不权威呢？"我们很不甘心。

听完我们的申述，这位央视广告部负责人的语气有些缓和，"你们的心情我理解，吉利的创新精神也值得钦佩，但并不代表这个广告就能播出。当然了，你拿得出国家级权威部门出具的认定文件另当别论。"

这一番话让大家看到了一线曙光，我让项目负责人立刻飞回浙江，准备一份更详细的认证资料。

4月18日上午，有关人员带着准备好的资料再次来到北京，向中国汽车行业权威部门——中国汽车工程学会递交了鉴定申请，请求对CVVT-JL4G18发动机的性能进行权威鉴定。

度过了难熬的9天后，我们终于盼来了寄予厚望的国家级鉴定。4月27日，中国汽车工程学会对吉利发动机成果鉴定意见进行了最终评审，称吉利这款发动机“世界先进，中国领先”的鉴定意见客观、准确，符合当前行业状况。

带着这份鉴定书，我们又一次来到央视广告部。广告部负责人对吉利如此迅速拿出权威的鉴定报告很是佩服。他深信，这款发动机的确具备“世界先进，中国领先”能力。

就在吉利项目负责人回到杭州之后，央视广告部打破常规，连夜召开相关人员和部门参加审片会，审看吉利发动机的广告片。为了确保广告的顺利播出，他们甚至请来了法律、工商等部门的负责人和有关专业人士协助审核。经过激烈的讨论，最终拥有中国汽车工程学会鉴定的吉利远景央视广告投放计划顺利通过了央视广告评审，我们如愿以偿实现了原定的播出计划。

我们成了真正意义上的“空中飞人”，在半个月的时间里往返北京、杭州七八次。广告顺利播出后，我跟同事开玩笑说：“早上喝北京豆浆，中午尝西湖醋鱼，晚上吃王府井羊杂碎。”

第四节　激起千重浪

2007年6月1日，在厦门海峡西岸汽车博览会举办的中央电视台汽车广告创新峰会上，作为吉利新闻发言人，我对“广告门事件”进行了明确表态，认为吉利在广告片中所宣传的“世界先进，中国领先”完全是在用事实说话，不存在任何夸张成分。

事实上，“广告门事件”的影响所及远远超出人们预料——

2007年7月中旬，山东主流媒体《山东商报》组织了一个“盛夏神秘体验”活动，意在对吉利远景的各项性能作一次全面评价。

试驾者是通过网络招募来的10位丰田卡罗拉车主，他们事先不知道试驾的是什么品牌的车，300多人踊跃报名，从中选了各个年龄层次、各个行业的代表，包括不同行业的白领女士，还有大学教授。试驾当天在一个专门的试驾场地选了路况比较复杂的路段，同时把车上所有的吉利标识用纸贴隐去。试驾中，他们普遍反映：“感觉这款车很不错，特别是急刹车和提速很快，动力强劲，值得称赞。启动发动机，震动与噪声遏制得很好，而且乘坐舒适性较好，避震滤震性好。这款车不仅动力强劲，而且操控性也非常不错。”

试驾完毕后，他们几乎都猜测试驾的是名车。当看到吉利标志后，一个个都很吃惊：“哦，原来这是吉利汽车的发动机！”

吉林省汽摩协会秘书长、“东北车王”王东江，是非常著名的专业车手。因屡屡在全国汽车拉力锦标赛上夺冠，并斩获年度车手总冠军，也被车迷称作“拉力车王”，2007 年 8 月中旬由于首届长春汽车节短道拉力赛而与吉利结缘。

他对媒体说，“长春拉力赛时，吉利厂家主动提出提供赛车，当时我担心未经改装的吉利远景不一定能完成比赛，可是我非常佩服厂家这种敢于面对苛刻挑战的精神，最后同意远景作为比赛用车。通过两天比赛，200 多人轮番驾驶，远景表现了优异性能，特别是发动机的表现实在太棒了，而且在比赛结束后还发生了抢购，我当时想把 4 台车都买下，但是厂家说让别的车手也感受一下，所以我只好买了 2 台。”

东北车王狂飙后向远景竖起了大拇指

搜狐汽车特约评论员屠龙刀在长春车展期间和东北车王一起试驾了吉利远景，他在博客中写出了亲身体会：“本人试驾后的第一感觉是：吉利远景的发动机动力输出和响应处于同级车的上游水平。怠速下，发动机很静。挂上一挡，离合行程不长，挡位行程也小，有点赛车的味道。油门轻点，车子冲上赛道，换二挡，低转速扭矩①不小，继续提高转速，发动机以1 500～5 000 转源源不断提供动力，发动机声音浑厚，刺激驾驶者的神经。两圈下来，车手们对于远景的发动机赞不绝口。”

李理光是同济大学汽车学院副院长、国内知名发动机专家，在吉利“广告门事件”爆发后，他应邀亲自试驾，并撰写了试驾报告：“根据目前国际发动机技术的水平，对于自然吸气式发动机，升功率②达到 50 kW/l 为衡量是否达到国际先进的标志，而达到 57.2 kW/l 的吉利远景发动机，确实达到国际先进水平。”

第五节　得发动机者得天下

其实，刚刚跨入造车门槛时，李书福就想到了一个大问题：“造车一定要造

① 扭矩：是使物体发生转动的力。发动机的扭矩指发动机从曲轴端输出的力矩，它反映了汽车在一定范围内的负载能力。

② 升功率：是每升发动机排量所输出的最大功率，如果发动机的升功率较大，那么发动机就具有较好的功率、良好的加速性和较低的燃料消耗量。

发动机。"在我们看来,汽车企业若不会造发动机,那就像战士不会打枪、渔夫不会摇橹一样不可原谅。

在汽车制造领域,有"得发动机者得天下"一说。长期以来,号称汽车心脏的发动机制造技术一直被外国公司垄断,国内几乎所有的整车制造厂都是从外国汽车厂购买发动机。

也许是时机还没有成熟,也许是技术瓶颈的制约,吉利在开始造车的前两年,造发动机的事并没有提上日程。那时,我们抱持一个天真的想法:对于一般的零部件,用国产的就可以了,因为成本相对很低;而对于技术难度很高的发动机,能用国外的就用国外的,这样也可以保障汽车的品质。选来选去,吉利选上了天津丰田汽车发动机公司生产的丰田 8A-FE 发动机。

然而,始料未及的是,这种合作进行了没有多久,危机就出现了:对方又是提出加价,又是扬言断货,各种限制不一而足。主要原因是,我们这个车造出来以后,放在市场上卖,跟天津的夏利,以及包括丰田的威姿、威驰这些车有竞争了,因为大家用同样的发动机,所以这个时候丰田就提出要涨价。

丰田把这款发动机从 17 500 元涨到 22 000 元,4 000 多元的价差,整个成本增加了 15%。没有商量的余地,他们也承认违约了,但是就一条,他们"没有办法,只能涨价"。没有发动机,工厂生产只能停下来。无奈之下,吉利当时负责发动机的安聪慧,到外资厂家进行谈判。

安聪慧后来告诉我:"苦口婆心地去谈,谈了 7 天,但最后也没有结果,只是从每台 22 000 元变成了 21 500 元。我们自己的发动机成本只有多少呢?当时的成本只有 7 600 块钱。"而李书福的感受更深了:"当时是挺难受的,你没有实力,没有能力,只得被人宰,宰了以后你才知道要好好努力,怎么自己解决这些问题,今后不被人宰。"

面对随时可能出现的威胁,吉利别无他选,终于决定提前为吉利车换"芯"。于是在正式进入汽车领域后的第二年(1998 年),吉利开始了第一款发动机——MR479Q 发动机的自主开发。

研发初期,由于研发人员缺少经验,可供参考的资料也寥寥无几,不少零部件的参数都是通过无数次没日没夜的试验摸索出来的。这些困难还可以对付,令人不平的还是开发中不断碰到的、来自国外汽车巨头的技术和市场控制。

有一个重要的零部件一直是从某国进口的,但是当需求量增大时,对方突然断货,致使吉利的发动机堆积如山无法装车。而国内供应商的产品质量不高,李书福和安聪慧等人心急如焚,费尽周折找到国内一位发动机专家,请他帮助对国内同类产品的性能进行改造。岂料这位专家对此也束手无策。没办法,只有自己动手。我们的研发人员一头扎进试验室,边找资料,边摸索,边实验。经过连续几个月苦战，终于使这个零部件不仅能满足需求，而且性能达到了同类产品的先进水平。

2002年夏天，承载着吉利梦想与生死存亡重任的MR479Q发动机在宁波下线，处于停产边缘的吉利终于柳暗花明。不久迅速形成产业化，装备在了美日、华普、优利欧等车型上，并且很快就凸显出了成本优势。

安聪慧告诉我："有了自己的发动机的时候，日方又找到我们，同样是那位总经理。他说，你们的发动机和我们的发动机相比，肯定是有差距的，起码从品牌上有差距，我们再继续合作。我们当然拒绝了。当时他走的时候，我也送给他几句话。我说'非常感谢你，为什么呢？是你让我明白了发动机、变速箱在整车里的重要性，也更让我明白了，作为一个主机厂来说，一定要掌握汽车的核心技术，也感谢你逼迫着我们把自己的发动机开发出来'，这是我当时对他说的原话。"

2003年5月，CVVT－JL4G18发动机研发项目组在宁波动力二公司成立，正式拉开了向高端发动机进军的序幕。

此后的情形完全在预料之中：由于CVVT发动机的研发技术含量非常高，没有完全懂行的技术人员，没有相应的检测设备，整个研发等于是摸黑走路；更令人挠头的是，这个产品在国内尚属空白，相关的配套市场也没有形成，许多关键部件全部要自己开发，不仅所需资金十分庞大，而且开发周期也会拖得很长。

2003年8月，研发项目组开始工程图设计，项目组成员翻查资料、动手设计、进行试验，硬是在短短4个月内完成了CVVT－JL4G18发动机的图纸设计任务。

CVVT发动机的开发过程，是一个极端折磨人的过程。在生产设备进厂之初，天气非常炎热，车间温度高达45度，而设备多达数十箱，仅搬运费就需要几十万元。

为节约成本，项目组负责人决定组织员工自己拆箱安装，搬运铁块、滚道盖板、机床配件，全部都依靠手工劳作。安装设备机床时，为设备调水平，需要弯腰弓背趴在地上，一天下来就算铁人也吃不消，腰闪了、脚受伤了，去医院看完病继续坚持工作的事数不胜数。

在最忙的那段日子里，员工们吃住都在车间里，许多员工不仅"丧失"了休息的概念，还失去了家庭的天伦之乐。

2006年3月12日，CVVT－JL4G18发动机通过科技成果鉴定。

位于德国亚琛的世界一流的发动机公司FEV曾将吉利CVVT－JL4G18发动机与最近5年内国际上研发的265款发动机作比较，结论是"接近宝马发动机，已经处于顶尖水平"。

当公众和媒体了解吉利发动机的开发历史后，就变得很理解。至此，吉利"广告门事件"终于谢幕了。

第五章 《宁波宣言》

第一节 爆发还是灭亡

“吉利沉默：是爆发还是灭亡?”

《财经环球》几乎以一种报道世界大战的口吻，在一篇新闻稿的开头，劈头盖脸地写出这么一句耸人听闻，却不无道理的话。看到这么一个凌空出世的文章起首，就好像天空中猛然出现轰炸机群，一下子把人们的注意力吸引住了。中国汽车业和社会公众一阵骚动，人们不禁要问，吉利到底发生了什么?事态有这么严重吗?记者继续写道——

> “不在沉默中爆发，就在沉默中灭亡。”吉利造轿车10周年之际走到一个新坎，李书福的“闭关”，能否为下一轮的爆发和“战略转型”做好布置?
>
> 从2006年下半年开始，吉利汽车公司显得有点沉寂。在今年3月奇瑞冲击具有里程碑意义的单月销量第一荣誉的同时，吉利却滑出了中国汽车市场销量前十的位置。分析认为，这是由于吉利没有跟随2007年年初的降价大潮。对此，吉利的反应依然是无动于衷。
>
> 就在“汽车狂人”李书福“闭关”时，2007年5月18日，吉利借远景全球上市前夕，正式向外界宣布：吉利汽车已进入战略转型期。

其实，吉利当时向世人发布了两个历史性的文本：一个是以新闻发言人名义宣告“吉利实施战略转型”的声明，一个是随后在经销商大会期间起草发布的《宁波宣言》。两个文件，一种主题，就是吉利汽车要转型，要抛弃价格战。

记得是2007年5月的一天，大家在公司食堂一起用餐的当儿，高管们正在议论着如何提振士气，把远景的销售推上去，李书福突然进来。他不忙于吃饭，神秘而兴奋地对我们说，“以集团新闻发言人的名义，我起草了一个声明文件，你们看看怎么样?”

我下意识地觉得这个文件非同寻常。一般情况下，新闻发言人的稿子都

2007年5月18日，吉利远景汽车经销商宁波会议一致通过《宁波宣言》

由我动手，今天的由董事长亲自起草，肯定有什么重大事项要发布了。

我一看，就惊呆了。好一个李书福，居然用他狂放的笔迹写出这么一个也许是空前绝后的新闻发言人声明，笔迹连贯，两页纸写得密不透风，结尾只好转到最后一页的背面去了！看得出来，这是一口气完成的，也许就在我们吃饭而他没有下楼的这会儿——

2007年5月17日，吉利汽车新闻发言人在吉利远景全球上市前夕，正式向外界宣布：吉利汽车已进入战略转型期。

一直以来凭低价策略取得竞争优势的吉利汽车公司，开始转变发展战略，在已取得的CVVT发动机、自动变速箱和EPS等一系列丰硕科技成果基础上，围绕着安全、节能、环保、智能等方面的目标，在发动机、变速器、制动器、转向器、电子电器控制系统以及前后桥、车身设计等领域寻求重大技术突破与重大科学发现。

这一转变证实了舆论界一直以来的猜测：近年来吉利的低调，可能正在酝酿着重大的技术创新和突破。事实上，吉利的这个战略早就已经安排，吉利一直在做大量基础性工作，包括吉利汽车研究院、浙江汽车工程学院、吉利大学等科技机构以及吉利新技术应用平台的创建与成功运行，已经为吉利战略转型奠定了坚实的基础。

全世界所有汽车公司的发展都有一个共同的特点，就是从低端走向高端，从价格优势走向技术领先。吉利经过十年拼搏，已经吸引、培养了一大批技术骨干、科技研究的领军人物，形成了一套完整的人才培养成长体系，积累了较为完整的原始技术数据，出现了令世界汽车同行震撼，让中国人为之骄傲的CVVT－4G18发动机。今天的吉利已经具备了战略转型的基本条件，在人才储备、技术路线、创新平台、产学研一体化和高新技术的运用上,达到了一个全新的境界,积累了丰富的经验,现在到了厚积而薄发的时候了。

第二天,新浪、搜狐、网易、腾讯等 10 来家主流门户网站和全国 40 余家专业网站,一起发出了这份《吉利新闻发言人受权就战略转型的相关问题发表谈话——吉利汽车进入战略转型期》稿子。说实在的,这篇稿子,我没有作太大的改动,只是在文字上删削、润色了一遍,就交给集团新闻中心发出。

吉利宣布战略转型的直接导火线,是远景出师不利。

远景是吉利 2006 年下半年推出的。这是一款提升品牌形象的车型,我们对它寄予莫大的期待。说起来这款车的名字,还是我取的。原先是预备叫"吉利虎"或"彪王",我们觉得太过"霸气",有一天晚上在李书福办公室,聚集了部分高管和销售公司的负责人,拟定这款车子的名字。我提议就叫"远景",杨健觉得不错,大家感到可以接受,董事长也欣然同意了。

远景虽然是一款很好的车子,无论动力性、操控性和能耗都达到理想状态,外观也颇为大气,但投放市场后反应不强烈。

在消费者心目中,吉利汽车低档车型的地位不会轻易改变,吉利品牌形象不足以支撑中高价位车型。吉利远景作为吉利汽车设计和制造的转型之作,试销的半年间,在部分消费者心目中没有留下深刻印象。

还要不要降价? 远景怎么推广? 吉利汽车的路该怎么走?

在这几年的发展过程当中,我们发现低质、低价这条路是走不通了,所以必须抛弃价格战,从低端竞争进入到高层次竞争,以谋求更大的发展空间。这有点像通用和福特等汽车 20 世纪三四十年代在底特律所形成的竞争态势。

李书福越来越强烈地意识到,不能陷入当时中国汽车工业市场的无序竞争、恶性竞争中去。必须彻底抛弃价格战,追求技术、品质、质量,加上服务优秀、国际化,创建大品牌。这是吉利的必由之路。

他感到当时中国汽车热度非常高,有一种预感,再这样下去会出大问题。所以就希望将吉利引向中国汽车行业的高端品牌,获得更大的自由组合能力和核心竞争力,包括技术和研发体系。远景卖不出去,不仅是远景自身的问题,也是一个市场信号,是市场对吉利发出了一张品牌"黄牌",无视这张"黄牌",就会被罚下场。

第二节 逼出来的"全球同步"

2007 年 5 月 18 日,吉利首款商务级家轿远景,经过 8 个月的试销,以及全球最严格标准的顶级汽车试验试制改装公司 Magna Steyr(麦格纳斯太尔公

2007 年 5 月 18 日，吉利远景全球上市仪式在宁波举行

司）的调校测试后，终于在全球同步上市。

这次远景全球同步上市是逼出来的。

这一年 4 月底在浙江台州路桥基地举行过一次不太成功的金刚上市 1 周年的纪念活动。从 2006 年下半年以来，吉利公司上下士气低落。这个几乎失败的活动加重了这种气氛。李书福怒形于色，脸上怎么也挂不住。

那次李书福在活动结束后，很不高兴地跟我说："怎么这次活动搞得乱糟糟的？有人在会场上不知所云，合影时椅子的标签也没有排好……你应该策划好，安排好，让手下的人去干。看来你不能这么忙。你要踱方步，多喝咖啡，要运用'智慧'。"

有个副总裁刚好在场，听到李书福这句话之后，跟我开玩笑说："王总，你千万不要当真。如果你真的去喝咖啡，那董事长就让你天天喝咖啡，你一辈子只能喝咖啡了！"听毕，我露出了苦恼人的笑。

当天晚上，部分高管和中层干部聚集路桥基地开会讨论汽车销售形势直到深夜。

先是李书福给我们"训政"，实际上主题只有一个，就是严厉批评那些悲观失望论调和无所作为的思想。

李书福可以容忍一切，就是不能容忍对吉利前景的悲观情绪和互相抱怨的做法。我从来也没有见到过这么沉重的会议氛围，春天的江南本来就湿气黏稠，这个时候干脆完全停止了流动。不过我们也从来没有听到过李书福如此自信地表示，他有智慧和勇气把吉利引向光明的前途。

杨健做了一个很有思路的提案，各路人马的代表也作了积极发言。

当时负责销售的副总裁压力比我更大，在沮丧之余，作出了一个营销工作的反思，对未来几个月的营销作了一个思考。我临时做了一个传播和品牌的企划计划，赢得了比较强烈的反响。

李书福那时真的急了，甚至开始自己拿出了一个营销和宣传策划方案，有些动作还真的充满戏剧性，细节也很动人，但也有点“耸人听闻”的味道。李书福的这些方案，在七八年前是奏效的，也是立竿见影的，可是市场发生了那么大的变化，消费者更加理性和讲究数据了。我知道他并不是真的要实施这个方案，而是希图建立一个“制高点”，树个“标杆”，发挥想象力，让大家一起冲锋陷阵。

会后，负责销售的老总跟我说，他还是不太有信心。可是我想得很简单：箭在弦上，不得不发。往前冲也是死，后退也是死，那就得往前冲。

他唯一的要求是，5 月份在宁波举行一个远景正式上市活动，请我多考虑。他的要求不高，与这次金刚上市 1 周年纪念活动同样规格与规模就可以了。以往吉利新车上市都是销售公司负责的，这次他要新闻中心做远景上市活动，我没有推辞。我并不感到这是非分之举，我理解他的处境。

这个时候我的劲头倒是上来了：关键时刻，舍我其谁！

5 月初的一天，我去找李书福和杨健商谈远景上市活动之事。吉利“广告门事件”发生后，李书福那股犟劲上来了。他身上的力量也积蓄到了一定程度。但具体到一个诸如新车上市的品牌活动，他还是没有太多的指望。他赞成做好远景上市活动，但口气很平淡，也没有更多的建议和要求。

与李书福商谈这件事的时候，我却认为要好好地策划一下，把远景改进之后的技术和品质亮点做个透彻的传播，特别是发动机、油耗和设计理念，放在世界面前也是当之无愧的。我甚至充满理想主义地认为，吉利成败在此一举。

听毕我的汇报，李书福略一沉吟，就对我和杨健还有新闻中心主任说，那就好好做个活动吧，把这次远景上市活动作为吉利转型的一次转折点。我们最后商定，做一次真正的新车全球上市活动。总之，要把远景唱响。

李书福就是这样的一个人，一旦想明白的事，他就敢干，也善于干。这恰好是作为企业领袖最明显的特质。领命而去的我，反而考虑得很多。

“成败在此一举”，其实并非仅对吉利而言。我记得销售公司的西北区代表老林跟我说过，不管出现什么样的险象，别人束手无策之际，董事长总是有办法化解和渡过难关的，这似乎成了老林和很多吉利人的信念。我很理解这些老员工的心理。从某种意义上说，企业家就是信念和战略的符号。这次活动的成败，对我和我的团队是一个极大的考验。我只得豁出去了。

然后是一系列的筹备工作，几乎是挑灯夜战，备尝艰辛。

在整个工作过程中，我们注重细节的同时，在策划和资源整合上下了切实的工夫。伙伴们也很配合，新闻中心同仁齐心协力到了极其感动我的地步。我意识到这也许是吉利转变的契机。

我曾经写过一句诗："你不去等待，奇迹就产生了。"真的是这样。令人意想不到的是，在吉利新车下线上市的所有活动中，只有这一次产生了两个改变吉利命运的历史性文本，那就是"新闻发言人关于吉利战略转型的谈话"和《宁波宣言》。

此后，媒体和社会公众对吉利完全刮目相看了。远景全球同步上市活动，居然成为吉利汽车的一个重要分界线。

第三节 "拼命三郎"们

远景全球同步上市仪式取得了空前成功。

对这次推介活动，媒体和当地党政官员无不称好，好多人朝我和新闻中心同仁们竖起大拇指，认为搞得太棒了。自然，这里面也有些过誉的成分。不过说实在，有了这样的感觉，我和弟兄们十天左右的辛苦，总算没有白费。

好多媒体通过活动的全程特别是试乘试驾，对远景的技术参数的验证和性能的鉴定，有了一个切实的认知。尤其是动力和油耗，包括空调制冷的能力，有了与前面完全不同的感受。

但我知道，不管活动怎么成功，都不是董事长和高管们最感兴趣的。

李书福要的是传播的精准、真实和对称（也是我自己对自己提出的要求，他很快认同并将此作为考核我的重要目标），同时，社会公众和消费者对远景是否足够了解，新闻中心的工作与销售公司配合得如何，一线销售人员是否能将吉利汽车的特性、品质和质量准确、艺术地传递到用户那边，都是他关心的。但是我相信他肯定知道，这可不是一蹴而就的事。

还是这次远景上市活动举办之前，就有人临时提议开一次非常规的经销商会议，因为前期远景的销售碰到了问题。很快就形成了决议：活动一结束就召开一次远景经销商会议。非常之时办非常之事，这一点我很理解。尽管工作量有点大，我们还是和经营管理办公室及销售公司一起，把这件事做起来了。

李书福有一个习惯，在一些重要场合，独自想得很多，并且书写不停，大概是想把思路完整记录下来，也为了缜密和连贯，不留遗憾。就在远景全球上市仪式之前，他又把我叫到一边，给了我几张稿子，很快我意识到，李书福又有新的思路和动作了。我以为是一篇思想记录，或对媒体发表意见的要点，打开一看，还是大为诧异，居然是要在经销商大会上发布的《宁波宣言》。

那天下午远景经销商会议很成功。毛泽东有句话并没有过时："人总是要有一点精神的。"该补充的是，人不到无路可走时，是不会被某种精神感召的。

前期远景销售的失利，使这些经销商们有了耻辱感和于心不甘的感受，而今天在宁波又目睹了远景如此优异的表现，自然心里被燃起了熊熊烈火。他们读毕《宁波宣言》，就很激动。显然，这是一种很好的内心宣泄渠道，也点燃了仿佛瞥见远大目标实现一刹那的激奋。

经销商们亲历当天的远景全球上市仪式后，或感染于这个宏大的场面，或被媒体的转变而打动，或因为厂家破釜沉舟的举动而倍感鼓舞，还有好多经销商为李书福个人的创新意识和领导魅力所折服，显得群情激奋，直至摩拳擦掌，跃跃欲试。

我们无意点燃汽车业的"民粹主义"火光，但经销商们对合资品牌的骄横，某些国企的奴颜婢膝，以及个别媒体的"帮闲"做派，很是看不下去。

李书福那天出其不意地谈了营销哲学，也直言不讳地指出了这些经销商的软肋，甚至给以猛烈的抨击和嘲讽。经销商们坐不住了，越是这样，越能把李书福的演讲一词一句地消化吸收。这是我听到李书福讲话最带劲的一次，甚至萌发了有机会去卖车的念头。自然这是不现实的。李书福在讲话中贯穿了技术元素、品质要素和品牌意识，讲到了发动机、油耗和其他技术参数，甚至还解释了什么是扭矩和升功率，发动机的可变气门正时①概念，以及各种系统的匹配，讲得清晰无比，显示出他对汽车细部的娴熟，简直如数家珍。他的确自信，自信得使外人听了都为他捏一把汗。这个人自信的逻辑力量似乎是坚不可摧的。

会议结束走出会议室那会，我简直不相信自己的眼睛：一大堆供应商围住李书福，表示要决一死战，后来干脆拥着他走出会议厅，好像一群中国汽车行业的近卫军，环绕着汽车工业的新恺撒朝前走，大步流星，犹如旋风。

第四节　整体变革

李书福在吉利自由舰上市的时候，就提过企业转型之事，但那个时候并没有多少人响应。这真是"水不到，渠不成"。现在吉利是将战略转型提到压倒一切的高度，动了真格。

但就像罗马非一天建成那样，尽管李书福"叫冤"——吉利的技术、质量和服务与合资品牌的差距已经很小了，而且价格还便宜很多，但为什么消费者就不买吉利的账？——一方面吉利急于运用各种强力手段提升品牌，但一方面消费者仍对其保持着一种怀疑或者观望心态。

---

① 可变气门正时：近些年来被逐渐应用于现代轿车上的新技术，可提高进气充量，使充量系数增加，发动机的扭矩和功率可得到进一步提高。

对吉利来说，未来两年显然至关重要。由于中国车市竞争形势的演化及主流合资厂家产品纷纷向更低端的市场延伸，吉利汽车不可能再像过去一样，安守在“造老百姓车”的狭小空间。未来几十年，尽管中国消费者会持续创造出全球最大的汽车需求，但无疑他们需要的，不是那种价廉质次的低端车。

而正是这一点，决定着吉利品牌与吉利汽车的命运与未来。

如果转型成功，涅槃而生，那么吉利所赢得的，将不仅仅是中国持续增长的市场，而且还是一个更大的世界市场；但如果转型不成或者在竞争品牌的“踩压”之下日渐式微，那它最终也只能像世界汽车史上很多曾经风光一时的品牌一样，灰飞烟灭。

这段时间，一些吉利汽车经销商认为，“从自由舰上市以来，新车的推出、产品质量的改进、售后服务呼叫中心的建立及对新车用户的回访等，该做的吉利都做了，但在销售终端环节，消费者对吉利的品牌认识，仍然没有大的改变。在消费者心目中，吉利仍然是个‘低档车’的代名词”。

尽管不少经销商仍对吉利品牌充满了感情与信心，并且表示品牌是可以通过厂家的一系列手段塑造的，但他们对吉利打造品牌任务的“时不我待”，仍表达了深切的担忧。“国内车市未来几年还将保持良好的势头，很多厂家都抓住这个机会扩大市场规模，但吉利却要利用这个时间抓很多合资品牌并不存在的‘品牌建设’，这对吉利来说显然不是好事！”

对于这种迫切感，无疑是吉利自身所感同身受的。我向记者表示，“打造一个有影响力的吉利品牌，现在还仅仅是一个开端，产品要不断地提升，市场的认知度和接受度也要逐步地培养，急也急不来。所以，对吉利提升品牌来说，现在时间是最重要的！”

但是，吉利整体战略转型能否成功，这个宝押在了李书福身上。毕竟他是企业主要领导人。那些严重怀疑吉利转型的人对李书福话语的误读、对吉利的猜测以及对吉利产品的质疑与信心不足等，都直接或间接与此有关。

其中，李书福的高层人事任免及那些“博眼球”的手段，或多或少对吉利汽车品牌的提升，造成了正负面两个方面都存在的影响。除了赵福全，吉利又将原青岛海尔高管刘向阳等招至麾下，分别担任相应高层职务。李书福要在技术研发和质量监控两条战线同时拉开阵势，打一场新的战争。

如果强有力的业务领军人物既无法从内部培养而又不能从外界获取，那么，包括吉利品牌在内的吉利整体战略转型之路，任凭李书福再有多大的能耐，也注定不会顺畅而且稳当。

我对媒体说，吉利正在发起的战略转型，显然是一次整体性的变革，这场变革试图将企业定位从以往价格战的“红海”向科技、品牌的“蓝海”转型，产品定位从价低质次向质量好、服务好同时品牌亦佳转型，企业定位则从一家立足于本土的民营企业向放眼全球的现代化公司转型。

李书福主导了一系列的人事任免、组织架构的整合和产品布局的调整,特别是研发链、供应链和营销链的重新规划。

“吉利不就会打价格战么?技术战、服务战哪有那么好打?这下子内部没有信心了,觉得吉利完蛋了,不便宜了,我们怎么卖车?大家都觉得没法干了。”李书福不无心酸地说。内部支持他的战略转型方案的人并不多,一种普遍的担忧认为,这是吉利在进行一场胜算渺茫的冒险。其实更多人是站在各自的立场想问题,虽然可以理解,但毕竟更多的是考虑局部利益。

他不得不独自上阵,找管理层一点一点地做工作、沟通思想,找经销商沟通思想,让他们兜售远景,过程的艰辛不足为外人道。过了一段时间,李书福甚至断了吉利的退路:将原有的设备、模具全部都换掉,连厂房都推平了。“我就是要破釜沉舟,在彻底干净的基础上让新产品上马。”李书福说。

与此同时,把吉利作为集团品牌,然后把汽车品牌分成三个不同形象的商标设计。为此,我们也花了不少钱,在全球征集商标设计,后来定下“帝豪”、“全球鹰”和“上海英伦”这三个品牌,自然这里面不存在档次高低的问题,它们面向三种不同的消费群体。

庆幸的是,这一系列组合拳很快就收获了市场效应,2007 年 10 月份吉利的销量开始回升,转型初期销量大幅下滑带来的恐慌也逐渐在吉利内部散去。

第五节 “品牌求证”

我们开始了漫长的“吉利品牌求证”之途,启动于北京的“吉利汽车品牌求证大讲坛”获得了全面成功。之后也连续做了多次类似的“求证”。业内外人士无不为之瞩目,消费者也介入了这个活动过程。

这一系列的活动恰好印证了我的预感。

我坚信吉利品牌是个最好的案例,战略转型是可为的,可以引发争论,引起关注,引领中国自主品牌走向涅槃和重生之路。

2007 年 8 月 10 日,“吉利汽车品牌求证大讲坛”首站在北京国际会议中心拉开帷幕。

求证活动开始不久,主持人陈伟鸿就开门见山说,既然是品牌求证的论坛,我们就要解除这样一个困惑,为什么像吉利这样的企业,在技术、质量和品质与国际知名汽车公司不相上下的情况下,它的品牌知名度、美誉度上始终没有办法达到一个理想的境界,而且公众对吉利的认知依然停顿在初始阶段?这样的原因我们如何找到,如何克服?

话音刚落。中国品牌推进委员会副主任、品牌中国产业联盟主席艾丰就侃侃而谈，“我看是两个方面的原因。一方面，我们中国人的文化有进步，但是在进步中有一个大的缺陷。说得刺激一点呢，就是有一点迷信外国的东西。现在不光是汽车，很多东西我们自己做，做完了贴上外国的牌子，我们中国人买了三千块钱一双鞋，说很值，那是因为意大利的牌子，用自己的牌子就卖不动了。我认为用一个尖锐点的说法就叫中国人文化缺陷。这个原因也不能怨谁，是需要我们正视的一个问题。

“第二个原因呢，我认为吉利汽车太年轻，因为时间太短，品牌需要人家信任。这是业绩滞后的结果，就是你做出一个业绩来不行，做出两个业绩来还不行，恐怕要持续做出业绩，然后人家才认可你。汽车如此，任何东西都如此，人也如此。一个人做一件好事人家就对我那么信任吗？不可能，应该持续做好事不做坏事。汽车也是这样，第一持续改善，第二不要出大事故，人家用你的车老是有毛病，或者老有小毛病也不好。如果排除那些技术因素，就是这些宏观和微观的原因。我经常提倡搞品牌要‘三心’：一个是决心，一个是细心，还要有第三个心，就是耐心。”

当陈伟鸿转向李书福，问他“你所看到的和你所感受到的落差体现在哪些方面”时，李书福说，讲品牌我是门外汉，我不懂到底怎么建设。我们讨论的时候，公司上上下下就感觉到不是很清楚。吉利从品质到技术、从价格到服务，各个方面做得都不差，或者说跟国外同类产品、同行的距离不远，基本差不多。在这种情况下，为什么吉利这个产品，人家总觉得不是好产品？尤其在销售价格上，跟人家差距非常非常远。所以，我们是比较迷惑的。

李书福很平静地说道：“为了揭开这个迷惑，今天这个活动是很有意义的。我想接下去应该要发动全中国的人民帮助吉利，寻求怎么解决这样一个问题。比方说我们的技术是不是还需要提高，提高多少？品质还需要提高多少？服务还需要做到什么样的程度？价格定位到底怎么定？品牌提升到底怎么提法？艾丰老师讲的我非常认同。这‘三心’吉利是具备的，现在问题是这个耐心到底要多长时间？”陈伟鸿更有意思，说：“对，总不能让我们一辈子都这么耐心，看不到一个光明的前景。”

李书福接着说，我们要有这个耐心。我想通过各种各样的思想碰撞，寻求吉利汽车的品牌提升。原来我想只要技术领先了，质量好了，产品自然就被人家接受了，品牌自然就提升了。后来仔细一研究呢，觉得不是这样的，最终是有问题的。“原来我最反对做广告的，但是不做不行啊！”这话说得大家笑了。

艾丰意犹未尽：“书福啊，你刚才说了一个非常重要的领悟，做技术，做产品，不等于做品牌。我们现在中国很多企业家恰恰这个领悟不够。品牌是个什么东西啊，那个玩意儿是一个符号，符号后面是什么？符号后面是关系。你要打造品牌，你就要打造你的企业和消费者的关系。人家信你吉利的牌子，就是信你这个企业。用什么办法让他信任呢？质量、服务、技术水平和企业文化，这些要素怎么让他了解呢？广告当然是一种方式，故事也是一种方式。除了你造车的这些故事以外，我建议你挖掘一些用车人的故事。各个不同层次的人，各个不同需求的人，让他如实报告，他用你车发生了什么故事，什么好，什么坏，然后把这个故事再传给消费者。因为消费者看了别的消费者的体验，就比你李书福说这个车好有完全不同的效果。”

这算是一个媒体前辈领导在营销和传播方面，给李书福和我们支了一个大大的招数。那些坐在下面倾听的来宾和大学生们，也频频点头。

陈光祖先生是老一辈汽车人，时任中国汽车工业咨询委员会委员，那天参加会议居然如此激动，大大出乎我们意料之外。他的观点是，吉利要走向全球，“就要实行疯狂大战略”！

他说，“由于时间关系，我就简单说一下，吉利怎么走向世界，怎么创造全球化品牌。我送它两个字，‘疯狂’。大家都知道李书福在车界叫‘汽车狂人’，我认为今天世界已进入一个疯狂时代，不是你一个人的问题，是一个疯狂的时代。英特尔公司，世界上最大一个芯片工厂，首席执行官爱特尔格鲁夫讲过，‘只有疯狂才能生存’。英特尔在 1972 年推出世界上四位数的芯片，每秒运算 2 300 次，最近推出比奔腾还厉害的 64 位芯片，提高了运算速度十万倍，30 年提高了十万倍。英特尔说要推出生物芯片，运行速度是 21 亿次。在 70 年代，丰田汽车送到美国去，美国人围着它笑，‘你把鸽子笼送到美国干什么’，美国整个市场都有日本车横冲直撞。今天美国人明白了，美国汽车只能学日本，赶日本。李书福说‘今天的吉利，明天的丰田’，这个也够疯狂的。日本 2006 年成为世界第一汽车生产国，向全球出口了 852.5 万辆汽车，直接在海外生产的有 392.9 万辆汽车。我不知道吉利现在在海外生产多少辆，可能有个几万辆，我们开始了。丰田是日本汽车的老大，有人说，你可以向丰田学习，但你永远不会成为丰田第二，也够疯狂的，而书福说我要成为丰田第二呢。

“人类已经进入一个高度智能化社会了，汽车不只是代步工具，而是一种全方位的享乐工具，这就是‘疯狂’。因此，世界在急剧变化，只有疯狂才能生存，才能发展，才能超越，疯狂是一种想象力的体现。除了科技经济文化的重组和价值的颠覆，吉利要走向全球，就要实行疯狂大战略，这可能包括‘机器的疯狂’。要激发想象力，还要把客户放在第一位。凡是世界上的好东西都要继承它，是你的，我的，大家的，也是吉利的。创新的疯狂，就要突出科技和人才的建设，突出计算机和网络建设，把吉利推向全数字化。我专门研究过吉利的科技创新，整套规划方案我都看了，和国际上相当一些企业没有什么差距，这个令我非常感动。李书福他们所攻克的这些先进技术，可以说是国际上比较尖端的、高水准的。他的 CVVT 发动机技术，可以说在汽车工业发展到今天，是一个相当好的创新成果。这个气门的开启和相位能不断地适应各种工况，提高功率，提高燃油效率，也可以降低排放。在自主开发方面，吉利确实是走在前面，毫不夸张地说是非常领先的。他在轿车上采用了电动助力，这个也是很大胆的想法。我相信吉利很快在一些高档产品上会有突破，这就是李书福和吉利人'疯狂'的结果，这是一种理性的疯狂。我很欣赏这种疯狂，只要你们不要叫我疯狂老人就行了，谢谢大家！"

2007年8月10日，北京"品牌求证大讲坛"结束后，李书福(右三)、本书作者(左二)与原轻工业部部长于珍(右四)等人合影

陈伟鸿打趣说："谢谢陈老先生做了如此详细的准备，大家都觉得李书福先生本身已经够疯狂了，结果在专家的眼中还不够疯狂，还要进一步疯狂。李董事长，你可以谈谈听了陈老这番建议后的想法吗？"

李书福说，"陈老说的疯狂，不是简单的肢体和语言上的疯狂，而是思想上的疯狂和战略上大的想法。吉利有一点'疯狂'，但是没有大思想家和大战略家那么大胆。我们在汽车安全方面的研究，有一些新的技术在世界同行里面是领先的，比劳斯莱斯和奔驰、宝马还安全，我们很快就会取得很大的突破。还有在汽车的节能、环保上，我们也取得很大的进步，我认为我们的技术，可以超越世界上的其他技术。你可以用'疯狂'来表达，也可以用竞争和发展的需要来表达，要想取得发展的主动权，你就要有疯狂的想象和追求。陈老讲得非常有道理。"

我也发了言，算是回应和姿态。我谈道："传播的力量是一种伟大的力量，品牌的魅力是永久的魅力。吉利要走出品牌的困境，要认识到长期性和艰巨性，品牌就像罗马不是一天建成的，是日积月累的，慢慢形成的。品牌贯穿了销售、制造、研发，直至文化塑造、企业家形象，并在不断发展当中巩固自身的地位和阵地。吉利的品牌建设任重道远。利用传播的力量，运用社会公众的力量，运用我们自身的努力，打造高端品牌使之成为我们的现实。反过来说，品牌建设业已是一件迫在眉睫的事。把品牌建设好，再把车子卖出去，这个不是科学的态度。我们造车伊始，就是品牌建设之时。到了现在，技术、质量和品质上去了，设计也更成熟了，显出品牌建设更具紧迫性，所以利用各种力量做好品牌的整合，这很重要。我作为这方面的主管，应该更要下工夫。"

继北京之后，当年的 8 月 25 日，我们在风景秀丽的宁波溪口又举办了一场"吉利汽车品牌求证大讲坛"。第三场吉利汽车品牌求证活动，2007 年 11 月 22 日在郑州举行，我们将其取名为"中原论道——吉利汽车品牌求证大讲坛"。第四场在长沙，第五场在西安，第五场在上海……

这一年，在各方的支持下，我们铆足了劲，在大江南北举行了好多场"品牌求证大讲坛"，围绕着吉利汽车的技术、品质和人才创新等专题，把脉吉利品牌之困，解惑自主品牌突破之道。

一时间，大江南北刮起了强烈的"品牌求证"旋风，这四个字成了街谈巷议的对象。

第六章 换 标 记

第一节 浴火重生

2007年11月6日，北京吉利大学报告厅灯光璀璨、激情飞扬。户外北风呼啸，里边却春意盈盈。吉利历时302天，汇集全球智慧的360万征集车标活动，终于揭晓了。

这一天是吉利集团成立21周年纪念日。正是在这一天，一个更开放、更国际化、汇集全球智慧、体现崭新形象的吉利新车标，被揭开神秘面纱，吉利全球征集新车标活动画上了圆满句号。

车标是汽车产品的象征和标志，本身并无太多悬念，也不特别复杂，但从吉利这次换标活动的规模和立意来说，其意义已远远超出其换标本身。这不是一次普通的换标，而是见证了一个中国汽车公司的蜕变。

这个蜕变，缘自梦想，痛苦而美丽，却获得了浴火重生。

车标是消费者辨识汽车品牌的最重要视觉元素，在某种程度上，它就是汽车品牌的灵魂所在。在每辆车的前脸与尾部，只要看到这些醒目的标志，人们就会自然而然将车标与品牌、汽车公司对应起来，不会迟疑，也不容易混淆。对于汽车而言，车标就是品牌的代名词。车标，精练、浓缩的符号，通常形象地记录汽车品牌的内涵，能生动反映出这家企业的风格与气质。

因此，纵观世界汽车工业发展史，各大汽车厂家无不重视车标的设计与使用，几乎每个知名的汽车品牌都有过更换车标的经历。

凯迪拉克曾有过几十次换标行动，奔驰、奥迪、丰田、本田、别克等知名品牌，也都对车标的局部细节或者图文的排列比例、形状等进行过调整。换标就是为了让车标更加符合审美潮流，令品牌更具时尚感，更具亲和力。

而换标的另外一个重要原因，往往就是企业战略的重大调整。

如果要大规模进军新的产品领域，或者要研发更高档次的系列产品，汽车企业通常会选择更换车标。否则，新产品难以摆脱该企业此前的产品形象，很容易影响消费者的认知和市场销售。

多年前，为了进入高档车市场，丰田以奔驰和宝马为竞争对手开发出了一款性能优越的高档车型，但如果这款车型继续使用丰田的标志，消费者就很难认为这是一款出色的高档轿车，因为丰田品牌在中低端市场已经深入人心。所以他们另起炉灶，创建了新品牌雷克萨斯，并为它设计了新车标。

而中国的自主品牌，由于历史的局限，大多数的车标设计理念，以图解式为主，想要表达的意思过多，导致图案复杂，晦涩难懂，体现不出品牌内涵、品牌精神，也缺乏时尚、科技感。而汽车是大件消费品，不仅仅是代步工具，多少体现了车主的身份和地位，所以品牌形象对消费者的购买决策有着相当重要的作用，而更换车标则是提升品牌形象最简单、最有效，同时也是成本最低的一种方式。因此，早在吉利之前，已经有众多车企或悄然或张扬地进行换标。

车企换标，特别是中国自主品牌车企换标，似乎格外引人注目，各方议论对此尤为垂青。但是，如果撇去表面的喧嚣浮华，可以发现，人们对车企换标的看法与实际相去甚远。

最具代表性的观点有两种：一种认为，这是中国车企向更高阶段发展的一个企图，因为换标能够提升企业品牌，改变公众对企业的印象；另一种认为，这是企业为了走出困境的一种作秀，因为换标可以掩盖企业面临的种种窘况。

这次吉利换车标的直接导火索，是2006年秋季的一天，我和李书福之间围绕车标问题所展开的一场很有意思的争论。

2006年10月，我和李书福在浙江台州参加一个大型体育活动开幕式，住在一家酒店。刚好有点空隙，李书福招呼我和助理到他的房间去讨论汽车的品牌和传播事宜。说完正事，我提出一个李书福意想不到的建议，把我们的现有车标换掉。

李书福睁大了眼睛："什么？要换车标？现在这车标不是挺好的吗？为什么要换？"

我说："这车标不够好，虽然有历史感，也凝聚了企业精神，但不够时尚大气，也缺乏国际化元素。"

李书福说："这车标不好吗？我看不出有什么不好。当时设计这车标，我们动了很多脑筋。我们请来了专业人士，也充分吸取了大家的意见。说实在的，我在这上面也费了很多心血……"

我不客气地回答："问题就在这儿。车标必须以设计师和专业人士为主来设计，可以征求消费者和社会公众的意见，但不能过多掺杂我们自己的主观意图。我觉得这个车标承载太多我们的创业故事了，以至于很多人不明白它到底在叙述什么。"

他听了似乎很不高兴。我知道这个车标寄托着他的梦想，也渗透着他和一批创业者的心血。世界上每个车标，都有它的故事。我熟悉吉利的故事，所以既不能伤害到董事长的情感，又要说服他换标。这是个难题。

我突然有了灵感，对李书福说了这么一句："我有一个朋友是浙江大学的，他有一天跟我说，'吉利什么都好，就是那个车标不好看。'"

说这句话本身是有根据的，无非我作了强调和修饰。我到吉利之后，很多朋友开始关心吉利的一切了。浙江大学人文学院的一位著名教授，我的好朋友，有一次跟我说过类似的话。只是他并没有说"吉利什么都好"，仅仅指出吉利车标的缺点。这句话触动了李书福，他沉默了两分钟，开口说出一句我最需要的话："那就换车标吧！"

于是，我建议在全国范围内征集新车标，谁知李书福说："不，我们要全球征集车标！"我还有一个意见，就是花100万元征集车标，要打动真正优秀的设计者，换个车标杰作。李书福说的话更让我惊讶："100万元征集车标是不够的，我的意思是，要花360万元向全世界征集车标……"

我完全惊呆了。好啊，出手居然这么大方，简直闻所未闻！人家毕竟是企业家，这也许是"底气"所致吧。刚才还在反对你的意见，现在他想清楚了，就变成一个异常彻底的人，充满想象力的人。

吉利自造车那天开始，那枚圆形、蓝底的"六六大顺"车标就一直伴随其左右，其间虽然历经修改，也不断赋予了新的内涵，但车标本身还是一直保持原有的设计风格和理念。

吉利汽车和这个吉利车标成为一段时间内汽车市场最具明星效应的名字和标志，成为人们谈论汽车时很少遗忘的话题。

尽管吉利这几年推出像自由舰、金刚、远景这些升级换代车型，但人们对吉利汽车的认识连同这个车标还定格在早些年的印象中，似乎这枚车标已成为低端、低价经济型轿车的代表。

作为企业文化、理念、精神的凝聚，商战中的旗帜，无论设计思路还是理念，标志都应该与世界接轨，充分吸收国际标志设计行业先进成熟的设计思想，同时尊重本土文化，使标志设计既尊重本土市场又具有国际化。

不久之前发生的一件事情，更是刺激了我们痛下决心割爱这个车标。

那是某网站的一个帖子，一个用户购买了一辆吉利金刚，结果却被朋友嘲笑了一番。朋友取笑他说，买什么吉利车啊，这辆车虽然造型、性能都不错，但一看到这个车标，地球人都知道是吉利车，一看这车标就知道你这个人身价低。最后的结果就是，车主把吉利金刚的车标换成合资企业的车标。

我和李书福都意识到，时至今日，换标已不仅仅是"换标"，从人们对吉利换标的呼声背后可以看出人们对吉利的不信任情绪，在不少人眼中，吉利一直都在敲敲打打中造车，如果这种观念不能得到及时扭转，那么即使吉利发展再快、推出的车型再好、技术再先进，也都是徒劳无功。

很快，吉利高层开会同意了董事长的换标决定。

第二节　抢了全世界的眼球

换标既然已经成为吉利高层统一的认识，接下来就是怎么换的问题。不少人提议，消费者不是反映我们的标志档次不够，不能体现用户的价值吗？我们可以请世界最好的设计机构来设计，比如从世界上最好的产品设计学院米兰理工大学，聘请学院最权威的设计师为吉利设计新的车标。

也有人提议，标志是一个企业的徽标，是企业员工的精神归属，也是大众了解和认知企业的窗口，吉利的老车标已经成为吉利人引以为豪的骄傲，员工对老车标有着很深的感情，我们完全可以通过内部集思广益来设计新车标，没有人比吉利员工更热爱自己的企业，更了解自己的企业。

各种质疑、反对的声音也不在少数，一个网名 Posted 的网友就表示了自己的担心：有人说吉利车标不好看，我认为并不是那么难看，车好最重要，车的口碑好，车标自然也变得好看了。也有人建议远景等中档车换标，认为现在的车标影响销售：对一个换上新标的车，消费者是否会接受？接受起来会不会更慢？沿用吉利现在的车标对销售有利。如果一定要换，不如等全新的吉利被广大用户、舆论真正认可后，到那时重推新标就水到渠成了。

吉利内部，这样的声音也不少。我和李书福力排众议，铁定要换标，人们慢慢接受了这个主张。我们就是要通过天价换标告诉世人吉利的决心。

2007 年 1 月 9 日，北京嘉里中心饭店会议厅流光溢彩。这一天，吉利征标全球新闻发布会在这里召开。在主题为“寻找吉利新车标设计奥运冠军”新闻发布会上，我向海内外媒体记者宣布，吉利向全球寻找车标设计“奥运冠军”。

包括《人民日报》、新华社、中央电视台、路透社、法新社在内的 200 多家国内外媒体进行了现场报道。在这个发布会上，我详细地介绍了吉利车标的演变过程，吉利车标从最初的“六条斜线从椭圆的地球上喷薄而出”发展到现在“6 个 6”，这个演变过程集中反映了吉利汽车成长的历程。

在随后的自由提问中，李书福说，企业的徽标就是企业的旗帜，全世界有名的徽标都是经过不断修正而最后定型到位的，吉利也必将遵循这个规律。他还说，品牌的建设不可能是换个徽标这么简单，更重要的是要在品质上不断提升、技术上不断进步、服务上不断优化，只有这样才能最终使吉利成为让用户喜爱的品牌。

为了让全世界喜爱吉利的创意设计人更积极地参与到这次活动中，吉利为此次全球征集成立了项目专项基金，项目设总奖金、奖品的价值约 360 万元人民币。其中大师奖 1 名，奖金 200 万元人民币。吉利奖 10 名，奖吉利远景轿车一辆。入围奖 100 名，慧眼奖 300 名。从 2007 年 1 月 9 日开始，吉利接受

2007 年 1 月 9 日,“寻找吉利新车标设计奥运冠军”全球新闻发布会现场

全球设计爱好者的投稿。

我们用中、英、法、西班牙、俄五大语种向全球 6 359 家媒体终端和通讯社发布了全球征集新车标的消息。从换标开始之日起,许多人亲眼目睹了活动的整个过程。从这天北京新闻发布会的召开到 2007 年 11 月 6 日的颁奖盛典,发生了很多令人备感激奋而十分有趣的事。

镜头一:2007 年 1 月 12 日(星期五),新车标 海选

才三天时间,吉利汽车 360 万的高价全球征集新车标设计图案的消息,就吸引了好多人的关注。除了企业战略转型和海外战略很引人注目之外,关键是它采用了一个全新方式:海选。

近年来国人对“海选”这个词并不陌生,它频繁出现在电视、网媒、纸媒等传播载体上,这也促使更多的电视台开始搞海选来娱乐大众。但征集车标也采用这样的海选方式让人们颇感意外,这在现代汽车史上恐怕是第一次。

镜头二:2007 年 1 月 16 日(星期二),巨大反响

吉利 360 万全球征集新车标活动启动的第七天,公司收到各类咨询、报名电话上千个,电子邮件、特快专递 300 多件,另有数十人直接赶到吉利杭州总部,洽谈相关事宜。

海外应征者大多通过电子邮件来咨询报名。吉利对外电子邮箱每天收到英文、法文、俄文、阿拉伯文等海外邮件近百件,它们大多来自美国、俄国、澳大利亚、阿拉伯等国家。

而国内应征者大多通过热线电话或吉利呼叫中心，与吉利集团取得联系。一个星期时间，就有来自100多个城市的上千名应征者。他们中有知名设计师、工程师，有老师、学生和律师，甚至有下岗工人和出租车司机。令人诧异的是，应征者中驾驶员和出租车司机居然占到相当大的比例。

还有的应征者为了尽快将自己设计的车标送到评委手中，还特意飞到吉利集团杭州总部。在这些应征者名单中还有不少知名设计单位。它们中有的曾经给上海世博会设计过会徽，有的给网通、电信、铁通设计过LOGO，有的给知名电视台设计过台标等。

镜头三：2007年3月16日(星期五)，俄罗斯设计师设计的新LOGO和美国男孩的信

俄罗斯设计师为我们设计的新LOGO，是第一件通过项目小组审查进入初选阶段的国外作品。

少年的世界总是绚烂多彩，蕴藏着巨大的想象力。那种充满热情和感染力的能量常常让许多专业设计人士都自叹弗如。向全球征集新车标以来，参与者除了上班族和专业的设计公司，还引来了许多在校的青少年的关注，其中不乏异国少年的关注，网上大家亲切地称呼这群人为“小吉米(迷)”。16岁的美国少年Jeffery就通过电子邮件，表达了对吉利的美好祝愿。

在海内外大量的青少年来函和设计稿中，大伙儿最感兴趣的还是这封来自美国的16岁少年Jeffery的电子邮件。在邮件中他热情洋溢地写道：“我是李书福的崇拜者，看到了吉利近几年从一个小公司迅速成长为中国汽车工业著名企业所作的努力。我也很关注吉利的这次车标征集。虽然我今年只有16岁，但我希望有一天能到中国来看看。我爱中国车，希望看到你们的汽车有一天行驶在美国的公路上，祝你们好运。”

截至3月15日17时，项目小组的工作人员接到正式的车标设计方案及实物1 501件，其中光青少年设计的作品就有近百幅。这些作品来自复旦大学、武汉大学、天津大学、山东科技大学、湖南财经学院、南京农业大学、华东理工大学、新疆大学等高校的大学生，以及河北定兴第三中学、江苏安宜高级中学等高中学生。

镜头四：2007年4月23日(星期一)，老外现场送设计稿

“2007上海国际车展”开幕的头一天，一大早，车展现场就来了一位特殊的客人，是个金发碧眼的外国参赛者——来自美国的豪特先生。他这次专程从美国赶来，为的是要亲手将他设计的应征作品递交给吉利的工作人员。

豪特先生是两个月前从网上得知这一消息的，自打他决定参加比赛，就开始了孜孜不倦地设计创新之路，到完成作品整整花了他两个多月时间。

不过这个热情的美国小伙子并不满足于把心血的结晶寄过来就完事，

他还希望能亲手将他设计的作品交到吉利员工的手上，并且亲眼看一看吉利的汽车。所以，趁这次上海车展的机会，他来到吉利展台，终于得偿所愿。

镜头五："七宗最"

很多朋友在征标过程中提出了这样一个问题，在这样大型的征集活动背后，你们幕后一定能看到许多非常有意思的故事吧？

这里可以列出这样一些数据和事实，称作吉利换标"七宗最"。这"七宗最"分别是：在近万份作品中，年龄最小的作者只有6岁，作品的邮寄是家人帮他完成的，年龄最大的85岁高龄；在所有的作品中，最重的有100多斤，面积最大的作品，连包装在一起将近6个平方，相当于普通人家客厅的三分之一大；从同一个地址每天寄出的最多达3次，而个人邮寄作品最多的达到326件，也就是说，从吉利宣布启动全球征标活动开始，这位作者最多以每天3到4幅的速度在进行创作，是名副其实的"高效王"和"多产王"；电话咨询最后的是一位加拿大作者，共打了30多个越洋电话。

其中一位外国学生还特别打来越洋电话表示，这些车标是其集体智慧的结晶，多位韩国当地老师和学生参与了设计工作。由于吉利车标投稿量大增，负责征标工作的同事们除了每天必须动用不少人力搬、抬稿件外，还特意空出了一个大仓库来存放。负责统计的工作人员因为要不停地登记、整理稿件，每天都是"十指抹黑"。

吉利新车标征集中吉利新闻中心人员正在登记来自世界各地的设计稿

第三节 “海选”与“评审团”

历时十个月的吉利全球征集新车标活动，就要画上一个句号，新车标将于11月6日“浮出水面”。

公司临时“变卦”，将确定新车标时间提前，让工作组忙成一团，却让吉利新车标在诞生当天就赶上吉利集团成立21周年的日子。

尽管新车标“早产”，选择入围作品却丝毫没有马虎。

日夜奋战下，工作组完成了对所有来稿的登记、编号、分类、归档和有效性审查工作，最终确认有效稿件12 205件。

自2007年1月9日吉利在北京召开新闻发布会向全球征集新车标以来，总计收到来电来函咨询相关事宜逾10万人次，从2007年1月16日收到第一份稿件至8月7日截稿为止，共收到海内外函件27 336份。

这些稿件来自亚洲、欧洲、美洲、非洲、大洋洲，来自全球近百个国家，有个人投稿、有合作投稿，还有以企业、团体名义投稿的；来稿的设计者来自各行各业，有资深设计师、公务员、教师、学生、企业主，等等。有些应征者给吉利车标设置了多个版本，如现代版、古典版、尊贵版等。还有应征者不远千里来到吉利详细咨询，希望自己设计的车标最能反映他们的水平和吉利汽车特征。

另有全球超过9 000家各类媒体报道了吉利此次新车标征集的相关消息。

接下来，要先对国内外应征作品进行初选，再由商标设计专家组成的专家评审委员会鉴定比较，之后召开评审会议，筛选出少量设计优秀的作品供大众评审，然后通过网络投票、短信互动等多种形式评选，才能最终揭晓。

而在11月6日新车标最终公布当天，还会出现一个特别的评审代表团，他们将共同对入围作品进行评选。其间所有的环节和程序一个都不能少。

在广泛征求各方意见的基础上，根据行业特点和征集新车标的工作要求，从专业性、权威性、代表性等方面着眼，邀请到8位权威专家、学者和行业领导作为评审委员会的委员。但出于保证评标的公平性，公司对专家评审委员会具体成员未向外界作过多透露，这些成员均是国内设计界、汽车界、广告界、艺术界赫赫有名的人物。

专家评审委员会成员按确定的评审细则和流程开展评审工作，并多次开会讨论。例如，“国际化、艺术性、标志性、实用性”，是专家们认为新车标所必备的元素。专家们还认为，从收到的稿件来看，在数量上已经可以称得上全球标志征集数量之最；在质量上，很多稿件水平很高。

2007年11月1日这天，吉利集团在其官方网站发布了两幅新车标的金奖候选作品。这两幅都是经过专家评审委员会评审进入最后总决选的作品。根据评选规定，从 11 月 1 日凌晨零点起吉利官方网站及部分全国主流门户网站开设网络投票平台，便于网友为自己喜欢的车标投上一票。网络票选结果，和 11 月 6 日揭标仪式观众现场评审投票结果相结合，最后决出吉利新车标。

第四节　揭晓之日

"'起于东方，傲视全球，吉利汽车，淬火新生'，我所设计的这个吉利新标志，总体上代表了时尚、激情与梦想，全球鹰造型则昭示在新的阶段，吉利正以全新的激情和姿态，蓄势待发，并在不断的自我雕琢中崭露头角。

"标志整体外廓为椭圆形，是图形中兼具动态和稳固特征的图形，并象征着全球化的背景，预示吉利在全球市场的动态平稳的发展前景，椭圆形状呈掎角之势，这就表明了吉利正在开拓奋进！"说着上面这番铿锵有力话语的，是安徽大学平面设计系在校学生岳贤德。他设计的吉利新标志，进入了决赛。

这次新车标评选，首次引进了 PK 机制，让来自上海的杨优睿和安徽的岳贤德两名金奖候选人通过现场陈述进行 PK，由专家、领导、媒体、设计师、吉利用户组成的 66 人评审团现场评审，最后决出优胜者。随着评审团成员投票结果和网络公众投票结果的统计完成，吉利新车标在吉利大学揭晓。

岳贤德设计的车标脱颖而出，最终赢得金奖，成为代表吉利新形象的新车标。他的 B 号作品以 66.91 分战胜来自上海某设计公司职员杨优睿的 A 作品赢得金奖，并从李书福手中接过 200 万元的支票。

李书福为金奖获得者颁奖

他设计的“全球鹰”最终成为吉利品牌车型将正式采用的车标。该车标由一个简化的鹰首图案和一个椭圆形组成，也可以把这个图案看成是犄角，象征着崛起、智慧、灵动。

岳贤德从李书福手中接过奖杯和支票后，发表了感人至深的现场感言。他说出了对吉利汽车的由衷喜爱，同时也道出一段隐情。他出身贫寒，近来父亲患癌症卧床不起，他是含着泪水完成这个设计作品的。他表示，要拿这笔钱去为父亲治病，可能的话还去做点好事。他的发言获得全场热烈掌声。

获金奖的新车标设计：全球鹰

66个评审团成员，有来自北大、清华的学生，有来自吉利大学的学生、老师，外籍专家，经销商代表，消费者代表，还有一些社会各界人士，都倾情关注和紧张投入了这次评选活动。

2007年11月7日，我本来计划随杨健总裁一起出访尼日利亚的，但为了做客新浪网，只好放弃这次非洲之行。这是一场我与主持人的“现场对话”，专门谈论这次吉利换标及未来发展之路。

当主持人问到，昨天新车标发布直播过程当中，很多网友非常热情地留言，有称赞的，也有对这个标志持异议的。对此吉利方面有怎样的考虑？

我回答说，争论是正常的，不争论反倒是不正常的。因为一个车标的诞生应该有一个被理解的过程，就像评审团对这个车标还有其他几个车标也有争论。专家也有争论，不是没争论的。但总是在不断的争论当中，大家达成一种共识。其实我们内部对专家的意见也是有保留的，但还得充分尊重专家的意见，以体现公正。

我还说，就这个车标来说，其实可能设计过程当中设计者也没有深刻地意识到它的含义。随着它的使用，我们会给它注入一些有生命力的东西，注入一些新的内涵，包括国际化的元素、中国的元素，这样这个车标就成立了。

主持人问我，吉利这次花了360万元重奖这些中标者，另外这个活动前前后后也有一段时间了，吉利也有很多投入，可能不止360万元。有人认为花这么多钱征标，是否很值得？

我的回答是，对征标这个事件本身有不同的看法是很自然的。尽管我们花费了不少钱，但换标的意义超越了换标本身。巨额奖金大家固然非常关注，同时我们想传递给社会公众、消费者一个信念和信心——吉利在变化和进步，而且朝着更好的方向发展。所以，花这些钱是值得的。

卷　二

逆风飞扬

“在冬天里不能一味穿着棉衣棉鞋，围着火炉在家取暖，而应该趁着冬天去冬泳，去强身，增强体质，健康地度过寒冬。冬天越冷，我们的冬泳越有意义。”2008 年的金融危机将世界经济拖入“严冬”，“过冬论”盛行之时，李书福的一番“冬泳论”给吉利注入了一剂强心剂。强者，就能在危机中抓住机遇，逆势上扬。吉利正是在这个“冬天”完成了它的“华丽转身”。

国家领导人“要宣传吉利经验”的批示，将吉利置于中国经济的“风暴眼”；2009 年几乎成了吉利的“新闻年”；服部悦雄、瓦格纳、乔治亚罗等来自全世界的行业精英也都将目光聚焦吉利……这一切无不显示着吉利绝地奋起的辉煌。

底特律的车展上，面对衰落的汽车工业城，李书福气宇轩昂地向美国媒体宣告吉利乃至整个中国汽车工业的力量：“我认为当今世界汽车工业正在发生一场极其深刻的变化，这个变化超乎你我的想象力。汽车产业重组和转移的下一个目标就是中国，就是你们还以为很遥远的东方。”

第七章　底特律与 BMBS 技术

第一节　牛仔式开幕

第 101 届北美车展于 2008 年 1 月 13 日在美国底特律开幕。一年一度的北美国际汽车展创始于 1907 年，是世界上历史最长、规模最大的汽车展之一。

那天我正好经过底特律一条大街，突然不知从哪儿冒出一批人，只见 16 名牛仔、120 头长角壮牛，围拥着 3 辆克莱斯勒道奇卡车，浩浩荡荡开向底特律市中心的科博展览中心。镁光灯闪动，尖叫声四起。牛群簇拥着道奇卡车，人群围观牛群。

2008 年 1 月，本书作者（右一）与李书福（左一）一起参加在美国底特律举行的北美车展，期间见到了世界汽车设计大师乔治亚罗家族成员，包括“老乔”即乔治亚罗（右三）、“小乔”即小乔治亚罗（右四），吉利控股集团副总裁兼吉利汽车研究院院长赵福全（右二）无疑充当了“桥梁”和“纽带”

登场的克莱斯勒总裁普雷斯掩饰不住得意之情:“牛群也想来看看我们的卡车……”但他随即意识到,绝大多数观众的心思仍在牛上,只得继续调侃:“这是一场你们谁都不会忘记的登场表演……”过了半晌,似乎还是没人听他的,他有点儿急了,说:“还是看看我们这些卡车吧!”

这样的开幕式,恐怕是空前绝后的。而事实上,这次北美车展怎么也掩饰不住底特律这个世界著名汽车城的衰落景象,也遮挡不住汽车制造业向着东方倾斜的趋势。

那些日子里,一有空我就在底特律各处走走。我要细心察看这座世界著名的汽车城。

我看到的是整个城市失去生气的面貌,陈旧的楼宇,冷清的街道,三大汽车公司①似乎也在风中瑟缩发抖,这样一幅景象连多日的大雪也掩盖不住。只有我住的酒店对面,那几幢标志性建筑的窗户还异常明净,在阳光照耀下闪闪发亮,将昔日汽车王国的片段作一个斜阳式的勾留。

就在一年以后,世界性的金融危机爆发。底特律北美车展门可罗雀,一场大雪把全城停在户外的汽车悉数掩埋,标着出卖字样的住宅在风中站立,日夜被大风猛刮、长久失修的窗户发出嚎叫……谁看到这个景象都会鼻子发酸。

另一种景象是,这次车展上,日本、韩国和欧洲一些国家的汽车却出尽风头,把展馆烘托得一派春光明媚的样子。

那天有点空,我陪着李书福在现场转了一圈,走几步就发现馆内的日本和韩国各大品牌摆出如火如荼的场面,各种新车型争奇斗艳,声光电的配合令人眼花缭乱,虽然除了宝马和韩国的现代之外(韩国车让清一色的黑人美女模特上场,多少折射了东方人变化莫测的心理),很少有模特秀现场,但这些国家的车型之阵容强大和豪华,概念车的张扬登台,都令人震惊。

吉利已经是第二次登陆北美车展,亮相底特律了。我们带去的车型包括金刚两厢、远景、08款自由舰、中国龙跑车、经典出租车和华普海锋,其中除了金刚两厢是首次官方亮相之外,其他5款车型都是量产或定型车型。我们与英国合作生产研制的TX4出租车,以及在国内主推的远景摆在了最显眼的位置。

车展一开幕,就有很多记者和观众到吉利展台来,以充满好奇的眼光审视来自中国的汽车。我知道他们是冲着吉利这个正在崛起的汽车品牌,冲着李书福这个具有传奇色彩的人物来的。我在这些国际著名媒体记者的神情中读出了诧异、钦佩甚至疑问,也读出了追究式的兴奋。当然,这次吉利再现底特律是很不相同了,包括车型、阵容和场面,还有我们带去的一项令世人瞩目的汽车安全技术,十分引人关注。

① (美国)三大汽车公司:指通用、福特、戴姆勒-克莱斯勒。

第 101 届北美车展之吉利展台

当时我不太明白的是，为何李书福在沃尔沃的展台上要伫立良久，像是陷入一种梦境。早餐的时候，张芃①经常跟李书福谈一些国际品牌并购的事，我似乎有点明白李书福的心思。但没有想到这次李书福要跟福特高管接触，欲并购沃尔沃。

第二节　质疑与应对

当地时间 1 月 14 日下午，我们在底特律北美车展现场举行新闻发布会，向全球公开发布最新汽车安全技术——BMBS，即爆胎监测与安全控制系统。

新闻发布会从下午 3 点开始。下午 1 点，会展大厅就陆续来了很多各国记者，CNN、ABC、NBC、FOX、探索频道等美国主流媒体更是派出强大拍摄阵容。

我到现场一看，好家伙，前来拍摄和采访的媒体数量已经超过 300 家了。2 点刚过，整个新闻发布会现场已经是水泄不通，当时在现场的一名日本记者这样形容，这个新闻发布会现场如果不看吉利的 LOGO，绝对没有人会想到这是中国汽车企业的新闻发布会，看来中国人已经开始在汽车领域有了自己的话语权。

① 张芃：现任沃尔沃汽车公司董事。

北美车展吉利新闻发布会现场

面对这么多的记者，面对新闻发布会大厅里的各种“长枪短炮”，猜想一番他们会提出的五花八门问题，真的还有点挑战意味。事实上，举行这场新闻发布会本身就充满了悬念，全世界似乎从来没有一家汽车公司想到要在顶级的国际汽车展览会上发布一项技术发明，何况是一家来自中国的民营汽车企业。

社会公众对国际车展上的新车型全球同步上市，概念车的揭幕和研发团队集体亮相，是耳熟能详的，可是一项中国人发明的汽车安全技术，拿到美国汽车重镇底特律来向全世界公布，接受各种眼光的检阅和评价，那可不是一件开玩笑的事啊！

不过李书福的确有“两下子”。那天下午的场面有点“玄乎”，而且极具“火药味”，所有人都为我们捏了一把汗，当时大厅里安静极了，这么多的记者都在观摩对吉利和李书福的“世界性考试”，可是他不仅顺利通过全世界汽车记者和行业人士对他的这次“考试”，而且发挥之好令人吃惊。

新闻发布会一开始，记者的提问就尖锐而直白，简直是不可抵挡。他们在庆贺中国汽车企业高速成长的同时，对 BMBS 这项来自中国的汽车安全技术表示了质疑，也提出了很多使人难以回答的问题。比如在场媒体询问李书福，“你对自己的安全技术为何如此自信?”“这个安全技术创新发明的根据是什么?”“你为什么要在底特律这样一个地方发布你的汽车安全技术?”“你能保证你们的发明不涉及知识产权侵犯问题吗?”

当时的形势，简直是一触即发。

就在我有点为李书福担忧的时候，他却不慌不忙地开讲了。虽然我对他的商业智慧和应对能力向来深信不疑，但毕竟是这么大的场面，站在世界汽车的巅峰地带"解疑释惑",扭转这些世界媒体大腕和汽车观察家的普遍不信任感,对这项几乎无人听说过的安全新技术作一个令人信服的发布,的确难乎其难。

就在他回答问题的那会儿,整个大厅里异常宁静,似乎都能听到窗外大雪融化的声音。

李书福三言两语把吉利的成长过程和眼下的战略安排说完后,话锋一转,开始挑战美国汽车业和媒体记者自身了。他说,"我认为当今世界汽车工业正在发生一场极其深刻的变化,这个变化超乎你我的想象力。汽车产业重组和转移的下一个目标就是中国,就是你们还以为很遥远的东方。很多人不知道世界发生了什么变化,还是以老的眼光看待市场、行业和技术,这肯定是有问题的。我希望各位明白,世界汽车的潮流是什么?就是高新技术和传统产业的结合,就是贸易自由化和经济全球化条件下的市场再分和产业重组,就是制造业内部条件的转移和外部的变化。就汽车产业内部而论,其变化在于安全、节能和环保技术的高度发展,电子电器和机械的高度融合,以及模块化、智能化技术的方兴未艾。"

当场有很多来看一下热闹的记者,听了李书福的这番话后变得非常认真,赶紧看看录音笔、话筒和镜头有没有出问题。从他们的眼神可以看出来,他们对这位来自中国的汽车公司董事长,被他们惯常称呼为"农民的儿子"的人,不得不刮目相看了。谁也不敢傲慢地打断这个来自中国大陆、貌不惊人的本土企业家的话头。

"我之所以敢于把这项安全技术——BMBS——带到世界汽车工业的高地底特律,我之所以今天在这个国际最著名的汽车展览会上,发布这项吉利费时多年、投入许多心血和资金而发明的汽车安全技术,我之所以当着你们这些来自美国和世界各地的媒体精英展示这项技术,就是为了证明吉利汽车的安全技术是完全过硬的,是经受得起全世界最严厉和最挑剔的眼光和评判的,是经受得起全球汽车业最严格和最优秀的技术专家鉴定的,也是最能引起你们乃至全世界消费者关注和体验的。请问各位,我们敢于把这项技术带到底特律来,世界上还有什么地方不能去的?敢于在你们这么多全球顶级媒体记者面前宣布这项安全技术,还有什么场合不能提及这项安全技术的?各位记者朋友,我们愿意接受任何质疑和挑战,也愿意与大家分享我们的创新成果,分享人类汽车发展史上的智慧结晶之一——这项将避免成千上万起车毁人亡事件,挽救多少人生命的安全技术,也就是今天发布的吉利汽车爆胎监测和安全控制系统——BMBS。"

李书福话音刚落,全场掌声如潮。

在回答记者其他方面的提问时,李书福说得很耐心和到位。他指出,和世界汽车传统厂家相比,吉利只有 10 岁,但是吉利树立了一个非常明确的发展目标,确定了发展思路。现代汽车工业竞争的核心不再是价格，而在于技术。吉利之所以要坚持技术路线，并且为之投入了巨大的人力、物力和财力，是因为他和他的同仁们非常仔细地研究了世界汽车百年来的发展历程。只有那些坚持技术领先的企业才能在漫长的历史竞争中生存、壮大和发展。汽车业的发展，就是一场没有终点的马拉松赛，看重的不是前期发力，关键是要看有没有持续的动力，前提和基石就是企业的创新能力，也就是通过人才和创新，实现技术的不断领先。

中国驻芝加哥总领事黄屏，出席了当天举行的吉利 BMBS 技术新闻发布会并致辞。总领事的讲话热情洋溢，也很讲究措辞。黄屏说，吉利汽车是中国民营汽车企业中的佼佼者，吉利汽车不远万里来到底特律，展示他们的新技术、新成果，将一个开放、文明、现代的中国企业形象展现在美国人民和世界人民面前。

我认识黄屏。若干年前，黄屏在浙江绍兴挂职锻炼过，好像担任副市长或市长助理，我那时正好在浙江省政府工作。有一次我们在一个场合相遇，一见如故，谈得非常投机。吃饭的时候我们似乎都喝了一点绍兴黄酒，微醺之中更是天南海北地神聊了一番，没有想到的是他几年后就担任了中国驻芝加哥总领事。这次在美国相遇，少不了叙旧一番。他对我到吉利有点惊讶，但觉得这也是个不错的选择，我仔细地向他介绍了吉利近年的发展和李书福其人，以及自己加盟吉利的原委。

我们准备的几百份 DVD 光盘在新闻发布会后半小时内被媒体一抢而空，很多没有拿到光盘的记者都留下了联系方式，要求吉利在第一时间将 BMBS 实车演示的光盘寄给他们。

当天下午稍后一些时间，北美车展组委会主席卡尔·加里亚拉将唯一的技术奖项授予了吉利董事长李书福，卡尔·加里亚拉说：节能、环保与安全是人类孜孜以求的目标，北美车展见证了一个汽车企业两年内的惊人进步，吉利人用两年的时间带来了 BMBS 技术，开创了汽车安全技术的新领域，北美车展组委会将这个“发明、创新和实践特别贡献大奖”颁给李书福和他的公司，就是对他们不断追求技术进步的最好奖励。

他还认为，这不是一项简单的技术设计和应用，而是一项解决了长期困扰汽车安全技术的难题，是一项保障汽车安全的重大发明，显示了中国汽车工业技术的进步。

第三节　杰克·汤姆森

在底特律，吉利展台连日来人气很旺。

各色人等鱼贯而来，从他们的装束和表情，特别是从眼神和言语来判断，媒体和技术专家更多一些，尽管普通观众也不少。这些人到吉利展台后的各种姿势和表情,很有意思,也值得琢磨。我一有空就研究他们,正如他们研究吉利汽车。

第 101 届北美车展上美国密歇根州州长珍妮弗・格伦姆与吉利工作人员合影

一般而言,美国普通观众是带着好奇的心情到吉利展台的。他们对中国本身就有点神秘感,何况是来自中国的汽车公司和这些公司造的车子。美国人在汽车方面是很瞧不起其他国家的,除了德国和日本。在一个汽车的国度,来自东方的中国居然也要展示自己造的汽车了,而且要造高档车,他们甚至很是迷惑。但是他们到吉利展台后,还是有点服气的,觉得中国人并不是他们所想象的那样,在造车方面很不在行。特别看到这次吉利带来的新车型颇为大气,居然还有很像模像样的跑车中国龙,这给他们留下了极为深刻的印象。

媒体记者是带着另外的眼光和神态到吉利展台来的。

他们也看车,也观察造型和内饰,打开车门拍照,是为了留下影像资料,以便报道。可是他们更感兴趣的是提问题。他们要求采访李书福,有的是事先约好的,有的是临时申请的。他们更关注中国汽车的前景和所遇到的问题,关注这位中国汽车公司掌门人的战略和视野。李书福不在现场的时候,他们就不断地提出采访要求而且会"守株待兔",直到李书福出现才露出笑脸。当然我也会给赵杰①和赵福全派活,他俩英语很溜,很有点对付媒体的经验。当然,到场的媒体记者也会对现场观众发问,这是他们的职业

① 赵杰:原吉利集团副总裁。

习惯。

至于来吉利展台的专家和工程师们，就显得更是与众不同了。

这些人一到展台，就直奔主题。他们会娴熟地打开引擎盖，不露声色地拉开车门，甚至在你还没有清醒过来时，就用高清晰度的徕卡或尼康相机把汽车内部布置和外观设计摄入镜头之中了。有时他们还会指指点点说着行话，点评完后会意一笑。也许其中一个人会拿出卷尺或卡钳，对零部件和内部构造进行一番测度和解构。

我们最在意的是最后这批人的评估和看法。事实上，这次吉利汽车二度赴美，引起了美国汽车界顶尖级人士的注意，尽管也有些行业人士带点嘲讽的神态看吉利，甚至还不痛不痒地挑刺儿，说点风凉话，但很多美国汽车专家在参观吉利汽车后，对吉利汽车的设计理念和技术能力表示钦佩。

杰克·汤姆森是前国际汽车工程师协会理事长、院士，作为全美国最有声望的汽车专家，显得很专业也很有威严。看到满头白发、和颜悦色的他，媒体和专业人士不由自主地充满敬意。很多人向这位老人行注目礼。不少行业人士对他老人家出现在吉利展台，很有点惊奇。他时而询问时而观察，还向陪同他的赵福全博士提问，了解吉利和中国汽车业的现状。

就在吉利展台，这位美国汽车界的泰斗级人物对着媒体发表了看法，他说吉利提出技术领先的观点非常正确，因为汽车的关键并不是价格，而是由技术带来的品质和质量，只有保持技术上的领先才能让企业和产品保持长久的竞争力。

杰克·汤姆森在接受媒体采访时表示：吉利这次带来的几款产品都很有特色，和两年前吉利首次参展相比，这次产品在质量、外形和设计上都有了很大改观，这些都离不开技术的支持，他再三称赞吉利的进步。就某些领域来说，吉利这样的中国汽车企业，已经取得了突破性的进展。这是一个了不起的进步。杰克·汤姆森认为，在坚持技术领先理念的前提下，吉利继续提升在制造工艺和计算机辅助应用等方面的水准，其未来将十分乐观。

第四节 《时代》也很动情

和杰克·汤姆森的观点一样，那几天底特律当地的报纸都大量刊发了有关吉利再次参展的新闻，很多专家、评论员的文章都对吉利近两年的技术进步给予肯定，对吉利在汽车安全特别是BMBS技术上取得的成功表示钦佩。

Norihiko Shirouzu是《华尔街日报》的记者，当天展会一开馆，就来到吉利的展台，第一时间采访吉利集团董事长李书福。Norihiko Shirouzu说，中国汽车工业现在发展的速度非常快，引起了世界范围的广泛关注，吉利汽车作为中国汽车工业的佼佼者，也给人留下了非常深刻的发展印象。他在采访李书福时感受到，吉利是一个脚踏实地的企业，它有着自己的发展思路和规划，正在沿着自己的目标不断前进。

Norihiko Shirouzu 对吉利倡导技术领先的理念非常赞同，他说，坚持技术领先的观念非常好，不论在中国还是在美国，甚至在世界的任何一个国家，能够促使企业持续发展的关键是技术和品质，只有技术领先才能保持产品的核心竞争力。Norihiko Shirouzu 用“收获”这样的词语来形容他对吉利的采访，他表示通过对吉利的近距离接触，让他感受到了一个中国企业的抱负和务实态度。

CNN 长年负责汽车报道的一位记者对我说，中国人真的很棒，高速行驶状态下汽车的爆胎问题一直是困扰世界汽车界的难题，中国人走到了世界的前面，想想现在的交通状况，这样的技术实在很让人期待。

《时代》周刊的一位记者找到我们，说新闻发布会现场看演示片的人很多，时间也很短，他根本无法仔细观看。他一定要一份光盘，回去仔细观看，因为这样的技术在目前世界范围内是绝无仅有的。面对这样的技术，再稳重的汽车人都会按捺不住，所以他要把光盘带回报社，让他的同事也了解来自中国的新技术。

这位记者反复叮嘱我，下次再到美国来参展，或者今后吉利汽车有重大活动，不要忘记通知他。他对吉利和李书福很看重，也寄予莫大期待。“我想有机会一定到中国来，亲眼看看你们的汽车生产基地，看看吉利的工程师。也许，中国汽车的希望就在吉利，李书福在美国人心中是个有勇气又有谋略的人。”他动情地说。

美国当地报纸则这样评论 BMBS 这项技术：两年前，李书福带着一辆车来到底特律，两年后，李书福一口气带来 6 款车，而且还带来了爆胎监测与安全控制系统，一个我们都没有拥有和达到的技术，我们应当给予足够的尊敬，谁都不能漠视它在两年里的进步。汽车的未来正在成长。

Sharon Silke Carty 是《今日美国》的记者，她很高兴地对我说，质量是衡量一个汽车产品最重要的指标，只有在质量第一的前提下，一切目标和期望才有保障和基础。吉利现在提出技术领先的理念非常符合这个规律，只有保证技术上不断领先，才能在世界汽车的质量竞争中先人一步。汽车安全技术一直是世界、汽车界关注的焦点，目前在汽车领域并没有什么突破性、权威性的技术和标准，吉利能够在底特律北美车展举行有关汽车安全方面的成果发布会，仅这一点就十分值得赞许。

凤凰卫视也来到底特律采访吉利和李书福。

凤凰卫视著名主持人李辉，跨洋越海，坐十几个小时飞机到达底特律后，马不停蹄直奔展馆，沉静片刻，稍作酝酿，就开始采访了。我在一旁听着，觉得她是问得最详尽、最到位的，李书福的回答也非常出彩。李辉的采访涉及理念、战略和技术、品牌等层面的问题，而李书福的回应也是不拘一格，精准、直率而有幽默感。

第五节　偶遇王传福

一个早上，我和赵杰陪同李书福在底特律展馆里随意走动，一边聊着海外营销的事。当我们来到自己的展台时，却看到比亚迪汽车董事长王传福站在吉利展台，他和几个随从正在仔细察看吉利远景和其他车型。

直到我们走近，他才猛然醒悟过来，微笑着与李书福打招呼并握手。我们与王传福交谈了几分钟，接着他就回自己的展台了。看着这个人的背影，我在想，今天也许是个历史性的场景。这两个名字最后带“福”的人，也算是中国汽车业的风云人物了，为什么就这么巧，会在美国汽车城底特律碰上呢?

碰上就碰上了，可为什么说不上几句话呢? 是什么原因造成了这个局面? 我欣赏那些理性而有作为的人，但不喜欢冷漠和城府。也许激情和率真会招致非议，但那些城府却是害人的，人们可以在生活中失利，也不需要心计和城府。既然是个害人的东西，就让城府见鬼去吧!

吉利发展战略中，有“招贤纳士”和“合纵连横”一说，我的理解，也应该包括与国内自主品牌汽车企业的联合，诸如共性技术的研究开发，以及主要零部件的协作供货，等等。其实有一段时间，吉利也热心于与自主品牌汽车企业合作，对中国汽车工业协会或中国机械工业联合会提出的“战略联盟”建议，也表现出浓厚的兴趣，可是最后没有什么结果。

这里的原因是很复杂的，并非三言两语可以说透。在我记忆中，“联合”这个词，对中国人来说，还需要一个漫长的“启蒙”过程，虽然从先秦就启动了这个沉重的话题。

李书福有个观点，就是只有中国越来越多的民营企业加入汽车这个产业，才能谈得上充分竞争，才能形成自主创新的气候，形成与世界汽车巨头比试的态势，构成一种竞争的生物链和产业发展的生态环境。

其实别的企业和企业家并不一定这样看，他们心里想的，非但没有“联合”这两个字的影子，而且有着浓重的戒备心。

我就看过一份某汽车公司培训经销商和总部相关人员的计划，里面充满了对吉利的攻击性言论，无中生有的挑刺，对李书福“妖魔化”的不敬言辞，还有漫画式的插图，有点像江湖术士的言行集。

“多行不义必自毙”，这是我看到这个培训材料后的第一个反应。

说到“世界第一”这个话题，我想起在这次北美车展期间与江森这样一个世界500强企业的接触。那天应江森的邀请，我和赵福全、赵杰等人，陪同李书福考察了江森集团。那才是真正做大事、科学严谨而具有人文精神的企业。

我们在江森细细考察和询问了汽车零部件的研发状况，也参观了它的陈列室。李书福对他们的新能源技术和其他汽车零部件特别感兴趣。江森公司的领导和专家在介绍时也不厌其烦，从原理讲到应用，从研发谈到功能及前景。我们的确从这种开放式的，可以亲身体验和动手试验的参观方式中获益匪浅。

江森自控集团是一个汽车零部件企业巨头，在欧美和世界上影响力非常巨大，《财富》杂志上位列全球500强企业排名第201位，汽车零部件企业(含轮胎)排名第2位。

1885年美国江森自控有限公司创建，至今已经是汽车内饰、楼宇控制以及动力系统开发的全球领导者，美国江森自控有限公司作为全球最大的汽车蓄电池供应商入驻亚太市场，2005年江森自控集团收购德尔福全球蓄电池业务，并在华投资收购的全资子公司，专业生产并销售包括VARTA品牌蓄电池为主的上百种规格的汽车用蓄电池产品，以领先的技术和高质量的产品获得多类荣誉。

我们对江森最感兴趣的还是他们的座椅和蓄电池，所以这次我们在江森考察得很是详尽。他们对李书福和赵福全提出的问题惊叹不已，觉得中国吉利这个汽车行业的后来者，已经跑到汽车业的前列了，而且中国企业家具有非常令人感佩的敬业精神。

说到新能源，李书福、赵福全和我有一个共同观点，就是新能源技术固然可代表未来的发展方向，也值得争分夺秒地去研发和产业化，但不能把“宝”全部押在新能源上，否则新能源还没有起步，企业就关门了！我们认为，运用新技术和新的研发成果，对传统内燃机的改进，以及机械电子的融合、智能化、轻量化等方面的探索，还是大有文章可做的。

第八章　逆势上扬

第一节　马云要“猫冬”

受全球金融危机影响，2008年下半年世界汽车行业的主要厂商相继大幅下调全年利润目标，预发裁员通知，并敦促政府加大扶持力度。欧洲汽车制造商们也纷纷发出了盈利警讯并宣布减产。

尽管当时国内的汽车企业还没有传出停产和裁员的消息，但是作为全球最重要的市场之一，国内车市也明显感受到了来自世界汽车业低迷的压力。

关键是，进入2008年下半年全国的汽车市场销售形势不容乐观，金融危机的突然来临使整个世界震惊，虽然这些年中国人热衷于买车，但现在是持币观望，或紧缩预算了。

事实上，早些时候人们就已经在预测和谈论这个冬天的来临了。

2008年盛夏的杭州，酷暑难当，而一群“论剑者”却在美丽的西子湖畔谈论如何“过冬”的问题。

在第二届APEC工商咨询理事会亚太中小企业峰会上，超过30位演讲者对阿里巴巴董事局主席马云的“过冬论”集体投了赞成票：中国经济将遭遇最寒冷的冬天。

2008年7月23日，搜狐出了一条新闻，说马云通过内部邮件《冬天的使命》，“呼吁阿里巴巴全体准备过冬”。九分钟后，新浪也出了同样的新闻。马云在邮件中说：“我们对全球经济的基本判断是经济将会出现较大的问题，未来几年经济有可能进入非常的困难时期。我的看法是，整个经济形势不容乐观，接下来的冬天会比大家想象的更长！更寒冷！更复杂！我们准备过冬吧！”尽管手头已有20多亿美元的现金储备，但阿里巴巴为了“过冬”，还是从年初开始拿掉了所有的投资项目，目的就是为了保存实力。“如果我们的客户都倒下了，我们同样见不到下一个春天的阳光！”马云算得上是一个敏锐和富有洞见的人。

我与马云有几面之交，他当时给我留下的印象是“异人”和“奇才”。我第一次见到马云是在20世纪末，那时吴敬琏[①]先生到杭州来做调研，主题是“技术与制度”。我帮助吴敬琏先生邀请了浙江一些企业界人士。在大华饭店的一个小会议室，我见到了马云。

感觉告诉我，马云非常精明能干，也比较低调。他是富有想象力的人，切合世界数字化时代的潮流。当时马云似乎说得不多，但很清晰地回答了吴敬琏先生提出的问题，并从实践层面给予这位著名学者很有力的支持。

事后我同马云也交流了技术和制度以及市场经济的其他现实问题，毕竟生活在浙江这样的省份，对经济、制度和市场有颇为一致的认知。那次我与他可以说相谈甚欢。我们都很赞成吴敬琏先生关于技术和制度关系的看法。对于那些技术救国派，我向来不以为然。这些人在勃列日涅夫时代也是很被倚重的，但缺乏思想、灵魂和人文精神。

金融危机前后，马云的“猫冬论”很被人接受。

在我看来，之所以这样，主要原因是中国传统文化中的韬光养晦策略深入人心，无论发生什么变故，避其锋芒的想法随时会冒上来。自然，马云这样考虑也是合情合理的。一个企业处在生死存亡的阶段，必须转换策略。但是“猫冬论”多少给人一个印象，就是不那么积极，少了一点建设性。

2008年9月，针对当时非常流行的“猫冬论”，也为着自身企业长远发展计，李书福提出了自己的看法。李书福的说法，显然与马云大相径庭。他在一个场合这样说，汽车行业和IT产业不同，汽车企业不能被动“过冬”，而是要凭借自己的实力和胆识去“冬泳”，要善于在大冬天里找到大商机，创造大希望、形成大优势。此番言论，被人们称为“冬泳论”。

第二节 “务虚会”

2008年8月中旬，吉利决策层在杭州开过一个罕见的“务虚会”。

召开这个务虚会非常偶然，可能是高层有些人想通过一种比较宽松的环境，表达对吉利下一步发展的某些建议，并对董事长本人提些平时不太可能提的意见。在一位副总裁的提议下，李书福同意召开这么一次务虚会。

好长时间没听到务虚会这个名称了。这是中共高层在毛泽东时代或改革开放早期时常使用的，显得神秘而重要，往往预示着高层领导之间要解决思想上的歧见，或是领袖人物有大的思路转变，先在内部吹风。

务虚会在杭州萧山一个酒店里举行，基本上是全封闭地开了三天。

---

① 吴敬琏：中国著名经济学家。现任国务院发展研究中心研究员、中国人民政治协商会议全国委员会常务委员兼经济委员会副主任、国务院信息化专家咨询委员会副主任、国务院发展研究中心学术委员会副主任等。

我们就住在酒店里不出来了，晚上安排一些健身运动，接着又开。针对几个重要的议题或自由选题，李书福和高管们轮流发言。有争议就正面交锋，甚至争得面红耳赤。实在解决不了的问题，或存疑，或搁置，等进入下一轮再提出。这样的会议，是我加盟吉利之后从未碰到过的。大家都心里没底，也有些同事在尽力猜测，到底发生了什么？当然不会有什么结果。

李书福提出了20多个问题，让大家充分讨论。李书福提出的这些问题，真的很“务虚”，主要是战略方针、造车理念、管理思想、企业文化和“思想品质”，没有一项跟数据和报表有关。

李书福提出的20多个问题是：

1. 目前我们面对什么挑战？如何应对？
2. 我们面对什么机遇？如何抓住？
3. 我们的企业存在什么问题？怎么解决？
4. 同行们情况怎么样？我们凭什么生存？能否生存下去？
5. 我们的战略转型怎么转？能否成功？为什么？
6. 既要质量好，又要成本低，如何做到？
7. 用户满意度如何提升？忠诚度如何提高？
8. 企业凝聚力如何提高？
9. 要不要反腐败？怎么反？
10. 内方外圆大家认同吗？
11. 日清日毕、考核清晰如何落实？
12. “十六字”管理方针①如何执行到位？
13. “六面大旗”②是否认同？如何化为行动？
14. 大家是否承认人无完人的古话？
15. 如何学会在自己身上找问题？
16. 如何学会宽容、谦卑、感恩？
17. 我有不少缺点，希望大家指出并批评，我一定倍加珍惜，并视之为无形财富。
18. 沟通合作、团队精神要不要考核，如何考核？
19. 当前面临的困难、问题大家都有所发现，也知道一些解决的办法，但具体如何化为行动来落实？
20. 如何避免在挑战与危机面前都自以为是，不好好合作，不主动寻

① “十六字”管理方针：指“充分授权、严格监管、考核清晰、过程透明”。
② 六面大旗：指吉利信奉的“艰苦创业、拼搏、团队、学习、创新、精益求精”六个方面的企业精神。

求帮助，诸侯割据，都认为自己是正确的？

21. 当一个人讲真话，暴露另一个人存在的问题时，另一个人不高兴，打击报复怎么办？如何考核这样的人和事？

22. 如果我们死亡了，最有可能的原因是什么？

23. 如何发现自己的缺点？如何配合他人工作？

针对这23个问题，大家一开始讨论就“火药味”很浓，平时不太说的意见，也很尖锐地提出来了。比如：董事长应该管什么？在企业里有没有“精神领袖”？企业里应该提倡什么、反对什么？吉利这样下去是否能生存？吉利最大的“敌人”是什么？吉利最大的毛病是什么？为什么有些人老虎屁股摸不得？公众公司应该是什么形象？等等。

务虚会开始不久，就有争论和歧见。特别对发展战略和企业文化，质疑很多。包括先前提出的“花小钱办大事，不花钱也办事”的说法，有些高管很有些不同见解，认为这话在创业之初是对的，现在再这样提就不合时宜了。这年头怎么可能不花钱也办事？即使花小钱办大事，做不到也不可取。这等于要降低企业的档次，品牌形象建立不起来，谁会跟这样的企业打交道？

李书福一直参加会议。他不停地记笔记。从某种意义上说，他对会议开成这个样子，也是没有料到的。

虽然没有达到炮轰李书福的程度，但对他本人和管理层的思想方法和工作风格，提出了非常严厉的批评，甚至牵涉历史旧账和个人举止。当然也说了很多推心置腹的话。批评措辞之激烈可以说是空前的，任凭谁也接受不了，但很大程度上也是掏心挖肝的，因为出发点毕竟是好的。

我看李书福有几次真的坐立不安了。作为企业资产主要拥有者，吉利汽车创始人，却需要在这个场合保持冷静和理性，很少有人能做到。这一点，我们不得不佩服他。当然，李书福也不是什么话都接受的，他经常作出解释和回应，甚至反驳。特别是事关企业发展方向和重大问题的，他寸土不让，并作出阐释，竭力影响我们。在成本控制、质量体系和营销思想上，在技术路线和研发理念上，他打了一次“阵地战”。特别是战略转型和“海外布局”上，他更是锱铢必较。最后，务虚会开成了“务虚”与“务实”混合的马拉松会议。主题过于分散显然不利于“务虚”，于是就分几个专题讨论，思想交锋与业务梳理同时进行，事关长远的战略问题和眼下的研发、营销和生产问题并行不悖，领导艺术、团队精神和管理方式一起研究。

这个重要而漫长的会议，几乎使大家精疲力竭，但没有人说不好。很解渴也很受用，甚至很开心，因为方向更加明朗了，有一种云散见日的欢欣。

会议最后，李书福作了总结。意想不到的是，他在一个不长的总结讲话里，提出了对当前局势的分析与判断。他觉得将会迎来一次经济严冬，并进一步认为，“世界汽车工业正在经历一场巨大变革，一场重大的重组整合，可能会淘汰一批，起来一批，现在美国三大汽车集团都碰到了困难，吉利能否生存？我们必须要有一个清醒冷静的头脑。要抓住这次巨大历史机遇，练内功，打基础，为迎接全球经济复苏所带来的更好的发展做好一切准备”。

李书福生动地说：“我认为，在冬天里不能一味穿着棉衣棉鞋，围着火炉在家取暖，而应该趁着冬天去冬泳，去强身，增强体质，健康地度过寒冬。”

相对于马云的“过冬论”，李书福在务虚会上的总结讲话更加明确：“冬泳就是在冬天的环境里面展示健康的体魄，现在无论是国家经济还是汽车行业，都已经进入了无可争议的冬天，我们很早就判断到了经济运行的态势，也为之做了很多的准备。

“从去年就开始了战略转型、调整了企业理念，加快了产品布局和产品开发进度，加强了对供应体系、营销体系和服务体系的整合，这一切都是为我们的冬泳在做准备。

“除了远景，我们的金鹰已经上市，熊猫、帝豪今明两年也要上市，BMBS等新技术正在投放和改进过程中，这些都是我们在冬泳中展示给世界的。

“我相信，冬天越冷，我们的冬泳越有意义。我以冬泳为荣。希望各位也能跟上这个思想步伐。”

第三节　如何“冬泳”

“冬泳”到底该怎么个“泳”法？李书福与我们这个经营管理团队达成一致看法：产品线该收缩的就收缩，目光应该专注于技术的提升，服务的改善，零部件供应体系的整改，人才的培养等，为下一个春天来临积蓄力量。

长期在商海中打拼的李书福，对经济形势的变化十分敏感。2007年底，根据杨健和尹大庆[①]等人的建议，吉利就开始主动收缩战线，将近10亿元的存量资产变现，为应对“冬天”的到来赢得了主动。

务虚会之后，我们从容不迫地进行着一系列“冬泳”之举：

——吉利远景制造基地落户湘潭，吉利借此进一步明晰了产品布局；

——全新技术打造出的金鹰、熊猫等新产品开始陆续上市，数十款新车型的研发正紧锣密鼓地进行，意在借不断投放市场的新产品，提升品牌形象；

——从五金机械、电子电器到橡胶塑料、纺织品，在众多出口型零部件企业面临困难之际，吉利积极筹划与它们合作，完善自己的零部件体系；

---

① 尹大庆：现任吉利集团副总裁及财务总监。

——全球汽车业大裁员，找人才变得容易了。很多企业要进行关停并转，不少好设备就可以用比较低的价格买进。对很多4S店，也可以进行整合。

其实早在金融危机之前，我们就注意到了产业过热的苗头，从2007年起抛弃价格战，淘汰了价值10多亿元的老生产线，还有旧装备、旧设备。金融危机来了，可以在全球范围内获取资源，我们抓住机会从国外引进了一批精密机器、尖端设备和流水线。

我们抓紧投入巨资，进行大规模技术改造，在关键工序使用了大批国际先进设备，包括瑞典的ABB机器人、高精冲压设备、全自动底盘传输线等，大大提高了生产自动化程度。

接着我们还投入近亿元资金，购买发动机、变速器、制动系、行驶系、转向系、灯光、空调、附件及电器、怠速排放、淋雨等整车或部分零件检测功能的质检仪器设备。

别小看这些，这些正是提升整车产品质量的基本保障。

金融危机使国外汽车市场需求大幅萎缩，不少国际汽车零部件企业陷入订单急剧减少的尴尬，我们开始在全球范围内整合供应链资源。零部件的国际化供应，正好符合吉利转型的需要，这是一场"及时雨"。

李书福的"冬泳论"，渐渐为媒体和社会公众接受，吉利的市场业绩也为大家认可，现在，全国上下都在关心吉利是否能燃起金融危机中的"一团火"，给更多的企业传递信心。

——在吉利内部，大规模、分层次的培训开始了，车型与生产基地的重大调整也紧锣密鼓地进行；

——由低端经济型轿车向功能齐全、高性价比的中高端轿车进发，在市场尚存在不少空间的情况下，吉利决定让曾经的主打产品豪情、美日和优利欧（被称为"老三样"）逐渐淡出市场，用"新三样"远景、金刚和自由舰替代；

——从2008年开始，每个季度推出一款新车，全年推出四款全新车型和四款改款车型，来逐步充实吉利的品牌线。

我们在宁波北仑区花20亿元建立了新的生产线，从国外一流企业引进的冲压、焊接和喷涂等相关设备，宁波生产线一跃成为世界最先进的生产线之一，汽车品质得到了极大提升。

在这个基地的焊接车间，最引人注意的是正在焊接车体的巨大机械手，它能完成整个车身3 000多个焊点。在总装车间，装配全部由电脑控制，机械手和全自动导引车正有条不紊地进行各种配件总成，新车不断从线上开下。

在成都车展上，吉利帝豪品牌更是大出风头，近200名客户排队定车，首批抵达的车，一销而空。

第四节 “功夫熊猫”

2008年11月，我和集团销售公司、新闻中心一起在广州车展期间策划了一场吉利熊猫上市仪式。在欢歌笑语中，赵福全和刘金良为吉利熊猫揭幕，我宣布吉利熊猫的销售价格。

活动结束后，我们就在各大媒体和网络上，开始吉利熊猫新一轮的宣传攻势。一时间，大街小巷都流传着这个“功夫熊猫”的形象和性能，那种憨态可掬的造型，活灵活现的动态感，给全国公众特别是年轻人留下了极为深刻的印象。刘金良领导的集团销售公司后来拍了一个吉利熊猫汽车特技片（包括最为时髦的漂移动作），连班机上的视频都在滚动播放这个片子，关注度愈发上升。

吉利熊猫是吉利转型之后的作品，它的功夫和外观的确了得，很快被消费者接受了。

吉利熊猫是安全精品小车，也是吉利全球鹰品牌首款车型，采用时尚的“工程仿生”手法设计，秉承small（小的）、special（特别的）、safe（安全的）3S研发理念，彻底颠覆了中国小车的传统概念。我记得，在美国《商业周刊》综合车型尺寸、发动机性能、排放系统、耗油量等标准所排出的“世界最小车”榜单中，吉利熊猫名列第七位。

吉利熊猫的前脸采用大嘴式设计，整体给人一种非常可爱的感觉。

熊猫的整车造型也非常圆润，前大灯组被黑边包围，酷似熊猫的黑眼圈；尾灯则是将大熊猫脚印巧妙地设计成一大四小的五个灯组，构成熊猫的尾灯造型。轮毂采用复合六幅式铝合金轮毂，并且配备了19寸超大轮胎。

吉利熊猫的中控台布局简洁、可爱，做工细致，其整体制造工艺不在同级车之下。仪表板、中控面板与车身固定处的接缝很均匀，方向盘采用三幅式设计。

吉利战略转型之后，李书福对外宣布，再也不生产4万元以下的轿车了。我们推出吉利熊猫，在设计和配置上要求工艺精美而性能良好，在耐久性和一致性方面，达到领先水平。

意想不到的成功还在后头。

2009年12月29日，中国新车安全评价规程（C-NCAP）官方网站上，公布了吉利熊猫以45.3分的成绩，达到5星标准，因此而改写了国内尚无一款A00级小车获五星殊荣的历史，显然这是吉利造车史上又一次质的飞跃。

媒体和专家在现场看到，这次分别进行了正面完全碰撞、正面角度碰撞和侧面碰撞测试，吉利熊猫除侧面碰撞的胸部保护测试得分一般外，其他各项都达到较高分数，其中头颈部、大腿部和腹部保护三项测试都得到满分。

国家轿车质量监督检验中心在评价报告中指出,“吉利熊猫 C-NCAP 取得五星成绩,标志着自主品牌小型车被动安全技术已经与国际接轨,令人振奋”。吉利熊猫成绩仅次于获得 45.4 分的一汽大众速腾,获得自主品牌和 A00 级车双料冠军。

吉利熊猫推出前后,刚好美国喜剧动作电影《功夫熊猫》在世界范围内热映。这是一部由派拉蒙影业公司梦工厂动画室出品的片子,在全球掀起了一股熊猫热。主角熊猫阿波由影星杰克·布莱克配音,是个爱吃面条的梦想家,整天活在白日梦里。为了成为传奇的龙战士,他必须首先学会面对自我,接受自己的庸庸碌碌和平凡无奇,影片由此讲述一个动人的励志故事。

“功夫熊猫”一词的流传,对我们来说,既是好事,也并不轻松。在推广这款吉利新车型时,我们最大的担心,是消费者对它的看法,到底是仅仅外表吸引人,还是从内到外“功夫到家”?特别是安全性上的“功夫”到底如何?

“对于一款 A00 级小车,要做到五星安全,很难、非常难、相当难”,赵福全用三个“难”字表达熊猫获得五星安全后的激动心情。

他对我说,实际上“吉利熊猫”不是某一个方面做得优秀,A00 级车就能达到五星,实际上它是一个系统的集成,每一项设计,从被动安全到零部件,都要达到最佳的状态。

早在造型设计阶段,吉利熊猫在进行仿生设计的时候,就综合考虑了安全性能的需要。外部造型方面,保险杠及大灯的造型充分加入行人保护的设计元素;内部造型方面,对仪表台及车门内饰的造型,同样考虑了要在碰撞中对内部乘员发挥良好的保护作用。

在产品部件设计阶段,也全面考虑了安全性能。

以车身设计为例,我们突破了“厚度越厚、强度越高的板材就越安全”的传统设计思想,采用大量不同强度的钢板,并在关键部位采用高强度钢板;在车身开发过程中,使用大量先进的计算机仿真模拟和开发试验手段,从而确保这款 A00 级小车在较低重量的前提下拥有出众的安全车身。

在安全配置方面,吉利熊猫全车采用了 6 安全气囊(帘)和预紧限力式安全带[①]的高端配置,这通常是 B 级车型的安全配置水准。在主动安全方面,吉利熊猫配备了大陆公司的 ABS+EBD 系统[②]。

---

① 预紧限力式安全带:当车辆发生激烈碰撞时,该安全带的预紧装置会瞬间将安全带收紧,把乘客固定在座位上。当安全带的收紧力达到上限,限力装置会自动发生作用,从而使安全带自动放松,缓解对驾乘者胸部可能造成的伤害。

② ABS+EBD 系统:ABS 全称为 Anti-lock Brake System。它的作用是防止在湿滑天气紧急制动造成的车轮抱死现象。在紧急刹车车轮抱死的情况下,EBD 在 ABS 动作之前就已经平衡了每一个轮的有效地面抓地力,可以防止出现甩尾和侧移,并缩短汽车制动距离。EBD 实际上是 ABS 的辅助功能,它可以改善并提高 ABS 的功效。

可以说，吉利熊猫的声誉是一炮打响的。在所有的消费者中，年轻人尤其钟情吉利熊猫。对于它的卡通式造型，憨态可掬的外表，这个消费群体非但认同，简直到了迷狂的地步。这个创意要归功于李书福本人，一段时间来他对社会心理和仿生设计的研究，也达到了废寝忘食的地步。

年轻人对汽车内部空间的要求，是非常有意思的。他们并不一味追求超大空间，并不仅仅是经济原因——涉世未深，手头不宽裕——更重要的是，他们从内心希望有个温馨而相对宽松的空间感，对那些豪华车宽大无比的感觉，就他们这个年龄来说，是有心理距离的——疏离、冷漠和虚空——而吉利熊猫恰好迎合年轻人在这个方面的要求。吉利熊猫设计者的这种仿生学设计，体现的正是"外小内大"的设计目标，使车型外观看起来小巧，但车内空间却能够得到保证。

很长一段时间以来，微型车和小型车在 C－NCAP 测试中取得的成绩都不高，五星几乎成了 B 级车的专利。这也让人们加深了"小车就是不安全"的固有印象。吉利熊猫获得五星，在相当程度上改变了这种普遍的误区，也改变了人们对自主品牌"价低必然质次"的惯常看法。

这就是我们的"功夫熊猫"。在中国汽车市场，它的"功夫"了得。

第五节 伟大的联袂

吉利熊猫打开局面，令人欣喜，但李书福和我们不会就此止步。一个更大的系列作品在酝酿着，并很快有了结果——吉利帝豪 EC 系列粉墨登场了。

2009 年 7 月 28 日，吉利汽车宁波基地。继全球鹰、上海英伦之后，备受业界关注的吉利汽车转型的代表作——中高端品牌帝豪发布，并举行了帝豪品牌第一款车 EC7 系 1.8 L 的三厢帝豪 EC718 和两厢 EC718－RV 的下线仪式。

我和同伴们全案策划了这次下线仪式，现场感很令人震惊。所有的媒体记者和当地领导以及经销商、供应商的反响，就是"太棒了！"三个字。

下线仪式之前，我们组织全国主流媒体参观了生产线，并进行了试驾活动。我预想，这次媒体会有"喜出望外"的感觉，后来果然如此。

位于北仑的宁波帝豪 EC718 生产线的冲压车间，一排巨型的冲压机床就呈现在面前。工作人员向记者们介绍说："这条 2 000 吨的生产线是带 ABB 机械手的全自动生产线，中间传递过程由机械手完成，严格保证冲压进度，配以日本富士机电生产的模具，打造高质量的车身冲压件。从上料一直到冲压件出来，整个流程实现了无人化全自动作业。"

焊装车间的机器人也让人们眼前一亮。

全线采用 10 台瑞典 ABB 点焊机器人、涂胶机器人，日本大福生产的摩擦式车身储备线、螺母自动输送机等世界先进的设备，完成本条线上 788 个焊点中 688 个关键、人工难操作的焊点焊接作业，全线自动化率达到 85.64%。

涂装车间仅从设计理念就能看出它的与众不同。

帝豪的生产将绿色、环保、节能的理念渗入到这个工厂设计的各个环节，尤其在涂装工艺设备上，喷漆采用的是符合环保理念的德国杜尔水性喷涂工艺——喷涂机器人和自动调漆、输漆、喷漆、换色的调输漆系统，从而保证了漆面的均匀和车身表面的光泽度和鲜映性，涂层均匀，避免产生色差。

助力机械手、世界先进自动导引运输车 AGV 的引进，更使产品的质量得到保证。记者看到，使用高科技精密仪器进行产品检测，保证了生产质量。

总装车间是最能体现 EC718 生产现代化水平的一个地方。这个车间由于采用了模块化、集成化装配，因此厂房利用率特别高，从而使宁波基地实现了"零土地"技改就建起了双班年产 5 万辆产能的现代化厂房。

"与吉利汽车现有车型相比，帝豪 EC718 的品质要高出不止一个层次，无论是外观还是内饰都无可挑剔，其品质完全可以和合资品牌同级别车型媲美。"试驾过该车的汽车专业记者对我说。

EC718 是我们倾力打造的一款全球品质轿车，也是帝豪品牌的首款车型。这款新车，从 2006 年 7 月开始步入研发轨道，经过与多家世界著名技术公司的合作，历时近三年研发与制造。

EC7 归属吉利帝豪全新的 GBC 平台，整车符合欧洲 ECE 标准(包括 E-NCAP 碰撞、排放、车内空气质量、儿童保护、行人保护等标准)，符合量产欧洲法规对汽车上市的安全、环保及其他法规和质量标准等，产品设计达到整车出口的苛刻条件。这个新车型采用环保的水性漆，减少对大气的污染；造车材料达到 95%可回收利用率。

帝豪 EC718 搭载经欧洲专业公司调校，全新 GETEC-γ 系列 4 缸 1.8 升 16 气门双顶置凸轮轴全铝发动机，最大输出功率 102 kW/h，最大扭矩 172 N·m。国际领先的高升功率(57.2 kW/l)通过最大限度提高燃料利用率、减少动力损耗、降低尾气排放，输出高效节能的理想动力。

帝豪 EC718 前脸造型相当大气，帝豪 LOGO、双 U 型进气栏栅和前大灯浑然一体，加上镀铬装饰条的点缀，一下拉升了整车的档次。车身的箭鱼腰线设计刚柔并济，简洁、优美而富有动感。欧式尾部造型融入欧式豪华车设计元素，结合空气动力学原理与工程美学设计，与前脸盾型元素相呼应。

帝豪 EC718 在设计之初就把安全放在了第一位，拥有众多安排配备。

在主动安全方面，拥有最高 8 安全气囊，BMBS 技术、超速报警、四门两盖防盗系统等。被动安全也很重要，帝豪 EC718 拥有高强度的车身、车门 Y 形防撞钢梁、碰撞后自动解锁、前后防撞钢梁、前后吸能区、可馈缩性转向柱等。

帝豪 EC718 的供应商体系

最大的不同在于，帝豪 EC718 的设备和制造设施，完全颠覆了吉利前期造车时的格局。比如，生产线的检测设备全部是德国杜尔的，杜尔是目前世界顶级的汽车检测设备制造商。所有模具都是日本富士的模具，而日本富士是世界顶级的模具供应商。焊装线也是日本富士的。合成自动化机器人是采用一些顶级的技术复制的。环保设备全部是美国的。

为什么我们要投入这么大？就是要使它保证达到高品质。

从供应商配套的角度看，帝豪车身自己制造，喷漆、发动机、变速箱等由吉利来做，但是还有很多零部件来自世界一流的供应商。换言之，给奔驰、宝马配套的供应商，都在给帝豪配套。如安全气囊是瑞典奥托利夫公司的，玻璃是法国圣格班集团的，油漆是日本立邦涂料公司的，发动机点火系统是德国博世集团的，蓄电池是德尔福公司的。

EC718 上市后的反响也是空前的好，这使公司上下异常振奋。这在吉利的新车上市历史上是罕见的，上市伊始就成为最受市场关注车型之一。

第九章 上 海 滩

第一节 忍辱负重

我们终于可在 2009 年上海国际车展上，展示吉利华丽转身的身姿了。

很自然，参与重要的汽车展览会特别是著名的国际车展，把最能展示实力和设计理念的汽车展示给社会公众、专家和媒体，不仅仅是为了传播和抢人眼球，甚至还不是出于营销的直接需要。对国际车展的重要性，所有的厂家都明白，这是品牌的田径场，这是汽车业的奥林匹克。

底特律、法兰克福、巴黎、东京和日内瓦五地举办的世界最著名的五大车展自不待言，近年来上海、北京车展的地位也在迅速蹿升。自中国市场成为世界汽车业最大的市场后，上海、北京车展炙手可热。金融危机爆发后，底特律北美车展门可罗雀的凄凉景象，与上海国际车展的轰轰烈烈，形成鲜明对比。战略转型初步成功，在金融危机中逆风起飞，吉利自然不能轻易放过 2009 年上海国际车展。

吉利上下急切期待有更多的面积来展示一系列新车型，向世人展示新吉利，“技术和品质”的吉利。李书福这样，杨健和经营管理团队更是如此，很多人把目光投向我和赵福全，对新闻中心和研究院提出了很高的要求。我们感到压力空前：期望越高，责任越大。这世界总是这样保持均衡感。

这些年我一直负责筹办大型车展，如何争取更多的展示面积，更好的展示位置，这件事的确使我颇费脑筋。很多人不了解这一点，其实这是一个大难题。至于技术性的问题，如何设计和表达，如何传递理念和技术实力，还是可以想方设法的，因为设计和装置以及声光电匹配的问题，中国已经非常国际化，也相当社会化。

这三十多年来，包括家电、时装、珠宝和其他奢侈品在内所有类型的展览，在方兴未艾的汽车展览面前，都变得暗淡无光了，汽车占据了中国人的生活中心。与房地产和股市一起，汽车产业进入媒体报道和社会舆论的核心地带。再说全世界汽车业都看好巨大的中国市场，中国汽车展览在金融危机中一枝独秀，生机无限。

当今中国，只有汽车展览业仍然是卖方市场，搞得主办方奇货可居。

起先我让吉利新闻中心的专业人员，与上海国际车展组委会保持密切联系，而且多次书面和口头报告他们，要求增加吉利展位面积。他们一直回复说，“到时候一并考虑”。我心想，上海这些年走到开放的前列了，上海人本来就做事规范，应该没有太大问题。

但不管怎样，还得细致工作，我们反复把具体要求说清楚，还传话给主办方，希望重视自主品牌的展示，吉利一定为上海车展争光，“很多新车型会使观众吃惊的”。

上海国际车展前的几个月，问题出来了。

从一些渠道我们得知，这次他们内部安排展位，还是以外资和国企为主，特别是上海的品牌必须多照应。我们觉得这是可以理解的，可是应该看到吉利的变化啊，再说我们也不是无限制地增加面积。于是我决定自己带人拜访有一面之交的那位承办上海国际汽车展会的负责人。

那天按照约定的时间，提前一个小时到了上海新国际博览中心的公司总部，约定的那个负责人还是没有来，我足足等了两个多小时。到了下午两三点，此君到了。见了我面无表情地说，“你终于来啦？”令我疑惑的是，怎么会突然抛给我这样一个问题？明明我等你两个小时，你怎么能这样说话？但马上我就明白了，他是说我来拜访他迟了！

什么都没有办法解释。我碰到难题了。我只好坐在会议室等他数落。他是喝酒了，我闻得到他的冲天酒气。他开骂了，当着我的助理、助手和新闻中心工作人员，足足骂了我一个多小时。他责问我，你为何这么迟才来拜访？他说：“我就是这么牛，就是世界名牌汽车公司排队来拜访，我也看一看哪个顺眼的先接待。”

他没有由来地数落我：“你是什么人？无非是吉利的副总裁，副总裁就厉害啦？在我这里根本就排不上队。雪铁龙等了半天，东风等了我一个上午，本田又怎么样？照样要等一等才见。德国的汽车公司来，如果没有相当的级别，我是不见的。你算老几？”

我只能随他骂了，沉默是我最好的防御术。还得制怒，不要回击：这个人总不是当年的日本鬼子，我这次不是为了自己的事，一定要撑住。怎么也要坚持到底，大不了赶我出门，展览面积还是要的。“小不忍则乱大谋”，我想。

一会儿他出去了，回来后一声不吭。我开始解释事情的原委，他根本就爱理不理。不一会，我的助手在门外向我招手示意。我出去后助手告诉我，刚才这位酒气熏天的负责人，出去解手的时候，让我的助手捎一句话给我，让我不要在这里了，他不想再接待我了。

这个时候，我的意识深处开始掀起微澜：在这个国度，做企业的人好像不是人，尤其搞实业，真是太难了。这也是后来导致我离开吉利的重要原因：企业、职业经理人乃至企业家，在中国太没有尊严了，与公务员有霄壤之别。这些年大学生挤破头也想进入公务员队伍，恐怕这是主要原因。

可是我依然笑眯眯地回到会议室，继续平静地向此君叙述我们的请求。没有一点懊恼写在我的脸上，不知怎么真有点“胸有激雷而面如平湖”的感觉了，我不知道自己生在古代是否可以拜为上将，但那天确实很镇定。回去后我一定要把这个令人恶心的笑话说给李书福听，他也许会笑得前仰后合。可这时我一点也笑不出来。正这样想时，这位仁兄大人却有点缓过神来了。

也许他有点酒醒了，也许他突然醒悟过来，刚才是否骂得太凶了？也许……接着他有点害怕了：自己刚才说了什么？好像一个玩命的人，见到拔出的匕首染血了，有点恐惧起来。

于是他就让我先回去，等他们商量之后再告诉我们。我一直以平静的眼光注视着他，笔直注视他，他却有点畏葸起来。接着我们就回杭州了。

我觉得跟这样的人论理太无聊，就回公司研究对策。

万般无奈之下，我们只得给中央政治局委员、上海市委书记俞正声写信求助。

第二节　争口气

俞正声很快就作出反应，他责成上海市政府相关领导迅速解决上海国际车展中吉利的展位要求。这使我们深受感动，但也感到遗憾，这样的事情非要上海市最高领导层出面才能解决，其行政成本未免太高了。

迫于情势，那位负责会展的仁兄态度有了一百八十度转变。过了一段时间，他声称“研究”了吉利的要求，决定增加面积。

有一天他突然通知我的助理，要到杭州来见我，说是商讨吉利的展位面积问题，但就是不进我们公司的门，坚持要在西湖边找个地方见面，以示“公事公办”。

那天风很大，温度接近零度，谈了二十多分钟后，穿着厚呢大衣的他，突然要把我从茶室里拖出去，站在湖边继续谈，商量展台面积问题。我是直接从办公室出来的，没有穿大衣，在风中冷得发抖。不过我还是认了。世界上比他恶劣的人多得是，只要把展览面积拿到，就是胜利。

后来拿到的展位虽然并不尽如人意，但毕竟增加了不少面积，大约有2 000平方米，我们的新车型基本上能放得下了。

再说我们这次参展也为上海车展增添了“中国筹码”。此次车展吉利以“突破：开创新吉利”为主题，凸显三大全新子品牌，以 22 款全新车型、9 款全新发动机、3 款自动变速器的强大阵容亮相上海车展，一扫以往自主品牌的传

2009 年 4 月，中央政治局委员、上海市委书记俞正声视察上海国际车展吉利展台

统形象。

上海车展吉利展台共有室内、室外两个展馆，其中 E2 馆外的吉利展位，作为吉利参加上海国际车展的人性化休闲区，室内展馆以新车型为主要展览对象，室外展馆则主要集中体现企业文化和展示吉利 AGF 方程式赛车。从展品上讲，吉利是此次车展上唯一一家全部展示全新车型的企业，在售车型均不在展出之列，这在历届车展上并不多见。当人们走近吉利展台，却不识吉利车，看来全新的吉利带给人们的是惊讶和震撼。

当所有汽车公司都以白色彰显国际化和格调高雅的时候，吉利展台却以超大规模的彩幕构成了流动的风景，不断变化的背景画面并没有以车型为主题，而将自然风光和城市生活搬进展台，当你在吉利展台品车时，你身后的背景是流动的水，或名山大川，或大海波涛。

这次车展，我是如此投入，以至于到了“疯狂”的地步。从展台设计装饰到新车型布局，从 LED 制作到大型彩幕的配合，从车模选择到说明图文的印制，从 6 款新车全球同步上市活动到全国大学生访问团和海外经销商论坛，我必须一个个落实到位。哪怕是一个清洁工，一个解说员，一个汽车模特，我都要求建立档案和强化培训。

最后一个晚上，我看了几场新车全球同步上市活动的彩排，还和赵福全一起仔细察看所有展出车型，把所有的 LED、彩幕、形象片、活动流程和印刷品都浏览了一遍，还将灯光和活动座位都进行了一番检查。在这之前，我把上百个

小乔治亚罗不放过吉利汽车上的每一个细节，在小乔眼中吉利汽车前途远大

工作人员集中起来，对所有的人包括部门负责人和技术专家，进行了一次总动员。我阐明了这次上海车展的意义和任务，分解了若干板块的工作，最终明确了几乎每个人的分工和职责，还部署了接待工作和应急预案。

我知道不会有大的问题出现，但还是有一种如履薄冰的感觉。这个晚上几乎没有合眼。我跟李书福开玩笑说，呵呵，你早点睡吧，你可以放心睡，只有我们不睡觉，你才能睡得着……

自从遭遇那个上海展览会官员的无礼和狂妄一幕之后，我要处处谨慎，不能出一点差错，不光要让吉利展台出彩，车与人、声光电配合上做到天衣无缝，夺人心魄，更重要的是，要抓住这么一个来之不易的机会，建立吉利的新形象，在这个世界性的舞台上聚焦，使全中国和全世界都能了解和亲身感受到，一个充满活力和富有进取心的汽车公司，不管经过多少磨难，总是岿然屹立，从不言败。

第三节　满堂彩

2009 年 4 月 20 日上午，在上海国际车展吉利展台，六款新车同步全球发布，新吉利盛装亮相，赢得满堂彩。六款新车在车展现场同步亮相，是这次上海车展仅有的，也是金融危机之后的国际车展上很少有的举动。

吉利的表现还不止这些，没有人走进吉利展台不觉得信息量大得惊人，以

郭孔辉院士试乘吉利小型概念车 IG

至于难以一下子接受消化。这次上海车展是 2008 年北京车展的全面升级。

那天出席了吉利六款新车全球发布会后，郭孔辉院士在我们的陪同下饶有兴趣地参观了吉利多款新车，对于 IG(智慧吉利)，郭院士认为首先外形很好，车内品字形的 3+1 结构，以及可以滑动的座椅更让他惊喜。听说这个车型能运用太阳能，实现节能环保功能，郭院士更是连连点头。

IG(智慧吉利)

GT[①] 这款概念车很抢人眼球。特别是开头的那几天，简直人山人海，带有"骚乱"性质的观摩，使得馆内的保安很担心出事。GT 概念车侧后方看起来非常漂亮，前面就略有些"挑战审美"了。每天有无数次镁光灯的闪动，特别是年轻人，太喜爱那种"酷"的样子了，离开时显得非常恋恋不舍。

吉利全球鹰 GC515 - RV，外形漂亮、风格运动，非常引人注目。其姊妹车型是三厢车 GC515，两者均基

① GT：又称吉利虎，吉利在上海车展上展出的跑车。

吉利 GT 引爆 2009 年上海车展

于经济型轿车平台 GC5 生产，按照出口欧洲的标准开发的，所以这个平台也是吉利的第二个全球车平台。它的整车尺寸、轴距、离地间隙，比雅力士①大一号，可与飞度②、天语 SX4③ 相提并论。它拥有实用宽大的内部空间，其两厢掀背结构能够实现小车身大容量。

这次上海车展吉利最受关注的，当然是上海英伦的 GE（我们将它命名为吉利卓越），人称小劳斯莱斯。

这款基于 TX4 平台的新车型，一经亮相便争议不断。也有舆论对此评论道，除了那个仅能坐一人的后排有点过分外，其他各方面均颇有豪华车的风范，吉利至少敢想敢做了一回，又何必太苛刻呢？

GE 的车长在 5.3 米左右，轴距④ 3.1 米左右。从外形上可以看出，它体现了高档豪华轿车的理念。在车内，前后排隔离玻璃、羊毛地毯以及星空顶篷等，给人非常深邃豪华的感觉。而最具特点的地方在于后排只设计了一个座椅，以此来彰显后排乘客的重要性。

---

① 雅力士：是国内唯一一款挂丰田标志的两厢紧凑型轿车，是丰田顺应当今世界小型化汽车的发展潮流开发的成功作品之一。

② 飞度：本田的一款车。由于其小巧、时尚的外形，受到了很多年轻消费者的喜欢。截至目前，在全球已累计销售 85 万辆。

③ 天语 SX4：是一款跨界轿车，融合了轿跑车、Light SUV 等多种车型元素，以全功能进化型轿车的产品定位，满足消费者的用车需求。

④ 轴距：指通过车辆同一侧两车轮的中点，并垂直于车辆纵向对称平面的二垂线之间的距离。

这里有一个插曲，非常有意思。

李书福一直以来做着好车梦。这次上海车展也寄托了他的这种梦想。这款以前称为小劳斯莱斯的GE，实际上是李书福本人总体构思的一个豪华车型，目的是要造出使国人最感自豪的顶级国民车。

从外观设计看，其实与劳斯莱斯的幻影还是有重大差别，可某些设计元素总是使人联想到劳斯莱斯。至于内部结构，包括内饰和总体格局，还有大量的细节，都是有独创性的。由于劳斯莱斯在世界上的巨大影响力，人们不能容忍哪怕几分风格上的靠近，尽管这些设计已经是属于人类共同的精神财富。

这次来展会看吉利GE的人很多，加上几年前我们构想车型和预热的时候，也提过小劳斯莱斯这个概念，在观摩上海车展时，人们就干脆将它叫小劳斯莱斯了。争议由此而起，据说劳斯莱斯的总监也来看过了。有人就起哄，说李书福将要造出山寨版的劳斯莱斯，而赵福全最怕的就是这个舆论。

为了撇清这个"联想"，吉利就不需要与劳斯莱斯发生任何关联，李书福、赵福全和我作了一次商议，我以吉利新闻发言人的名义，发表了一个声明："为全面体现吉利研发、造车水平和实力，着力打造一款具有完全自主知识产权和中国特色的豪华轿车，实现广大参观者对吉利汽车的殷切厚望，决定对这次参展的上海英伦GE豪华轿车（吉利卓越）的外形设计进行有针对性的修正，并向全球征集设计意见和建议。"

4月20日，来自全国25家高校的百名大学生代表，专程到上海参观上海车展吉利展台，现场对话吉利，与吉利高层、行业领导、资深媒体人展开讨论。

这个活动由来已久。还在我刚进吉利的时候，曾想过一个问题，就是汽车和我们这个社会一样，未来的"驾驭者"必定是青年，尤其是这个群体的代表青年大学生。这是汽车社会的主体力量，是主流。作为一个新崛起的自主品牌，吉利命中注定要与年轻人血脉相连，伴随着他们的成长而成长。

就从年轻人进入社会的角度看，也是这样的。当今中国的大学生们，虽然将来是社会的中流砥柱，但刚踏上工作岗位的若干年里，生活并不十分宽裕。他们需要代步工具，需要拥有一辆既能符合他们身份又具备良好性能，性价比优异的轿车。吉利熊猫的细分市场，就是以这个人群为主导的。

2009年我在北京出差，偶然遇到我的助理的朋友，当时还在校的北京学联主席等人，与他们这些年轻人的对话，是一件趣味盎然的事。聊完天，我试探性地向他们发出邀请，意想不到的是，这位学联主席不仅很愉快地接受了邀请，而且还建议向全国大学生发出倡议，要走近吉利，对话吉利，让各省市学联通过关于自主品牌汽车的演讲竞赛，挑选一批优秀大学生，到上海参观2009年国际车展，同时与吉利董事长和行业代表对话，加深国人对自主品牌汽车的认知。

于是，北京学联就主动牵头做这件很有意思的事。通过选拔和甄别，全国25家高校产生了百名大学生代表，邀请了国家行业领导、资深汽车评论家和媒体代表，如期来到上海，参观了吉利展台和其他品牌的汽车展台。

4月20日这一天，上海国际车展各个展馆里，来了一批特殊观众，他们穿着体恤和运动鞋，带着笔记本和微型相机，这边记下点什么，那边拍下很多照片。他们的脸上写着活力和思索，流露出好奇和探寻的神情，在展馆组成了一道流动的风景线。他们驻足时间最久的，问得最细的，自然是吉利展馆。这么多的新车型还有动力系统，一下子使他们惊呆了。

大学生代表们仔细参观了吉利展车及核心零部件，来自中央民族大学的摆男说，"我最早关注是因为吉利现象，今天亲眼看到的又是另一幅情景，这么多的新车，跟国际品牌相比，一点也不弱，有的要比他们好得多"。

来自华东理工大学的莫沸在发言中说："我之前接触吉利车是在城乡结合部，我的亲戚朋友买了吉利车，我有亲身感受。今天在上海车展接触了新吉利之后，让我看到了中国汽车业的曙光，这个曙光将来一定会放出更大的光彩。"

来自中国政法大学的朱德慧，是吉利2006年启动5 000万教育资金的首批受资助学生。在对话现场，朱德慧显得十分激动。朱德慧说，这是三年来第一次近距离接触吉利，是吉利让他能够安心学习，今天他能够来到吉利上海车展现场十分高兴，能和资助他的吉利高层对话让他觉得"恍如梦境"。

在上海国际车展会场，大学生和我们共同邀请了央视某节目主持人主持一场对话。事实上，这是一次几代汽车人、资深汽车评论家和大学生之间的思想碰撞，也是一次汽车业界人士与年轻学子间别开生面的中国汽车社会形态研讨会。话题很深入，也很精彩。大学生们也没有想到中国汽车工业协会的老领导、资深汽车评论家李安定以及李书福、杨健和赵福全等人都来与他们探讨汽车社会和自主品牌问题，所以大家都很放开，也很激奋。

当然也有插曲，一个小小的插曲。主持对话的那个著名女主持人曾经到吉利的几个生产基地去过，与李书福有过较久的交谈和对话，也曾被吉利创业史打动过，为李书福的个性和意志所折服。但是她在任何场合总要显示自己另类的一面，与众不同的眼光，她的聪明机智，因此在这个场合，不断咄咄逼人地问起一些带有挑衅性的问题，也有一些胡搅蛮缠的话，竟然使人一时语塞。

所以这个活动很成功的同时，也带点遗憾。李书福和汽车行业的领导以及著名汽车评论家们都讲得很好，学生们也说出了肺腑之言，有的话真的出人意料，给了吉利人和汽车一族很大启示，可这位主持人的刚愎自用，也给大家留下了深刻印象。这也算是一种反衬吧。

第四节 “世界眼中的吉利”

4月20日下午稍晚些时候，来自欧洲、美洲、亚洲的吉利海外经销商共聚上海车展，在“世界眼中的吉利”高端论坛中，共同探讨在全球范围内如何更好地经营吉利汽车的问题。

是否在这个时候召开海外经销商高端论坛，不是没有争议的。金融危机之后，吉利的海外销售形势急转直下，特别是俄罗斯和乌克兰，更是基本上处于守势，由于这两个国家的国际支付和结算方式上的剧变，吉利根本没有办法推进汽车营销。

我们公司有人觉得，现在关键是要稳住，就是要稳住海外经销商的队伍和情绪，眼下是要紧关头，不要轻易地让他们离开阵地，分散他们的精力。让海外经销商来参加这样的高端论坛，是摆花架子的表现，起不到太多的作用。

但李书福最后还是觉得应该提振一下国际营销的士气，让卖得好的海外经销商介绍自己的做法和经验，同时在国内销售的强劲态势鼓舞下，与会海外经销商可以得到一些推动。他同意在这次上海车展期间开这么一次会议。

于是，吉利国际公司向吉利海外重要经销商发出了到上海参观车展并参加高端论坛的邀请。

论坛上，吉利乌克兰独家经销商AIS代表首先传递了一个提振信心的信号：2009年第一季度，吉利汽车在当地的销售为全国第二，自由舰被评为乌克兰最受欢迎的车型。AIS代表表示，为提升吉利汽车在乌克兰的销售量，AIS将积极扩展乌克兰的销售网络，建立新的展示场，预计2009年底达到100处以上，同时将定期提升服务站点、升级设备，并培训技术专员。

面临欧洲汽车品牌的市场份额大幅度缩水，管理欧洲品牌长达20多年的新加坡Exklusiv集团放下了欧洲品牌，转移到经营中国品牌上。

“吉利汽车理所当然地成为了我们最关注的对象。在2006年11月，我们把吉利汽车引入新加坡，第一年吉利汽车市场渗透率是1%，超过了日本车和韩国车首年进入新加坡的市场份额。可以预计，目前的势头只是一个开端，未来市场份额将大规模提升，”这位代表表示，“保持长期的战略眼光，吸引并留住人才是Exklusiv的一贯策略。Exklusiv集团不会受短期因素驱使，相反，将有效地把公司资源应用于确保长期策略的稳定。”

吉利印尼经销商认为，经济危机让他们看到了西方汽车工业的步履蹒跚，而形成鲜明对比的是中国汽车工业的快速发展。对比中国众多汽车厂，他认为吉利是最出色、最有冲劲、最有潜力的。“我去过很多中国汽车企业的研发中心，只有吉利的研发中心让我肃然起敬，对未来充满希望。”

李书福在论坛上说，危机与商机始终是纠缠在一起的，要正确认识这种变化，该出手时就出手。他认为，现在经济低迷的时候，更要做大量准备工作，加快完善零部件体系建设，研究产品、技术路线，优化经销商队伍，等等，下一轮经济高潮到来时可以大显身手。

最后，李书福提高了嗓门，鼓励吉利海外经销："心要放大一点，眼光要看远一点，明天一定会比今天好！"

第十章　众里寻它千百度

第一节　信心“火炬手”

2008年12月下旬的一天。北京，中南海。在温家宝总理的案头放着这么一份来自新华社的材料：《吉利汽车逆市上扬对汽车工业的启示》，写的是吉利面对全球金融危机的冲击和汽车业的不景气，如何发挥创新和人才优势，把目光投向外部世界，取得骄人成就，实现逆势上扬。

看到这份十分有价值的材料，温家宝总理不禁大喜过望，迅速提笔作出批示：“要宣传吉利经验。”其他领导人也作了批示，大意是按照总理批示精神，对吉利等在抗击国际金融危机冲击中有作为的企业进行宣传。

中南海需要吉利这样的企业，在抗击金融危机中起到示范作用、导向作用和鼓舞人心作用。吉利也需要中南海的无形支持。黄金般宝贵的信心，正在中国大地迅速转化为现实行动。

2009年4月15日，国家工信部在北京召开了“吉利发展经验座谈会”，中央和国家各有关部委领导、汽车行业协会领导、中央主流媒体记者都在被邀请之列。

据我所知，最近二三十年来，国家有关部委单独为一家企业召开如此规模的座谈会，不仅在中国汽车行业独一无二，在中国所有其他行业中也是极为罕见。

时任工信部副部长的苗圩出席会议并作讲话。

苗圩认为，吉利坚持重视人才与创新、坚持塑造自主品牌，是吉利的财富，更是中国汽车的财富。吉利用了十年时间掌握了汽车产业主要核心零部件的技术，从先进的发动机，到拥有中国完全自主知识产权的自动变速箱，再到独创的BMBS，很有启示性。

在谈到吉利的人才战略时，苗圩认为，作为一个工业企业，吉利集团重视人才的做法在汽车行业，乃至整个工业界都是具有典型示范意义的，吉利之所以在数量并不占优、质量并不强的情况下，能实现这十几年的快速发展，重视人才是很重要的战略。

苗圩说，正是因为吉利战略决策的正确，才可以使吉利在十多年的发展当中，始终保持着一个不败的纪录。苗圩还说，吉利在全球性金融危机面前不是简单地应对，而是主动出击，这一点从吉利成功收购全球第二大变速器公司澳大利亚 DSI 公司就可以看出来，这是需要足够的决策勇气和策略的。

苗圩在中国汽车业是个举足轻重的人物，自从当上国家工信部副部长之后，他就成了中国汽车业的风向标人物了。在中国汽车业界，一度作为三大汽车巨头之一的领导苗圩，地位很重要，同时也最具争议。

苗圩执掌东风期间，曾经被西方媒体认为“中国中西部即将破产的一家大型国有汽车厂商”的东风在极短的时间内扭亏为盈，并且让东风重卡驰骋于中外市场，获得客户极高的美誉。他用了五年的时间，使这个与大多数国有企业一样陷入转轨困境的东风公司发生逆转，使之成为中国汽车界最炙手可热的“潜力股”。

当时苗圩在整个集团层面推行股份制，通过债转股，东风跟四家金融公司和一家银行共同组建了东风汽车工业投资有限公司，使东风实际上变成了一家股权投资公司。

2004 年他加快了发展的步伐，力主将东风总部从位于秦巴山区的十堰迁到素有“九省通衢”之称的武汉，让东风进入宽广大道。在离任东风之前，他又积极推进东风集团在香港整体上市的工作。苗圩于 2004 年被美国《商业周刊》评选为当年的“亚洲之星”，该刊如此评价苗圩：在苗圩的运作之下，东风“已经成为中国乃至世界最主要的汽车公司”。

尽管如此，以前苗圩对吉利这样的企业，还是持观望态度的。说白了，长期在国有汽车企业的经历，使得他对成长中的民营汽车企业有着自己惯性的看法，这一点是很可以理解的。当时吉利太小了，太微不足道了，像苗圩、竺延风①、尹家绪②这些中国汽车界的风云人物，他们关注的焦点不在于此，而是国际品牌、世界汽车工业的动向和合资的可能性，关注国有汽车企业（包括军工企业）的前途。

但苗圩之所以成为苗圩，还是有他的独到眼光和过人之处的。他会改变自己，冷静观察，与时俱进。金融危机之后，他对吉利态度的重大转变，包括他和李毅中对吉利后来收购沃尔沃的全力支持，都证明了这一点。

在这前后，从我与苗圩几次简短的交谈，还有外界传递给我的大量信息

---

① 竺延风：现任中共吉林省委常委、常务副省长。38 岁开始执掌一汽集团，很早便被汽车界冠以“少帅”之名。

② 尹家绪：现任中国兵器工业集团公司党组书记、副总经理。曾任西南兵工局副局长，长安汽车集团公司董事长、总经理，中国兵器装备集团公司副总经理等职。

看，觉得苗圩从心底里对吉利是信服的，也是倾心支持的。

说实在，一开始大家都没有预料到会场气氛会如此热烈。

国家科技部政策法规司副司长李新男说："吉利是一个符号，不管大家有什么争议有什么看法，没有人不承认，吉利是靠自主创新，是靠持续不断的执著的创新走到了今天。"

李新男认为："吉利发展经验的另外一个重要组成部分，就是不断摸索、提升自己，形成了自己的发展道路。吉利依靠技术创新获得市场利润，获得市场竞争力。如果有了更多像吉利这样的企业，依靠创新驱动发展的战略思路，中国经济结构调整和发展方式转变问题都不愁得不到落实。"

中国汽车工业协会董建平副秘书长说，吉利开始摆脱盲目性，能自觉地有明确目的地进行技术研发和积累，为实现自己的战略目标扎实工作，这是走向成熟的重要标志。

著名汽车评论家、新华社高级记者李安定在会上说，要研究吉利，就要研究一个中国企业家，尤其一个民营企业，怎么在荆棘丛生中，还能不断创新。这个创新是技术创新，也是观念创新，不断适应全球化，不断适应汽车市场的变化。他觉得，无论作为政府部门，还是媒体，要将吉利汽车当作一块"试验田"，应该不断地关注，从中总结一个民营企业，一个纯粹的自主品牌，没有给予什么特殊政策的自主品牌是怎么成长的，李书福是如何不断站在潮头做一个弄潮儿的。

李安定不无动情地吁请，"如果我们看看十年前的吉利，再看看现在的吉利，真不简单。吉利有着什么样的精神啊？我觉得我们的媒体人，做人要厚道，说三道四多容易啊，但创业的人倒下九十九个了，就剩下李书福一个了，我们应该爱护他，我们应该发展汽车，应该鼓励这种精神。今天这么多国家部门支持一个企业，历史上没有，尤其支持一个浙江的民营企业，更是没有过，这就是中国历史的大变化了，这也是中国经济能够走好的一个保证。咱们一起来帮自主品牌真正做点实事，把它扶上去"。

《科技日报》社长助理李钢说："今天有点像现场办公会，很务实。国家部委以这样一个形式，单独为一个民营企业来鼓劲，来支持，来鼓励，这是很少有的。总结和学习吉利发展经验，就要研究吉利发展的轨迹，研究其中的发展规律和运行方式。我觉得吉利把自主创新，或者说把科技进步作为体系铸成了他的'灵魂'，他把这个'灵魂'，深深植入到企业发展的'身体'之中，这里面包括李书福讲的人才，从引进到重用、到发挥，从不断革新生产技术工艺，到优化供应商和物流，到国内外生产基地的合理规划、布局等，很多方面是相互关联的，是综合的系统的东西，如果用计算机语言来讲，是系统集成的概念，绝不仅仅是单纯的技术创新。"

第二节 总理来了

从2009年元旦到春节，中国最有影响力的媒体对吉利的报道达到了顶峰。

“力量在风中回荡”。这股力量不全是人为搅动的。因为金融危机深度进行中，人们想到了吉利。这是“风暴眼”。

1月17日和18日两天，《人民日报》以头版的位置刊登了长篇文章《吉利集团逆市上扬调查》，引起了高层、各级政府和汽车行业的巨大关注，《人民日报》的政治高度显然是不能低估的。受其影响，一时间我接到很多政府官员（包括一些老领导和过去的同事）的电话，询问吉利的发展情形。

新华社再次采访吉利，连续向全世界发出三篇新的通稿。《经济日报》此前就登出了张曙红等人撰写的有关吉利的四篇连续报道，很有分量。

《光明日报》的分量就更重了，1月17日推出的吉利汽车系列报道中，除了刊登叶辉写的头条《战略转型：吉利逆市上扬的奥秘》之外，还在头版配发了一条本报评论员文章《挺起民族品牌的脊梁》。“脊梁”这个词，自然是最传神的词汇，这个中国危机时刻的关键词，脱胎自鲁迅先生的一段名言。

央视对吉利一直很关注，这个时期对吉利的报道和访谈更是达到了前所未有的程度。

凭着国家电视台身份，央视在人们心中的地位是无可动摇的，人们甚至把新闻联播当作政治必读课程来接受。在我的记忆中，在许多重大的历史转折关头和紧要时刻，央视一套和新闻频道就是一切信息的交汇点，政治生活和社会变化的晴雨表。似乎央视主要节目主持人的声音，就是“国家的声音”。

从2009年1月开始，到年底为止，央视对吉利的报道，先后上了6条新闻联播，这已经打破历史常规了。从《新闻调查》到《对话》，再到《面对面》，央视在这些王牌栏目中，播出吉利和李书福为主题的节目，抢去了全国人民的眼球，以致很多媒体人惊呼：“2009年是吉利新闻年。”

2009年6月13日，中共中央政治局常委、国务院总理温家宝，在国家发展和改革委员会主任张平、国家工业和信息化部部长李毅中、中共湖南省委书记张春贤、中共湘潭市委书记彭宪法等陪同下，视察了吉利汽车湘潭基地。

在当地领导和李书福等陪同下，温家宝总理实地视察了吉利湖南生产基地的四大工艺和即将推向市场的新车型，对吉利的现代化生产环境、自主研发的新车型、生机勃勃的经营业绩、干部员工的创新活动等频频点头，给予充分肯定和赞扬。

2009 年 6 月 13 日温家宝总理视察吉利湖南湘潭基地。总理评价吉利：“行百里者半九十”；“吉利现在是走在前面了”；“吉利的科技人员和工人是好样的”

温家宝总理的视察给吉利员工带来了无比的喜悦和激动，几百名职工高喊“感谢总理、总理好”，口号声和掌声连成一片。温家宝总理频频向大家招手致意，并就吉利的发展和中国汽车工业发表了充满激情的讲话。

温家宝总理说：“来到吉利，我非常高兴。前段时间我在一份材料上看到了吉利，我专门批示，要宣传吉利的自主创新经验，因为吉利这个厂之所以发展壮大，最根本在于创新。

“汽车是有广阔市场的，但是群众是有选择的，国际是需要竞争的，因此你们身上的担子很重，压力很大，不进则退。汽车行业生产链很长，可以带动许多相关产业发展，吉利要造最安全、最环保、最节能的好车，是对的，应该再加上最舒适、最经济，这样就会有更大的竞争力。”

温家宝说：“吉利现在是走在前面了，但还需努力，‘行百里者半九十’，你们走了九十里，但还差十里地，而这十里可能是最艰苦的，那就不能停顿，要不断地改革创新，不断地研发出安全、舒适、经济、节能、环保的汽车。”

温家宝总理对着大家深情地说：“我相信，吉利这个企业是一个有着旺盛生命力的企业，是一个充满生机的企业。吉利的工人是富有创造力的，吉利的技术人员承担着艰巨的研发任务，只要大家团结一心，共同努力，你们仍旧可以走在前头。”

温家宝说：“这是我为吉利指明的方向，我希望吉利有更多的创新、更大的

李书福向温家宝总理汇报生产情况

发展，希望吉利能够继续保持良好的发展势头，我会继续支持吉利的发展。我希望再过一段时间，我的办公桌上再有一份吉利的报告，不仅让我高兴，而且我会给予你们更大的鼓励。”

第三节　服部悦雄神秘来访

在吉利转型的日子里，在中国机械工业联合会副会长张小虞陪同下，丰田汽车中国总代表服部悦雄等一行到吉利做客。

一到吉利，服部悦雄一行就饶有兴趣地参观了吉利远景，仔细查看远景的外形、内饰，向李书福详细了解该款车的性价比，并表示“吉利很了不起”。

然后李书福和我们几位陪同张小虞、服部悦雄和丰田汽车（中国）投资有限公司总经理矶贝匡志一起吃饭。服部悦雄看上去老成持重，一副长者风度，操一口纯正的普通话。不紧不慢的语气与节奏，不温不火的面部表情，不熟悉他身份的人，还以为碰到了来自北方的“大爷级”教授呢。

与服部悦雄握手的时候，我还是感到迷惑：他为何突然要到吉利来？东方人面对东方来客，神秘之上平添神秘。

这个叫服部悦雄的日本人，是丰田中国公司总代表，在丰田中国内部，被尊称为“老爷子”。他早已过了 60 岁退休年龄，但一直以顾问身份留在丰田中国公司。

服部悦雄——一个神秘访客，一个来自丰田高层的“中国通”。
右起依次为服部悦雄、李书福、矶贝匡志和张小虞

有时候他被媒体说成是丰田中国的“秘密武器”，似乎有了他，丰田在中国就可以无往而不胜。但也有人谨慎地反问：服部悦雄对丰田中国战略的作用，是不是被媒体高估了？

服部是一个让人捉摸不透的人。他出生于中国，大学也是在中国念的，超过40年时光是在中国度过的，现在是长春市荣誉市民，有人说他像中国人，但也有人说他比日本人还日本人。他的一位朋友说，自己从未真正了解他，尽管两人作为朋友已经相识几十载。

1943年1月服部出生于哈尔滨。当时他的父亲被日本政府派到伪满洲国政府做技术工作，日本投降后，身为技术人员的父亲被编制到中国政府机构，成为一名工程师。服部一直到1968年大学毕业后才回到日本。

回到日本的服部，在某种形式上反倒与中国更加密不可分。1972年他加入丰田，开始接触丰田在中国的业务，到中国出差是家常便饭。1991年起，他开始担任丰田中国事务所总代表长达六年。1997年短暂离开，2001年重返中国。他担任总代表职务已经累计十年。

席间，我听到了服部悦雄对吉利进步的夸奖，他对吉利的生产经营理念和技术进步赞赏有加。要是出自另一个日本人之口，我就会把这些话当作客套了，可服部悦雄是个十分顶真的人，他对丰田公司无所顾忌的批评是出了名的，所以我也就很在意了。

李书福与服部悦雄居然在席间探讨起汽车安全问题来，特别是向他询问丰田对爆胎的监测和制动有没有理想的解决方案，对这一点我们都感到很惊讶。服部悦雄也为李书福对安全技术的着迷所打动，连忙答应马上让丰田技术部门去查询和研究这件事。

服部悦雄谈了丰田的近况，也仔细地询问了吉利汽车这些年的发展和愿景。当然我们也一一作答。他对丰田的中国战略作了一番解释，我们都知道其中的一些原委，也就表示了理解。

服部独特的中国经历让他在这里如鱼得水。他与中国诸多政要有过交情，或深或浅。他的中国经验成为丰田中国战略不可缺少的助推器，也让他的丰田之路愈加开阔。这个时候，他又被看成日本人服部。一度时间，他要求重视中国市场的呼吁得不到总部的应有关注，这是很痛苦的。在服部的不断斡旋下，丰田与广汽最后达成合作。

广汽丰田的成立，以及丰田全球战略车型凯美瑞在广汽丰田的国产化，服部因为这一点获得了丰田章男的信赖。当年丰田章男刚刚被提拔为常务董事主管中国业务，服部悦雄这种很有进攻性的中国策略，为丰田章男在进一步发展的道路上增加了不少砝码。

正如《中国企业家》一位记者对他的评判："服部知道别人对自己的评价。一方面在中国社会耳濡目染几十年，对这个国度的社会生态了如指掌；另一方面因为缺少相当长时间的日本生活经历，为了适应日本公司，有时候又会矫枉过正。"

没有想到的是，服部在席间居然提到了若干年前丰田与吉利的一场官司，并表示了歉疚之意，还解释说自己当时虽然知道这件事，但无能为力。听到这番话，李书福也愣了一下，他想不到服部会旧事重提，但旋即哈哈一笑，说了一句"不打不相识"，还说"你那时即使想帮助我们，也很为难"。

看来服部确实深谙中国文化，这个时候提起这件事，最能化解所谓的"积怨"，即使时过境迁，也会赢得"相逢一笑泯恩仇"的好名声。

这里有一个很有意思的插曲，就是丰田与吉利为商标问题对簿公堂的事。

2003年8月6日，浙江吉利汽车有限公司和日本丰田自动车株式会社之间的知识产权案在北京开庭。

日本丰田向法庭提交了30多份证据，称吉利汽车公司在其美日汽车上使用的车标，酷似丰田汽车牛头标，对消费者造成误导，侵害了丰田公司的商标权；吉利在对外宣传中打出"丰田动力，价格动心"和"使用丰田8A发动机"的宣传语，是不正当竞争行为。

中国吉利辩称，丰田商标1990年在中国注册，吉利的商标在1996年5月7日在国家商标局注册，国家商标局批准吉利商标的注册本身就足以证明，吉利美日汽车商标对丰田不构成侵权，并为此也向法庭提供了30多份反驳证据。

法庭上，出乎外界意料，在起诉状中向吉利汽车索赔1 400万元的日本丰田，提出了法庭和解条件：取消一切经济赔偿要求，只要吉利汽车承认侵权行为。但吉利拒绝了这一和解条件。

吉利方面说，消费者不会因为车标外观都是椭圆而选错品牌的。而且从丰田提交的证据来看，没有一份证据显示曾经有消费者因为这两个商标而导致误认误购。

对于丰田从未向吉利提供发动机的指控，吉利辩称，美日汽车虽然使用的不是原装进口的丰田发动机，但却是天津丰田汽车发动机公司生产的8A发动机，天津丰田汽车发动机有限公司将8A发动机称为"丰田8A"，天津丰田出具的一份书面声明中也证实，"'丰田8A发动机'系该公司在全球独家生产"。吉利在向用户介绍汽车的主要部件时只是如实引用了发动机供应商的这一说法。

丰田也许从这件事情中什么都得不到——没有理也没有钱，顶多就是吉利不再在美日的宣传语中提丰田发动机了。倒是吉利因祸得福，名声大振。在整个事件中，吉利从被动到主动的攻防转换让人们看到了中国企业的敏锐与机智，对媒体的开放与坦诚的态度也比丰田的谨小慎微来得可亲可爱。

于情于理于法，吉利都能赢，还借机做了一次免费的宣传。但吉利打赢这场官司之后，反而放弃使用原先被诉与丰田车标相近的那个车标。这是很多人想不到的。

服部悦雄也许已经知道了吉利换标之事，重新提起这件往事，的确是他的良苦用心，也是他显示"比日本人还要日本人"的一面。最后，服部举杯，居然用了一句中国人最时髦的话："祝吉利早日'华丽转身'，祝李书福先生和各位心想事成！"

当天下午，张小虞和服部悦雄一行去了吉利宁波基地考察。

在吉利宁波基地，服部悦雄一行参观了冲压厂、焊装车间、总装厂，详细了解和实地察看了宁波基地的生产线、生产设备，以及成本控制情况。

在参观结束后，服部悦雄表示，吉利能在一条生产线上生产出满足国内外不同市场需求的产品难能可贵，他觉得吉利的人才培育工作做得很好，已经走在中国同行前列。

同行的丰田汽车(中国)投资有限公司总经理矶贝匡志称，吉利2分40秒就能生产出一辆吉利汽车，其生产效率之高令人意想不到。

第四节　碰到瓦格纳

记得是2008年上半年北京车展期间，主流门户网站邀请我参加一个主题论坛，我来得早了一点，就在休息室里坐着，这时通用汽车 CEO 瓦格纳进来了。

他是来做客搜狐汽车频道的，参加对话节目的录制。

我以前与瓦格纳没有交往。这次遇见了，我当然不会轻易放过这个机会，就与他攀谈起来。在我的记忆中，瓦格纳在他的严谨风格中还带点孤傲，可是这次与他见面，全然没有这个印象。

他对吉利和李书福的印象挺好。在他看来，吉利是中国最有希望的汽车公司，这些年的变化很大，而且技术、质量和品质已经走到前列了，而李书福则是他心目中的中国式英雄。

瓦格纳说："李书福先生给人印象深刻，每次见到他都有一种'特立独行'的感觉，他的语言也很生动，不是那种技术或行政官僚惯用的言辞，而且他是一个非常敬业的董事长。我觉得，李先生对世界汽车工业的潮流和走势，是非常明白的，对美国汽车企业似乎也很有研究，都说旁观者清，要是他来通用给我们讲一讲他的想法，倒是一件挺有意思的事。"

我笑着说："如果你请他到美国，就要付给他高额的讲座咨询费，他的时间是按每分钟 1 000 美金计算的。"

瓦格纳知道我在开玩笑，同样很幽默地说："那就超出了我的职权了，我要提请通用汽车决策层研究这件事，呵呵！"

我欢迎瓦格纳到吉利来做客，他愉快地答应了。

世事难料。就在我与瓦格纳这次交谈之后的不到半年时间，世界金融危机爆发了。

又过了半年，2009 年 3 月 30 日中午，通用汽车确认该公司 CEO 瓦格纳辞职，同时已提名该公司总裁兼首席运营官韩德胜（Fritz Henderson）接任 CEO 一职。

因为奥巴马宣布了汽车业救援方案，此前已有消息称，奥巴马政府向瓦格纳施压，要求其递交辞呈。有评论称："这样的做法（政府迫使瓦格纳辞职）是通用此前没有想到的，但奥巴马和盖特纳可以说，我们让通用做出了根本性的改变。"

通用汽车已经接受美国政府 134 亿美元紧急贷款，并寻求政府提供额外 166 亿美元贷款，并表示最快需要一个月获得新的贷款，以避免现金枯竭。

也许，瓦格纳是个失败的英雄，他走上"末路"是大企业病造成的，而且——从根本上说——是美国汽车走向衰落的必然趋势催逼出来的。

对于瓦格纳，历史自有公论，但我觉得瓦格纳没有战胜的，恰恰是他自己。搞垮通用的是通用自身。究竟谁搞垮了通用？我很反对随处使用阴谋论，很多人由于沉浸在阴谋论中，就这样"被阴谋"了。

1977年,瓦格纳顺利进入了全球最大的汽车制造商——通用汽车公司,以一个普通财务人员的身份,开始了他的汽车人生。1992年,调回美国总部的瓦格纳开始担任通用汽车首席财务官,上任伊始就要面临通用历史上一场空前的生死危机。1994年,瓦格纳临危受命,开始担任通用汽车执行副总裁兼北美业务部总裁,在他力挽狂澜的应急措施推出后,通用北美业务奇迹般起死回生,开始逐年减亏,并从1998年开始实现盈利。同年,业绩突出的瓦格纳升任通用汽车总裁兼首席运营官。

然而,通用市场份额继续下滑的趋势仍然得不到有效的遏制,赢利的好日子并没过多久,通用又再次陷入了危机。瓦格纳就在这样一种情况下于2000年接过了通用的权杖。2003年,瓦格纳开始出任通用汽车董事长兼首席执行官。

瓦格纳是个天生的变革者,他与生俱来的胆识和气魄为一切变革行动赋予了感染人的力量。瓦格纳的一个关键举措就是在2005年年底让负责欧洲业务并有"链锯弗里兹"之称的成本杀手弗雷德里克·汉德森出任CFO,他自己则专心与UAW① 鏖战,处理工会会员高昂的医疗福利问题。2005年10月,他和工会达成里程碑式的协议,将通用医疗保健支出每年削减30亿美元,并买断了大量员工的工龄,将通用的在职员工削减了35 000人。

还有一个令瓦格纳头疼的情况是,庞大的行政体系让通用办事效率低下,管理层决策对市场变化的反应异常迟缓。自上任以来,瓦格纳一直致力于解决通用臃肿、官僚的行政体系。他在通用内部实施"快速行动"计划,实现了在管理委员会层面与所有高层运营经理直接对话。

此外,通用还改变了组织架构,将设计、工程和制造等关键环节的直接控制权收归总部,总部在零部件共享等事务上也能拥有更大的发言权,有效地节约了成本。

但是瓦格纳挽救不了通用,通用仍然滑向巨额亏损的深渊。瓦格纳与后来掌管福特的穆拉利性格不同,着力点也不一样。"冰冻三尺,非一日之寒",通用汽车走到今天这一步,大企业病才是通用汽车走向没落的深层次原因,高成本和盈利能力不足是通用资不抵债的根本原因,加上盲目扩张,收购兼并效果欠佳。瓦格纳虽然意识到了这一点,但已经没有办法治好这个病了。

在我看来,瓦格纳本身就是这个大企业病的直接产物,而他极其聪明又很刚愎的特点,也导致了他过于迷信通用的自我修复机制。

通用还有一个非常大的问题,就是不注意市场需求变化。

20世纪70年代以前大排量的美国汽车产业可谓独步全球,整个产业积累

---

① UAW:全称为Untied Auto Workers,全美汽车工人联合会。

了巨大优势。第二次石油危机开启了小排量汽车的市场，但美国汽车巨头们固守大排量汽车，让对手走到了时代前面，抢走了美国国内和国际市场的大量份额。尽管通用汽车也认识到了这一问题的严重性，并准备采取相应的补救措施，可固有的思维模式限制了他们在创新方面的步伐，对更适应市场需求的小排量汽车难以投入足够的热情。同时也失去了最佳时机，加上金融危机的爆发，最终令通用汽车陷入绝境。

某种意义上，通用汽车正是被它几十年来的骄傲、自大所击倒的。瓦格纳的拯救只是延缓了病情，并未使它根本好转。

第五节 “一种梦幻般的感觉”

还是在2008年1月间，李书福、赵福全、赵杰和我一起在底特律参加北美车展期间，与世界著名的汽车设计师乔治亚罗的家族成员见面，交谈良久。

一年之后，在上海国际车展上，我又碰到了乔治亚罗的儿子“小乔治亚罗”，人称“小乔”的那位。在展台上，特别是面对着他亲手设计的作品，小乔治亚罗显得很兴奋，比比画画，乐不可支的样子。那天“小乔”与我们交谈良久，全然没有倦容。

说起乔治亚罗，在世界汽车设计领域几乎无人不知，被认为是20世纪最伟大的汽车设计师。无论是设计汽车的数量还是质量，都遥遥领先。

据称，世界上现有2 500多款他设计的汽车在行驶着，除了一些著名的法拉利、阿尔法·罗米欧和蓝旗亚车型之外，在历史上获得卓著成功、销量均逾数百万辆的菲亚特家庭轿车如熊猫（Panda）、乌诺（Uno）、鹏托（Punto）等都出自这位大师之手。

见到乔治亚罗的时候，我一点也没有感到这位伟大的设计师身上有什么“大腕”的派头和名士感觉，甚至有点像时髦的教授一般可亲，这些年吉利与他的设计师事务所过从甚密，赵福全跟他交往很深，李书福也与他们这一家子很谈得来。

吉利这几年有不少新车型是与乔治亚罗设计事务所合作的结晶，特别是上海和北京车展期间的一些作品，更是抢人眼球。吉利汽车研究院在这个合作过程中，研发水平也得到了全面提升，令人刮目相看。本土的力量与外来的刺激，在中国开出了汽车设计的奇葩。

我们都意识到了，在自主创新的同时，不能拒绝与世界顶级的汽车设计研发事务所合作，我们乐于跟全球汽车零部件专业公司合作。李书福认为提升自身的创新能力，与全球汽车业的各种合作根本就不矛盾，这使得赵福全和他的团队敢于在全球范围内整合资源，“为我所用”。

研发外包是外包的高端领域，其含义为一方提供资金，以契约方式委托另一方如外部研究机构提供技术成果,包括新产品、新工艺或新思路。近年来随着供应商能力不断提升和市场反应速度加快,汽车行业外包由原有的零部件生产外包逐步推广到整个核心部件的研发外包,企业更专注于整个产品的整合、集成和测试能力,从某种意义上,已经成为一个商品集成商。

当然,企业的研发外包并不意味着企业放弃研发,研发外包决不可能成为对企业内部研发的替代。恰恰相反,在任何情况下,企业的内部研发能力都是其研发外包的前提,即后者只是对于前者的一种补充。

1980年代至今,乔治亚罗从奋战一线的设计师,慢慢过渡到Italdesign设计室幕后主脑。从2000年开始,公司的设计工作更多地交由儿子担当,2003年亮相的兰博基尼Gallardo就是出自他手,典型的子承父业。大概是因为有个无比出色的老爸,我们称之为"小乔"的那个人始终不被外界认可,无论如何都超不过乔治亚罗。

但现在下结论似乎有点早。虽然在此期间有不少人表示:"小乔"的设计天赋比不上父亲,但他的设计室始终如一的优异业绩表现,还是不得不让人为其出色的经营理念所折服。

实用设计,是乔治亚罗一贯的设计理念。他多次提到,在设计一款新车的时候他总是把自己想象成第一个购买这辆车的顾客。他永远不会过分关注把一辆做得更漂亮,而是如何让这车辆满足顾客的需求,并在其中注入自己的情感,刺激市场的销售。

他虽然不是个商人,却对市场具有敏锐的洞察力。经他之手的车型,卖得如此之好,也就不足为奇了。而这一点恰恰是李书福最看重也是最需要的。

作为吉利首款SUV车型,帝豪EX7在2009年的上海车展上首次亮相,外观由乔治亚罗精心设计,外形相当稳重大气。其前脸颇有特色,上下进气格栅与中间的黑色保险杠形成一个大嘴的形象,饱满大气。尾部设计圆润简练。

吉利的英伦SC5-RV是一款定位于A0级的两厢轿车,同样出自乔治亚罗之手,是专为满足中国用户需求精心打造的车型。英伦SC5-RV抛弃汽车传统外形衔接式设计,以完全释放的线状式设计,勾勒不羁形象,强烈冲击感官,更实用、更人性化的设计,足以唤醒男性内心的深沉力量。

GV5系列轿车,外观设计方面也由乔治亚罗亲自捉刀,安全设计方面也引入全新的GFSM理念。同平台开发的两厢车型,搭配吉利自主研发的首款涡轮增压发动机,小排量实现大能量。

在吉利展台,小乔治亚罗对于自己的设计变成实车感觉非常兴奋,他用"very very very good!"的方式表达他的感受,他似乎很钦佩吉利团队的工作热情和工作成绩。他说,和吉利的合作让人充满激情,看到自己的设计在短短一年时间内变成产品,有一种"梦幻的感觉"。

卷　三

世界何其宽广

伦敦，此刻我们置身其中。这不是幻觉。我们这次追寻的，不是迪兰·托马斯或泰特·休斯的命运，而是英国汽车制造业的兴衰。2006年10月，吉利与锰铜携手成功。吉利的经典出租车快活地行驶在伦敦的街头……

这是汽车产业所隐含的资本与技术的力量。这股力量在吉利闪电式收购DSI的举动中再次被证明。2010年，在墨尔本的阳光下，位于新南威尔士州的DSI工厂内，一群中国人与工厂员工共同度过了洋溢着浓郁中国特色的"吉利日"，舞龙狮、放鞭炮，还有各种精巧的中国工艺品，这些都让这个拥有80多年历史的澳洲工厂充满了异域风情。

力量越发强大，奇迹依旧持续。依然是伦敦，泰晤士河奔腾不息，就像一位不知疲倦的见证者。吉利并购沃尔沃交割仪式，于2010年8月2日中午在这里进行。一年多来备受全球汽车业关注的吉利并购沃尔沃事件，画上了圆满的句号。随着入股锰铜、收购沃尔沃和DSI等一系列成功，吉利全球化进程已到了新的历史阶段。我们突然发现，世界何其广阔……

第十一章　从考文垂到上海

第一节　伦敦来电

凌晨3时，李书福很兴奋地从伦敦给我打电话，告诉我这次有关合资生产伦敦黑色出租车的谈判很成功，明天就要与英国锰铜公司[①]签约了。此时已是2006年10月24日。

“要让全国都知道这件事。把英国锰铜与吉利合资的模式和好处说清楚，使公众知道什么是伦敦黑色出租车，它的中国制造前景。”李书福给了我一系列的指令，而且不厌其烦地描述这次合资的双赢局面以及合资细节，还估摸明天伦敦会出现什么样的场景，听起来似乎女王也会突然走进签约现场。

最后他跟我说，“黑色出租车”这个称呼不如“经典出租车”好，更符合中国人的心理习惯。

我心里很清楚他有一个贯彻始终的爱好，就是为汽车命名。其风格时而张扬，时而温柔无比。这样看来，上帝、诗人和领袖人物都喜欢命名。我理解他的这个嗜好，也就在电话里跟他讨论起来了。等到第三次通电话时，这里已是凌晨4点了。

“呵呵，对不起，国内是太晚啦，你休息吧！”李书福在挂掉电话时这样对我说，其实我最想回答他的是，“董事长先生，现在起来上班时间是早了一点！”

2006年10月24日，伦敦皇家花园酒店。签约成功了。

李书福代表吉利汽车控股有限公司在香港上市的公司(0175HK)、上海华普[②]，与英国锰铜控股有限公司(MBH)签署合资生产名牌出租车的协议。正在英国访问的全国政协主席贾庆林和英国议会上院领袖兼枢密院院长阿莫斯女男爵出席了签字仪式，共同见证中英企业界的这一合作。

---

① 英国锰铜公司(Manganese Bronze Holdings PLC)：英国锰铜控股有限公司是一家模具工程公司，只有一个运营部门——伦敦出租车国际有限公司(London Taxi International，简称LTI)，制造和零售伦敦黑色出租车。

② 上海华普：上海华普汽车有限公司，吉利控股集团下属企业，是继上海通用、上海大众之后，上海第三家拥有国家整车生产目录的中型轿车生产企业。

2006 年 10 月 24 日，李书福在英国伦敦皇家花园酒店，代表吉利汽车控股有限公司在香港上市的公司(0175HK)、上海华普，与英国锰铜控股有限公司(MBH)正式签署合资生产名牌出租车的协议

按照这次所签署的协议，吉利汽车将与英国锰铜控股有限公司组建合资公司，在中国上海生产久负盛名的伦敦出租车。与此同时，英国锰铜控股(MBH)将以每股 2.5 英镑的价格向吉利汽车(0175HK)定向发行 30%新普通股股份，以换取新合资公司 48%权益。有关交易完成后，吉利汽车将占英国锰铜控股扩大股本的 23%，并成为第一大股东。

2006 年 11 月 9 日，吉利汽车和英国锰铜在香港正式签订合资生产伦敦出租车的协议，是早先在伦敦、上海等地签署相应备忘录、协议的延续。这项协议在两家公司的股东大会上通过后进入实质性操作，双方组建的合资公司“上海英伦帝华汽车公司”，于 2007 年第一季度正式成立。

“英伦帝华”合资公司的注册资本为5 430万美元，吉利汽车持有公司 51%的股权，母公司旗下的华普汽车占 1%，英国锰铜持有 48%，而交易完成后，吉利汽车成为锰铜的单一最大股东，占扩大后股本的 23%。

业界人士认为，过去中外合资汽车企业中，中外双方一般都各占 50%的股权，技术、产权等控制权则在外方手中，此次中英企业合资，吉利汽车占股 51%，这是相当罕见的安排。对此，李书福解释，正因为过去的合资形式，中方难以获得控股权，所以这次合资，吉利坚持要取得合资公司的控股权，这也体现了中方的责任、信心和决心。

在签约后的记者会上，李书福表示，合资项目前景令人乐观，他认为合资公司肯定会发挥中国汽车产业的优势，生产的汽车成本将大幅降低，售价会比现在低一半。而锰铜财务及发展董事马克在记者会上则表示，伦敦出租车售价较高是因为占成本 70%的零部件均向欧洲购买，今后改为在中国生产，由于吉利汽车所拥有的 400 多家原材料和零部件供应商采购优势，生产成本大幅下降应是意料中事。

李书福在记者会上毫不讳言地说："吉利更多考虑的是锰铜公司先进的技术和成熟的销售网，因为合作可以使吉利零距离接触到对方的先进技术。"

如果不是与吉利合资，锰铜控股也许永远不会被许多中国人记住。这家拥有 70 多年历史的英国公司，最初为轮船制造螺旋桨推进器，40 年前，锰铜公司收购了英国黑色出租车的车身制造商 Carbodies 公司，成为了现在被我们称为经典出租车的继承者。

锰铜的出租车业务虽然历史悠久，光环无数，但实际业绩却难与黑色出租车的盛名相符。2005 年，锰铜总算止住了长达 4 年的亏损，实现了 160 万英镑的税前利润。进入 2006 年，公司业务继续好转，但利润和销量仍处低位。2006 年上半年锰铜在英国销售了 1 106 辆黑色出租车，位于考文垂的生产线每日产量不到 60 辆。在这种情况下，锰铜不得不另寻出路。

华晨汽车①和蓝星集团②都曾是英国锰铜接触过的对象。

华晨甚至在 2002 年北京车展前的媒体吹风会上宣布，即将在当年年底小批量生产以 LTI TX2 为原型的"中华·奥斯汀"出租车。但由于种种原因，锰铜与华晨、蓝星的合作都无疾而终。也有人说，锰铜与其他中国企业接触失败的原因"既有政治、经济层面的，也有技术层面的"。

吉利与锰铜的携手让人多少感到意外。双方的实质性谈判仅用了五个月时间，双方就合作一事相互接触，也只是从 2006 年初才开始的。

签约成功后，我对海内外记者表示："对于吉利而言，我们看好锰铜作为一个老牌企业的知名度和影响力，以及他们成熟的造车经验和技术，此外经典出租车的品牌也是全球独一无二的，这对于正在走向世界的吉利来说非常有好处。

"而锰铜则看好吉利在中国的品牌影响力，以及吉利所具备的技术平台和供应商体系。另外，锰铜非常看重吉利拥有一套快速、民主而有远见的决策体

① 华晨汽车：华晨汽车集团控股有限公司是一个集整车、发动机、核心零部件研发、设计、制造、销售以及资本运作为一体的大型企业集团。

② 蓝星集团：中国蓝星集团总公司是中国化工集团公司管理的大型国有企业。以化工新材料和特种化学品为主业，是在我国经济体制改革中创建和发展起来的新型企业。

制。这些因素使得双方的合作进展迅速而高效。吉利是锰铜的控股方，我们可以利用锰铜的成熟技术，对吉利的自主创新提供帮助，今后在技术上吉利将和锰铜全面融合。”

第二节　黑色出租车

我们站在离希斯罗机场不远的一个火车站台上，望着那些有点生锈的铁铸拱门，注视眼前陌生而又似曾相识的人群。

如果侧耳细听，温斯顿·丘吉尔先生演讲时敲击麦克风底座的声音，似乎还在大厅回荡。

伦敦，此刻我们置身其中。这不是幻觉。我们这次追寻的，不是迪兰·托马斯或泰特·休斯的命运，而是英国汽车制造业的兴衰：与中国人合资的锰铜、被购并的罗孚①、影踪杳然的奥斯汀②，它们的转机，这个产业所隐含的资本与技术的力量。这可能意味着东西方轮回的开端：两百年前就已开局的，一场热切而充满反讽意味的游戏。虽然这个游戏不免残酷。

2007 年 6 月中旬，我和几位国内媒体的资深记者从上海出发到了英国，在伦敦与新华社驻外记者会合，去著名的制造业故乡——考文垂，此行的目的是考察伦敦经典出租车从制造到营运的全过程。

用这些记者在事后报道中说的话，就是看看“中国年轻的汽车企业，与英国最传统的工业结合，能迸发出什么样的火花？”

这次我们注定就不是英格兰的观光客，但有限而短促的介入，使我们仍然置身局外。于是我们成了伦敦城里奇怪的“一小撮”。我发现那些司机都以惊异的眼光打量我们：我们不仅招手拦车，还在上车前仔细察看车身，上车后注意内饰和空间，询问各种功能，时不时提一些古怪的问题。

这是一群什么样的顾客？他们想干什么？出租车司机们很是迷惑。

伦敦拥有全世界最复杂、最庞大，也最令人迷惑的交通体系。我们可以想象得到，要为这么大的城市提供交通便利，对于规划者而言完全是一场物流噩梦，要解决大不列颠绅士与众多新移民混居的城市的出行问题，需要某种区别对待和适时分流的智慧，而且不可能取悦所有人，要经得起指责和批评。

伦敦街头的黑色出租车，也就是李书福新命名的“经典出租车”，简直在一切方面都迎合了英国人的性格和生活方式。

---

① 罗孚(Rover)：罗孚汽车，有百年历史的罗孚品牌，一度是英国汽车工业的旗帜，在其发展过程中，经典迭出、载誉无数，曾是当之无愧的“英国汽车工业的教父”。

② 奥斯汀(Austin)：奥斯汀汽车公司，创立于 1905 年，拥有英国著名的汽车品牌。1968 年，随其所在的英国汽车公司与罗孚车系合并为英国利兰汽车公司。

据说，当初把这款车子的内部设计得如此高大宽敞，就为的是让那些坐车的绅士能体面地上车，进车厢时不至于弯腰低头，或是让头上的礼帽碰落。

司机驾驶室与后面乘客之间用有机玻璃隔开，后面有两排乘客座位，最多可以乘坐 6 人。乘客与司机之间有有机玻璃相隔。隔板边有个红色小灯，旁边写着：灯亮时您就可与司机通话。

两排座椅之间有近一米的空间，可以放得下一张轮椅，伦敦对黑色出租车有这样的规定：必须保证能够让老人或残疾人的专用轮椅或电动代步车顺顺当当地进车。

从外观看，黑色出租车保持了其古典的外形。持重的黑色、敦实的造型，颇具绅士派头，和伦敦街道上弥漫的传统气息非常吻合。大多数开出租车的都是上了年纪的英国人，所以对道路情况了如指掌。一上车至少 3 英镑，究竟要付多少钱，当然按计价器收取，还有小费，下车再给一张手写的发票。

这就是伦敦名片“黑色出租车”，即书中描述的吉利与英国锰铜公司合资生产的经典出租车

我新结识的朋友新华社驻伦敦记者马建国对我说，这种老式车给人印象最深的恐怕是宽敞、舒适，比北京前些年时兴的“面的”还要宽敞得多。在我看来，那些“面的”使北京人没有了“体面”。现在似乎绝迹了。

当我们一走出伦敦火车站，就看到了大街小巷上奔跑着的出租车。当然，如今出租车的颜色，不仅限于经典的黑色，还有银色、白色、红色，有的整部车都是热带鱼和花卉的图案，不少车身还印有色彩斑斓的广告。

“你在大街上还能看到 20 世纪 80 年代产的伦敦出租车。”陪同我们时任

LTI(伦敦锰铜公司)中国副总裁的魏刚告诉我们,因为伦敦出租车寿命超长,能行驶100万英里,可连续使用12至13年。

我心里十分清楚,英国锰铜公司生产的黑色出租车已经成为英国文化的重要组成部分,经过近70年实际运营考验,已经成为英国最具代表性、最受乘客欢迎、具有最高品质的经典出租车,同时也被评为全球最受欢迎的出租车。

黑色出租车曾被英国王室成员多次乘用,并作为女王生日庆典的专用车。它还作为2002年英联邦运动会的礼宾车,并且将是2012年伦敦奥运会的指定用车。

第三节 寻访考文垂

我们要去的考文垂,当年赫赫有名,可如今在最详尽的旅行小册子里也找不到踪影。一种无可挽回的衰落感,与我们所乘坐火车营造的不可多得的优雅氛围,似乎正在"结伴同行"。

我对面的座位上,一个漂亮的女孩正在安静地读着维多利亚时代的小说。英国乡间风光十分迷人。窗外高悬着硕大的、柠檬黄色调的一轮斜阳,老迈而充满哀怨。

考文垂位于英国中部,现有人口30.6万,是英国汽车工业的故乡。19世纪末,考文垂成为主要的自行车制造中心,其制造业的先驱为罗孚集团。20世纪初,自行车制造业逐渐进化为机动车制造工业,考文垂逐渐成为英国主要的汽车制造业中心。

第二次世界大战中,考文垂受到严重的空袭破坏。最严重的一次是在1940年11月12日,德军空军司令部按希特勒指令发出命令,派空军机群于14至15日对考文垂实行猛烈轰炸,并将此计划命名为"月光奏鸣曲"(纳粹向来"浪漫",也许"美"就是残酷的)。丘吉尔考虑再三,最后忍痛作出决定:考文垂不作防御、疏散。在此次空袭中,考文垂遭到毁灭性打击。

考文垂虽然遭受了惨重的损失,而英国情报机构利用它掌握的"超级机密",多次截获敌人的重大情报,给予德军以沉重打击,最终迫使希特勒放弃了在英国登陆作战的"海狮计划"。战后数年,考文垂得以大规模重建,包括新的商业街区和更为著名的新的大教堂。

这就是曾被人遗忘的考文垂,而更大的遗忘还在后头。

考文垂曾经是全球汽车的发祥地之一,也是英国汽车制造大城,这里聚集了世界上许多著名汽车商的生产基地。

1896年,英国第一辆戴姆勒汽车在此诞生。自此,考文垂就一直是摩托车与汽车的制造中心,汽车制造工业是这个城市工业的中心。汽车制造商有人们比较熟悉的霍博(Humber)、雷利和戴姆勒(Riley and Daimler),以及1902年发源于此的凯旋汽车公司(Triumph Motorcycle)等。布朗连(Browns Lane)工厂自1928年以来,一直在考文垂生产捷豹汽车,路虎的总部和研发中心也在考文垂。与我们合资生产的伦敦黑色出租车,就由位于考文垂的伦敦锰铜公司制造。“泰坦尼克号”邮轮的螺旋桨就是锰铜公司制造的。

20世纪50和60年代,考文垂持续繁荣发展。但在70和80年代,英国汽车工业萎缩,考文垂亦受到猛烈冲击,80年代初失业率高达20%。近年来,考文垂得以复苏,重建的工业体系和新兴产业正在改变着城市格局。但不管怎样,考文垂已失去了昔日的光彩,难觅世界汽车工业发祥地的影踪。

成立于1899年的锰铜公司,至今仍沿用传统的汽车生产工艺,伦敦出租车很大程度上是人工制造的。这就是英国人的风格,成本自然也很高。所以,我们与锰铜公司合资之后的基本考虑是,在上海的英伦帝华新厂房投产后,考文垂的经典出租车工厂转型为研发中心,同时生产更高级别的车型。

我们一行终于到了锰铜公司的研发中心和生产基地。锰铜公司对来自中国的记者们表示极大的热忱,非常详细地介绍了公司的现状和其他情况。

在锰铜控股有限公司首席运营官兼常务董事彼特·施尔科卡的带领下,我们进入面积3万平方米的厂区。

本书作者(左)与伦敦锰铜汽车公司首席运营官、
执行董事彼得施尔科卡在考文垂的工厂前合影

工厂里没有全自动的生产线,然而工人的专注态度让我们吃惊。从冲压车间、焊接线、涂装线到总装线,一路可见工人或对着车身外壳一丝不苟地敲敲打打,或拿着焊枪仔细焊接,有的则专门在喷涂好的车身上寻找瑕疵。

他们大多上了年纪，但是技艺精湛。

身材高大、头发略微有些发白的米克·汉密尔是总装线上的小组长。“我在工厂干了21年。”他告诉此次与我们同行的《浙江日报》记者徐园，“我知道工厂和吉利合作的事情，这会给我们带来更多生意。”

在工厂的休息区，连续两周播放了吉利公司的介绍片，工人们已经对来自中国的吉利有了深刻印象。

吉利入驻锰铜后，保留了考文垂工厂的产能和所有400多名员工，对米克和他的工友们来说，生活仍照常运转，只不过在厂区内能见到更多的中国人——去年，包括李书福在内的吉利高层曾经多次来到这里。工厂内禁止拍照，不过LTI的管理者却特别允许来自中国的记者拍照，工人们大多埋头于自己的工作，有时候投来友善的微笑。

彼特一边带领我们参观，一边介绍工厂的情况。这家工厂已经有70多年的历史，曾经为劳斯莱斯打造过车身，至今仍保留着古老的传统工艺。不过虽然外表上看起来传统，工厂在品质管理、质量检测上早已应用了现代理念。

在现场的一块看板上，列出了每道工序的关键点和难点，工厂严格执行从功能性、法规、客户需求等方面来评价车辆的评分制度。彼特带着我们观看了密封测试、防水测试的过程后说：“我们在检测上的做法和‘宝马’一样严格。”

我们注意到，在工厂顶棚上悬挂着“把企业建成英国的标志”的巨大标语，作为伦敦出租车唯一的生产基地，工厂承载着英国的传统和骄傲，而这些也时刻能从那些神情专注的老工人身上感受到。

温文尔雅的彼特·施尔科卡，是从考文垂成长起来的优秀汽车人才，他在大学主修机械系统工程，在罗孚工作过十多年，又曾是宝马MINI工厂的负责人，有着丰富的技术经验和跨国公司的管理经验。自然他也见证了考文垂的汽车工业由盛而衰的历程。

“在考文垂的生产高峰时期，成千上万的工人在汽车业工作。”彼特说，“上世纪70年代以后，英国本土的汽车工业衰落了，很多英国品牌被收购。”这一时期，工厂倒闭，大量汽车工人失业。人们开始习惯于美国公司、法国公司、日本公司前来收购工厂，并转雇技术精湛的工人。

锰铜公司的日子也并不好过。由于市场的局限性，伦敦出租车的生产规模和销售业绩几乎几十年来不变，每年的销售维持在2 500辆左右，由于高昂的制造成本，在低迷的那几年里，甚至出现了亏损。在伦敦出租车的销售店，陈列的最新版TX4标价高达3.3万至3.5万英镑，折合人民币50万元。“不是说市场对这款车不感兴趣，这款车已经销售到世界上50多个国家和地区，我们还不时从美国、尼日利亚、意大利接到订单，并接到问询电话。”LTI营销总监秦马修表示，“居高不下的价格，阻碍了海外市场的拓展。”

“这些年来我们一直试图寻找合适的海外合作伙伴，从而降低制造成本。”彼特直言，“现在的汽车工业已经不是20年前的汽车工业，任何公司要成功都必须在全球整合资源。发动机是意大利的，零部件是德国的，座椅是中国的，汽车制造业早已经习惯这样的生产方式。”

“今后我们是一家人了。”彼特特别强调双方建立了一种战略合作伙伴的关系。他到过吉利在宁波、上海的工厂，工厂的现代化程度让他吃惊。“在制造方面，中国早已经不是一个发展中国家。”

就在上海汽车展前夕，彼特带着一批LTI的工程师来到吉利上海公司，虽然大家在交流上有语言障碍，但是中国的工程师并没有想象中的羞涩，每一位LTI工程师被问到150个以上的技术问题。“在技术上和国际化的经验上，我们能帮助吉利。”彼特说。

吉利和锰铜公司的合作一经公布，锰铜公司的股票在经历长期低迷后，突然来了一个绝地大逆转。公司股价上升了289%，一举夺得伦敦主板上市股票中的“最佳表现奖”。

投资者的信心正是来自吉利——人们希望中国元素能给这家公司注入足够的想象空间，并带来应有的变化。在锰铜公司股票受到追捧的同时，原锰铜公司的股东也悄悄转道香港，吃进吉利汽车股票。

我们参观锰铜工厂时，看见有一道关键程序非常有意思，一个打造好的车身外壳缓缓向下，和组装好的底盘慢慢合拢，工人们称之为“Marry”。言下之意，“结婚”成功，需要完全的匹配。汽车装配也是这样。

吉利与锰铜公司的合作，也正是一桩匹配的“婚姻”。

第四节　与伦敦司机对话

黑色出租车，是闻名天下的伦敦一景。

初到伦敦的观光客不明白，这种“一战”时期的车子为何至今仍旧能招摇过市；待享受了它的宽敞、平稳、舒适，再观察其精美的油漆工艺，才恍然大悟它依然存在的原因，而且后座门的打开方式与现代轿车正相反——向后开启，最能体现“欧陆风情”，不免让人想起20世纪二三十年代的岁月。

当你落座后报出目的地，车内电脑立刻会从2.5万条街道中显示出你将前往的地点，在数秒内向你出示最方便的行车路线，且有两三条不同的路线供你参考。接下来，它告知伦敦目前的市政工程情况、单行线和步行区，以及交通最繁忙易堵塞的路段。

你也可在车内欣赏戏剧、电影、音乐等。英国最大的独立出租车公司

KPM 总裁信心十足地对我们说:“尽管目前的出租车电视服务仅限于传统的电视节目,但不久的将来,它将连接国际互联网业务。”

若想成为一名伦敦出租车司机,可不是件容易的事。

首先得经过 3 年培训,通过了有关伦敦知识及个人性格的综合测试,才能上路。据说,最不幸的一名学员坚韧不拔地努力了 19 年,也未能通过测试。他们可选择申请全伦敦的绿卡或仅限郊区路线的黄卡。

伦敦出租车的司机副座一般不坐人。如果你愿意,司机会与你唠家常或讲述著名客人的趣闻轶事,当然少不了介绍沿途的风景名胜。作为导游,司机们是绝对称职的。

若你运气好,兴许能碰上马克思的玄孙。留有一脸浓密络腮胡的安东尼·马克思,酷似卡尔·马克思,他是马克思女儿的曾孙。他的名片背面印有马克思肖像,车厢内挂着嵌在精致铜框里的马克思画像,身边摆放着马克思的旷世名著《资本论》。他继承了先祖马克思的嗜好,喜欢畅饮啤酒。值得一提的是,当你付过车费后,马克思先生会递上标有“资本”二字的小铁箱,巴望着您的小费。笃信勤劳致富的马克思先生,一天 24 小时随叫随到。

这次到伦敦,我们特意安排了一个“节目”,与伦敦黑色出租车的司机代表对话。这 3 个司机分别是:戴维斯(以下简称 D),有 35 年的出租车司机工作经验;卡洛斯(以下简称 K),开出租车已经有 11 年的时间;菲利尔斯(以下简称 F),25 年出租车驾驶工龄。

互相问候之后,我就开始与他们对话了。下面就是我和伦敦出租车司机交谈的记录——

本人(以下简称 W):呵,你们好!看来你们都是非常有经验的司机了。你们这份工作是父辈传承的,还是自己出于兴趣去申请的?

D:我们做出租车司机工作是一代代延续下来的。像我们这种情况的出租车司机已经越来越少了,伦敦大约有 22 000 名出租车司机允许做出租车的运营工作,在这座城市里面大约有 19 500 辆出租车。

K:这些出租车不是同时运营的,有的在白天运营,有的在晚上运营,交替工作。

D:能够在伦敦开出租车,需要经过很多的考试,为了取得出租车运营资格,我们不得不花费 3 年多的时间来学习和考试。在 3 年的学习当中,我们有 400 多条主要路线需要熟记,而且还要熟悉伦敦周围的 3 万个景点,以及重要的场所,例如餐馆、宾馆、学校、医院、警察局等。在伦敦,出租车是一道风景线。伦敦好多车道都非常狭窄,并且不少古老车道都是受保护的,所以出租车的转弯半径就非常之小,只有 25 英寸。出租车司机花费了3年的时间去获得运营证书,很多时候是因为这是个人价值的体现,从另外一个角度来说,当乘客们把他们的妻子、孩子、财产放在这个出租车上的时候,就会觉得很安全。

F:伦敦出租车司机的工作是一项非常孤独的工作,因为驾驶舱和乘客是被玻璃分隔的,除非乘客们愿意与我们通话时才能够交流,因此我们就会寻找其他一些活动来丰富我们的生活。由于伦敦的街道比较狭窄,人流很多,很拥挤,司机要驾驶这样一辆大车,停车很困难,司机就会被要求停在一个空间很小的停车位上,来检验你的驾驶技术,或者要求在狭窄处掉头,等等,然后再根据实际操作打出一个分数来。

W:哦,没有伦敦出租车运营执照就不可以买黑色出租车吗?

D:他们只是没有营业执照,但不可以用于运营,例如英国一个著名指挥家安德鲁·罗伊德·韦伯就买这个车开,还有女王丈夫爱丁堡公爵,也买黑色出租车自己开。可是大家都不知道里面坐的是谁。另外伦敦金融城的市长拥有两辆锰铜公司的黑色出租车,只是车标被伦敦的市标所取代,这两辆车不用汽油和柴油,而用燃气,利于保护环境。

W:乘坐这种出租车的费用是最贵的吗?

K:是的,我们的出租车的运营牌子是被收入吉尼斯世界纪录的。为什么呢?因为它是增值最快的一款出租车运营牌子,最早的时候是15便士,现在是280英镑。很多来英国的游客都认为,伦敦乘坐出租车的价格太贵了。如果你换一个角度来想就会明白,您花费36 000多英镑租用这样的一个设备,而且还给你配备一个操作员,按照这个规格,2.2镑的收费标准世界上任何一个角落都是找不到的。

D:我们所支持和帮助的那些慈善机构,每年都会有一些活动。去年查尔斯王子邀请我们出租车协会的主要会员,以及我们所扶持的这些慈善机构的相关人员,到白金汉宫去参加酒会。呵,你们一定要记住,我的这辆车是非常特殊的车子,全球就我这么一辆粉色的出租车。

W:为什么是粉色的呢?

D:我自己有一个小的出租车公司,有一辆同样颜色的车,有的时候我会服务于婚礼等场合,对于举办婚礼来说,粉色是一个比较好的颜色。

W:早上我们乘坐你的车的时候,我们就在猜想为什么是粉色的:可能是婚礼用车,果然这样。

D:从去年开始,英国法律已经同意同性恋者结婚了,我的这个粉色的车就会有一些特殊的用途。

W:最后能不能请你们每一个人用一句话来总结一下几十年来开出租车的感受?同时还请你们说一下,在不久的将来这样的一款出租车即将在中国出现，并且有很多中国的司机来开这个车，那么，你们能否为他们提一点建议或者提供经验？

F：伦敦出租车很棒，在全世界都不可能买到比它更好的出租车了。另外，出租车的门每天都要开关上百次，那么就需要很好的质量，这款车的质量是非常好的。

K：这款车是非常舒适的，车的悬挂系统也是非常之好，车内的视角很好，足以很好地欣赏外面的风景，还有车上的一些功能非常人性化，可以满足不同乘客的需求，比如说满足残疾人、老人等上下不方便的人群。另外就是后部的空间非常大，很舒服。

D：这车的安全感好。大家都知道乘客与司机之间有一层隔板，我经常在晚间去载客运营，会觉得非常安全，并且乘客也会觉得很安全。

F：另外乘客对这款车在外形上的认知度也非常高，乘客一看就知道这是出租车，不像由其他车型转化来的出租车，它们会混淆乘客的视觉。这种认知是全球性的，很多人知道，只有伦敦出租车是这样的。希望将来中国也会这样。

D：另外这个车的安全性是非常棒的，据统计，在过去的60年里，仅有2个人死于出租车安全事故。

第五节　鲍里斯·约翰逊

2007年4月26日，新华网发表了一则简讯，题为《吉利新闻发言人车展诠释经典出租车》："吉利新闻发言人王自亮表示：上海英伦TX4，将是2012年伦敦奥运会的指定用车。2008年北京奥运会后，将由这款经典出租车将奥运圣火从北京一路传递至伦敦。独具特色、极易辨认的经典出租车已成为伦敦三大著名风景之一，也是大不列颠王国的标志之一。"

说起来很有点意思，我和伦敦市长鲍里斯·约翰逊一起，还在北京奥运之后推广过上海英伦TX4。换句话说，我曾在北京用这款大名鼎鼎的经典出租车，帮助这位伦敦市长推广将于2012年在伦敦举办的奥运会。

简单地说，这次我和鲍里斯·约翰逊互为推广各自的产品——伦敦奥运会和经典出租车上海英伦TX4。

2008年8月24日晚上的北京奥运会闭幕式，让全世界都认识了这位不拘小节的伦敦市长鲍里斯·约翰逊——不论处于何种角色，约翰逊一向以不同寻常的机智幽默、伶牙俐齿的敏捷口才和毫无顾忌的大胆作风而著称——尽管约翰逊自从到北京之后，就宣称自己为了在闭幕式上能够潇洒地挥动会旗已经训练多时，可他的表现还是称不上完美。

会旗又大又重，约翰逊市长从罗格主席手中接过之后，不得不上手拨拉几下，才得以把会旗展开。他敞着西服走过红地毯，金色的头发乱蓬蓬地趴在脑门儿上，还被摄影师拍到把双手插在口袋里的画面……

伦敦市长在闭幕式上的表现通过电视转播传到全世界后，很多英国人在网络上嬉笑怒骂，有人说“鲍里斯就像一个衣冠不整的酒鬼一样闯进了狂欢的派对”，还有人说他“实在需要一个形象顾问”。同时，也有不少人力挺约翰逊亲民、平实的作风，称赞他的表现就像“伦敦八分钟”一样自然真实，“为了奥林匹克旗帜能够迎风飘扬，上手拨拉几下没什么不对的”。

我曾经问过鲍里斯——这位不拘形迹的伦敦市长——是否在来北京的飞机上碰到过什么麻烦，他满不在乎地跟我说：“没什么的，小事一桩啦！”

其实鲍里斯·约翰逊从伦敦到北京的旅程并不顺利，下机时满脸倦容，后来英国媒体披露了原因：大概这位市长看上去实在太不像市长了，英国航空公司竟然礼貌地拒绝了他从经济舱升到商务舱的请求，这位新科伦敦市长只好在狭小的经济舱里挨过九个小时。当被记者当众问到这件糗事儿时，这位大大咧咧的市长倒不觉得太尴尬：“我过得很舒服，飞机上有101个空座。”

尽管没有坐成商务舱，约翰逊市长在北京这几天依然表现得相当敬业。除了完成最重要的任务——接旗仪式以及和北京市有关领导会谈之外，他还马不停蹄地在“伦敦之家”会见了记者，参观了著名的紫檀博物馆，试驾了“伦敦血统、中国制造”的出租车。他和李书福见了一面，相处甚洽。

我在北京紫檀博物馆和这位伦敦市长的交谈过程中，对他的风格着实有了领教。他的语言和行事风格是我非常欣赏的那种，在国内我见过太多的领导，自己也长期在政府机构待过，是从“围城”里逃出来的，所以对这位名叫约翰逊的伦敦市长的随意风格颇有好感。

当时，我们为他提供的这辆经典出租车，就是我们与锰铜公司合资生产的黑色出租车，它所代表的“通往伦敦之旅”将在中国12个城市巡回访问3个月，目标是当2012年奥运圣火点燃时，有30家新的中国公司落户伦敦。

就任伦敦市长之前，约翰逊在英国就算得上是个名人，不过那时候他的身份是记者、作家和电视明星。约翰逊在《旁观者》杂志担任专栏作家期间，在传媒行业的知名度达到顶峰，那时候连他的私生活都会为八卦栏目所津津乐道。作为记者和政治家之余，约翰逊还发表了多部著作。

奥运会结束那一天，我赶到了北京。

8月25日，英国政府、英国伦敦投资局“通往伦敦之旅”在北京正式启动。我和鲍里斯·约翰逊市长以及伦敦投资局首席执行官迈克尔·查尔顿(Michael Charlton)出席活动启动仪式。见到鲍里斯，我就有一种亲切感，不仅在于他的洒脱和不拘小节，还在于我们曾经是同行——新闻工作者和作家。

这天上午在紫檀博物馆举办的新闻发布会上，我和鲍里斯作了即席发言，大意就是很荣幸能通过经典出租车将北京奥运会、伦敦奥运会连接在一起。鲍里斯介绍了“通往伦敦之旅”的意义和下一届在伦敦举办的奥运会的基本情况，我把吉利和锰铜公司合资在上海生产的经典出租车的性能、特质描绘了一番，还展示了吉利的愿景。

说到吉利的情况，我变得口若悬河，而鲍里斯不住地点头，他似乎有点惊诧但随即表现出前记者的职业精神，掏出笔记本不住地记录。这一点连台下的中外记者都为之感佩。

鲍里斯在英国报业十几年，他对台下很多英国记者都熟悉到可以直呼其名的地步，而记者们似乎也没把他当市长，一副称兄道弟的架势。我在一边看了都觉得很是带劲，我和这位伦敦市长之间多次相视而笑，似乎有一种职业的润滑剂在起着调节情感的作用。

这一次，英国方面将一辆由中英合作生产的 TX4 改造成了“移动大使”，这辆蓝白相间、标有“探寻伦敦”字样的经典出租车成为整个巡游活动的“明星”。那天，在活动现场，鲍里斯亲驾 TX4 为 2012 年伦敦奥运会做宣传，环绕着紫檀博物馆转了好几圈。

我发现鲍里斯的驾车技术很娴熟。因为在北京紫檀博物馆开着这辆 TX4，是一件很不容易的事，博物馆场地并不大，同时小桥流水的环境也使转弯变得很困难，而鲍里斯开起车来却是一副驾轻就熟的样子，赢得记者们一阵阵热烈的掌声。这辆 TX4 无论从操控性或转弯半径来看，也都是十分理想的。我们在伦敦大街小巷坐着那些经典出租车时，也是既稳又快，转弯是如此灵便。

下车后我和鲍里斯紧紧握手，为他的这种敬业精神感动。我无法想象北京的市长能做到这一点，也许北京不需要推销，只要你在故宫景点收费处站一会就知道这一点。而这一次，我们正在做着一件有关联的事，一场很有意思的“推销”，那就是他的伦敦奥运会和我的经典出租车。

这款 TX4，从背后看上去，高高的车顶就像一顶卡通化的英国绅士帽，其颜色以白蓝为主色调，车身内部除了拥有传统的宽大空间、人性化的无障碍收缩踏板、可旋转座椅外，还进行部分改装，增配了必要的互动电子设备，包括两台触摸式大屏显示器，用于宣传伦敦及境外公司入驻该市所能获得的商业机会。

看到这位一直笑嘻嘻的伦敦市长，我有点忍俊不禁。不过说句实在话，对他的不拘一格的推广术，我是挺佩服的。看来，我也得借鉴这个推销艺术，把我们的汽车卖好，这是一件值得钻研的事。当时我心想，要是中国政府的城市推广水平能够做到这种份上就好了。

在这次北京奥运会上，应英国方面运动员和体育界人士的要求，也为了满足中国公众的期待，由吉利英伦帝华公司在上海生产的黑色经典出租车，被确

伦敦市长鲍里斯·约翰逊驾 TX4 推广伦敦奥运，引起大批记者浓厚兴趣

定为英国政府官员和英国奥运代表团官员在北京奥运期间的指定用车。北京奥运期间，它曾为伦敦市长、国会议员、投资大臣以及出入于奥运村和各重大活动场所的英国高级官员提供了交通服务，闭幕式那一天，英国政要和贵宾乘坐经典出租车前往鸟巢，并护送了奥运会会旗。

应奥委会的要求，这次有 30 辆上海英伦 TX4 经典商务车投入北京奥运会使用。那天我一下机场，就看到这辆运营中的 TX4。

鲍里斯对着我和记者表示："伦敦出租车是伦敦的代表，我们希望得益于中国吉利和英国锰铜的合资公司，希望未来能生产出更舒适、更安全、更环保的 TX4 出租车，同时希望以 TX4 为典范，能有更多更好的像吉利与锰铜这样的合作项目和更多的企业进入伦敦。"

他还说："这次'通往伦敦之旅'活动，TX4 将走向中国 12 个城市，我们希望通过这种方式，向中国人民介绍英国、介绍伦敦，这也是国际合作信心的象征，长达 3 个月的伦敦经典出租车巡游，很可能创造新的奥林匹克纪录。"

第十二章　DSI：闪电式收购

第一节　行动起来

“当地时间 2009 年 3 月 27 日 12 时，吉利汽车收购澳大利亚自动变速器公司签字仪式在澳大利亚新南威尔士州政府大厦举行。中国驻澳大利亚大使、商务参赞、新南威尔士州发展部长等中澳两国政府官员出席签字仪式。”

新华社的一条简讯，据说比路透社快了 8 分钟。

这是新华社的一个骄傲，可以证实中国官方通讯社在世界上的形象有了很大改进，有些新闻就好在一个“快”字上。但新华社领导对我讲这句话的另一层意思是，吉利汽车是金融危机中“中国制造”的骄傲。

因为从世界各大媒体随后的评论来看，世界普遍认为此次吉利并购澳大利亚 DSI，是全球金融危机下的中国汽车业海外并购第一案，也是全球金融危机爆发以来全球汽车行业第一宗大型并购。

这样的评价没有出乎我们的意料，但我觉得仍然是非常值得高兴的事。

李书福在举行收购签字仪式前一天晚上，就给我来了一个越洋电话，要我对这个事件作一个基本判断和估价。这个电话之后，他又来了两次电话，足见对此事的重视。当时我正在路上，我让司机开得慢一些，一边接着电话，一面取出纸、笔作了记录。

在我看来，这是一件大事，其重要的程度怎么评价都不过分。

澳大利亚的 DSI 自动变速器公司是一家集研发、设计、制造为一体的汽车自动变速器专业公司，是全球仅有的两家独立于汽车整车企业之外的自动变速器公司，有 80 多年的历史，具有深厚的技术积累和工业经验，拥有一批优秀的澳大利亚工程师、技术工人和自主研发的自动变速器技术，产品覆盖了 4 速、6 速前后驱动大马力自动变速器①，为福特等世界著名汽车公司配套。正

---

① 4 速、6 速前后驱动大马力自动变速器：4 速变速箱就是有 4 个挡位，6 速变速箱有 6 个挡位。对于汽车来说，可以说挡位越多越好，因为挡位越多发动机动力就可以趋于线性的输出，也就是可以让发动机一直处于最佳的经济工况工作，6 速变速箱比 4 速换挡冲击更小，燃油经济性更好，但是技术比 4 速复杂得多，成本也要高得多。

在研发的7速、8速汽油、柴油前后驱动自动变速器,DCT双离合器变速器及CVT无级式变速器[①]具有世界先进水平。

受全球金融危机的影响,DSI的重要客户在市场上受到严重冲击,李书福和吉利高层在得知DSI破产消息后,觉得是一个很好的机会,迅速提出收购计划,派出强有力的团队参与竞购活动,在15个买家中胜出,在不向银行举债的情况下仅用4个月就在海外完成融资,全资收购了这家全球排名第二的汽车自动变速器独立生产商。

3月8日,英国《泰晤士报》报道,吉利汽车聘请世界著名投资银行洛希尔公司(NM Rothschild)担任其顾问,以负责可能发生的并购活动的运作,并寻找私募基金提供财务支持。当时媒体断言这一举动是吉利为竞购Volvo作准备。其实,这是李书福着手为收购DSI融资。

随后,吉利与包括凯雷[②]在内的投资基金接洽,谋求获得支持。这笔融资,是为了偿付吉利2006年发行的1亿美元5年期可转股债券的。2009年3月16日,吉利在香港联交所发布公告称,将斥资3.66亿港元提早赎回可转股债券,并称此次回购不会影响其财政状况,为这次吉利海外收购打下财务"伏笔"。

第二节 海外抄底

李书福此前曾表示:"吉利要发展壮大,就是要在汽车新技术领域与国际接轨,在汽车传统动力领域赶超国际水平。"他说,吉利真正感兴趣的是一些拥有独特技术的零部件企业。

吉利在此次海外抄底行动中动作之快、保密之严,即便是现在回想起来也令人惊诧不已。

的确,吉利是DSI最好的选择。长期以来,DSI的主要客户是福特、克莱斯勒和韩国双龙等,对于快速成长的中国市场重视不够,吉利为DSI提供了一个进入中国市场的绝佳切入点。DSI盈亏平衡点的销量为3万台左右,吉利本身就有9至10款现有车型能用到DSI的变速器,仅吉利的订货就能保证DSI赢利。正是在这两大因素的推动下,吉利收购DSI水到渠成。

话得从头说起。

---

① CVT无级式变速器:即Continuously Variable Transmission,它能够使发动机转速与车速获得相应的连续性变化,从而确保最大限度地利用发动机的特性:一方面使发动机工作平稳和顺畅,大大提高了驾驶和乘坐的舒适性,另一方面也使车辆的动力性与发动机燃油经济性获得最优匹配。

② 凯雷:指美国凯雷投资公司(Carlyle Group)。公司成立于1987年,总部设在华盛顿,有"总统俱乐部"之称,拥有深厚的政治资源,是全球最大的私人股权投资基金之一。

2009年1月初,DSI的一位中国股东白先生主动来到吉利在杭州的总部,提出了一个联合收购计划。这位股东持有DSI公司18%的股份,希望吉利收购剩余部分,事成后按照4∶6比例重新分配股份。此前他找过一些地方政府寻求合作,一直未果。

吉利却表现出浓厚兴趣,繁忙的财务总监尹大庆专门抽出一天时间与其商谈。吉利早已成功自主研发出自动变速器,但仅限于匹配1.8升以下发动机,无法支撑吉利向中级轿车、SUV市场的日益转型,能够匹配2.0升以上发动机的DSI产品正好能弥补这一空白。但令吉利为难的是,DSI拥有十几位股东,股权分散,方案很难实现。

转机出现在中国最重要的节日——春节之后,DSI准备执行破产程序,审计公司普华永道已经成为它的托管人。自2007年吉利收购英国锰铜公司股份以来,已经逐步积累起国际化经验。我们都意识到,对海外交易的迅速判断和决策至关重要。

2月16日,赵福全和另外两名持中国大陆以外护照的技术高层登上了飞赴澳大利亚的航班。这样做,能节省些办签证的时间。此时我们已感受到来自竞购对手的压力,而如果能把DSI揽入怀中,则无疑能补上吉利在高端变速器领域的短板。

赵福全等抵达澳大利亚的那一天正是DSI宣布破产的日子。经过对工厂的考察和对当地政府及托管公司的拜访,初步信息反馈到吉利总部:"DSI的产品和吉利目前自主研发的产品有很大的互补性。"

2月25日,杨健总裁带领吉利研究院的高管再赴澳大利亚。

此时,吉利并购DSI已进入实质程序。在请示李书福后,杨健很快便在当地找到了涉及收购的法律、会计及并购事宜的第三方公司。其中,律师事务所为麦肯锡,会计师事务所为安永,并购顾问公司为洛希尔。

尽管之前已阅读了相关资料,但参与收购行动的吉利高管们亲眼见后仍然喜出望外:研发中心内测试设备非常齐全,能够进行自动变速器的金相(金属结构)、抗老化、耐久性试验,以及与发动机匹配的实验;在这里,一款自动变速器进行相当于25万公里行驶距离的测试时,只更换机油,不更换齿轮。

另一个场景激发了吉利团队别样的热忱。破产后,DSI的员工人数从380名骤降至130名。杨健清楚地记得,工厂门口前摆着各色帐篷和房车,这是被裁员工在示威抗议。当他们看到中国人乘坐的汽车时,不停挥动双手,以表达对工作的渴求。杨健等人不禁放下车窗,向他们挥手致意。

不过,收购热忱仍然要落实到繁琐的竞标过程中。

到悉尼第二天,尹大庆一行便与洛希尔顾问公司、麦肯锡律师事务所和安永会计师事务所的顾问进行谈判。2月25日,吉利与这三家公司签署了服务合同。对 DSI 资产进行评估的同时,收购团队也进行了明确分工。其中尹大庆负责财务方面的谈判,副总裁南阳掌控具体汽车业务谈判,杨健则根据每日进展作出决策。

3 月 1 日,杨健离开澳大利亚,留下两名高管继续对 DSI 进行全方位考察和谈判,回国后立即向国家发改委和商务部上报收购事宜。好消息不断传来。国家发改委在第一时间批准了吉利的这一并购动作,而相关方面也对吉利利用国际资本完成此次收购给予了法律上的支持。

3 月下旬,李书福亲率吉利高层飞赴澳大利亚,正式拉开并购 DSI 大幕。

当时也有印度的公司参与竞争,但吉利的优势是,能把 DSI 和吉利这样的整车厂捆绑在一起。李书福给出的收购思路是,在成功并购 DSI 后,利用中国的成本优势强化 DSI 既有产品的竞争力,同时,利用吉利作为主机厂采购需求的规模优势,保证 DSI 产品销售运营的持续性。

2009 年 3 月 27 日凌晨 4 点,刚刚讨论完收购合同全部细节的尹大庆犹豫了一下,决定还是去小睡一会。这是个难得的喘息。作为签约人之一,他要赶当天早上 8 点的航班从墨尔本飞赴悉尼,与李书福和杨健会合。由于涉及吉利在香港上市公司的公告时限,这份合约必须在当地时间 12:00 之前签署。

就在签约前一天,亲自考察过 DSI 之后,李书福兴奋地对尹大庆说:"太划算了,不用讨论合同的细节了。赶快去签合同,小事情就不计较了。"为了加快进程,我们不仅保留了 DSI 核心管理团队,还同意维持原有的薪酬待遇甚至高额奖金,无论经济是否低迷。

"当然,为了能在最短时间内完成收购,我们做了很多工作,先后拜访了 DSI 的当地政府、管理层、工会,他们均对收购表达了高度赞赏并全力支持。他们认为吉利的收购方案是全世界最好的。"说这番话时,杨健自豪至极。

第三节　一年之后

2010 年 1 月底,在吉利总部的杨健收到了一张来自 DSI 公司的照片。照片上,澳大利亚新南威尔士州 DSI 工厂的大门口升起了两面国旗:一面是澳大利亚国旗,一面是中国国旗。

"这是他们自己挂起来的,"杨健对着这张照片解释说,"这可以充分说明当地工厂对中国、对吉利的尊重。"

完成收购基础工作后,2009 年 4 月 19 日,又一批吉利员工飞赴 DSI,进一步完成各个职能部门的对接工作。吉利用半年时间完成和 DSI 的配套,并成立一家与 DSI 的合资公司。今后 DSI 将继续在全球范围内向福特及东南亚车企等提供配套业务;新成立的合资公司将成为内地车企的主要供货商。

在墨尔本的阳光下，位于新南威尔士州的DSI工厂内，一群西装革履的中国人与工厂员工及他们的家属共同度过了一个洋溢着浓郁中国特色的"吉利日"，舞龙狮、放鞭炮，还有各种精巧别致的中国工艺品，这些都让这个拥有80多年历史的澳洲工厂充满了异域风情。"他们看起来非常容易接近，他们非常愿意倾听我们的声音，我们一起度过了一个非常愉快的下午，'吉利日'很棒。"一位来自DSI生产线的员工这样评价他的中国老板。李书福认为这是赵福全组织的一次中澳两国文化沙龙活动。

舞狮表演，这也是吉利与DSI的一种"文化融合"，看这些澳洲孩子们笑得多开心

2010年5月8日，在这个全球第二大的独立自动变速器工厂，李书福带领全新的DSI董事会成员集体亮相，经过一年的磨合，李书福第一次高调亮相，与他的外籍员工们同歌载舞。"今天搞这个'吉利日'活动也就是为了进一步推动DSI和吉利之间的管理和文化融合，进一步推动两个国家之间企业与企业的友谊发展。"用一个富于中国特色的讲话和现场布置，很快拉近了两个国家、两种企业文化之间的距离。

相对于一年前还在为工作而罢工、请愿，今天这些工人为工作而充实、庆祝。李书福显然并不满足于这种目前的成功，他对于未来DSI的规划、对于未来中国自动变速器产业的规划看得更为清晰了。

"三个或者四个、五个都有可能，等变速器都定型以后，我们就在中国大批量生产，跟中国的企业配套。比如首先就跟湘潭的工厂配套起来。"李书福深信DSI将成为中国汽车的技术界碑，一个DSI将彻底改变中国汽车"市场巨人、技术矮人"的传统印象。

"不只是技术上的融合，文化上的融合可能比技术的融合还要重要，人的融合比什么融合都更重要。”此番同行考察的中国汽车工程学会理事长张小虞，显然更关注吉利在企业文化上的成功与否，中国企业在海外并购上的种种“前科”，让国人对企业的海外并购忧心忡忡。

文化融合说到底是一种关系和角度的调整，一种眼光和胸怀的校正。没有一种文化是不经交融产生新质的，也没有一种企业文化是万分纯粹的。有时杂交优势是更大的优势。吉利的企业文化本身就是交融而成的，当然企业家在这里起了决定性作用。

这次在澳大利亚举行的DSI“吉利日”就是文化融合的最好例证。

早在2006年吉利参股英国锰铜时，我们就已经意识到了文化融合这个问题。从那个时候开始，吉利就已经形成了处理文化融合的核心宗旨，那就是沟通、快乐和求同存异。在这个问题上，李书福很理性：“也许有一天吉利跟我没有关系了，但是它是从中国出来的，它是中国人创造的。无论吉利属于谁，这是改变不了的。所以，我们要从这方面去理解一个企业的全球化，以及全球经济一体化以后，给不同国家、不同企业所带来的理念上的影响。”

第四节　路，就这么走过

“中国汽车首脑风暴”于2009年8月8日在安徽黄山举行。在会议期间，我就吉利收购DSI一事，接受了记者采访。

就吉利收购澳大利亚DSI后的前景问题，我跟记者们说：“我们可能恢复福特在澳大利亚的配套。同时，我们还想进一步进行资源整合。用好这个品牌，用好这个技术，用好这个技术的后发力量。我们想利用吉利已有的自动变速箱生产基础和工艺技术，把DSI这个高端的自动变速箱全谱系产品全面移植到中国来，与我们的高端品牌结合起来。

“我们还可能考虑在国内进行这方面的整合。要生产一系列高品质、大扭矩的自动变速箱生产线。现在已经有不少自主品牌企业向我们预约，希望从我们这里买高端的自动变速器。所以，我们收购澳大利亚DSI，不论是对吉利本身，还是对中国汽车的发展都有很大的帮助。”

道理很简单，制约中国汽车工业的软肋，1990年代是发动机，2000年后是自动变速器。这就是我们收购DSI的最大理由。

汽车的自动变速技术一直是人们追求的目标，是改善和完善车辆传动系统的一个重要方面。它代表了一个主机厂、一个汽车企业最基本的东西。如果一个企业或者主机厂没有自主品牌的发动机和变速箱，那么就没有发展后劲。你能说心脏和肺对人体不重要吗？汽车自动变速器在发达国家有较高的市场占有率，近年来国内自动变速器的装车率也呈明显上升趋势。

在吉利研发出自己的自动变速器以前，作为汽车的重要部件，这一领域一直让外国汽车生产厂商占据。中国的汽车生产厂商每年在进口自动变速器这一项上就要支付很多外汇。

为了降低汽车生产成本，更重要的是，需要掌握汽车核心技术，吉利决定研发拥有自主知识产权的自动变速器。尽管在研发初期遭遇了许多次失败，但是吉利的勇气和毅力激励着每一个研发者。

李书福说："我们的自主开发跟人家有一点不一样，人家花钱去叫别人开发，我们是花钱请人自己研究，并要在原理上搞通后再与全球相关专业公司合作，从根本上去搞自主研发。"

2002年年初，李书福找到当年国家自动变速器课题组电子电气组组长徐滨宽，邀请他来吉利负责开发自动变速箱。

当时，徐滨宽对"半路出家"的吉利有没有能力造变速箱并不看好，没有立马答应。然而，面对李书福的"三顾茅庐"，面对吉利连续10个月锲而不舍的登门拜访，徐滨宽终于相信，这是一家真想干事的企业。2002年年底，徐滨宽辞去天津齿轮厂总工程师的职务，千里南下，来到了吉利。

3年的时光在失败和焦虑的交织中度过。经过数百次的试验，经历常人难以想象的艰难和困苦，吉利共耗费110辆试验车，掌握了29 219个标志性数据，自主建起了具有3万台生产能力的装配、生产线，并形成零部件百分之百国内配套的产业链，拥有完整自主知识产权的自动变速箱终于研制成功。

在李书福的鼓励和支持下，对失败早已看淡的专家徐滨宽就这样在3年的时间里终于实现了中国汽车工业核心零部件自动变速箱零的突破。

2005年5月，吉利自主研发的JL-Z系列自动变速器实现了产业化生产，作为国内唯一拥有自主知识产权的自动变速器，每一台价格在5 000元左右，与购买同类进口产品相比，价格仅为其1/2。

其实早在20世纪70年代，一汽在红旗项目上就开始了自动变速箱的研究。此后，一汽与奥迪合作，继而与德国大众合资，红旗的技术平台从此建立在奥迪100的基础上，自动变速箱项目便再也没有了应用和继续开发的平台。

2000年，国家在自动变速箱的研究上曾经专门立项，从国债计划中安排款项支持上汽和天汽研发自动变速箱。上汽自动变速箱项目在论证阶段就终止了，天汽的项目也是中途停止的。两个项目耗时两年多，参加研发的中高级工程师200多人，共花费了8亿多人民币。

据此，国外某汽车权威断言"中国人造不出自动变速箱"。

聚集数百名技术人员和教授、专家的力量，也没能研制出中国自动变速箱的历史，成为中国汽车人心中不能碰触的痛。外国权威的断言更让中国汽车人一想起来就如坐针毡！

后来有人问徐滨宽:“你当时出于什么样的考虑,怎么决定来到吉利?”徐滨宽回答说:“李书福的话让我震惊,他说希望我们努力做,80%的风险由公司承担,他看重的是希望,是研制(自动变速箱)的需要,风险吉利承担。这句话对我来说非常非常关键。”

由于国外的技术封锁,所有关于自动变速箱的系统参数都得自己通过大量试验才能获得,所有的检测装置都是自己研发的。来到吉利一年多,徐滨宽研制出了第一台自动变速箱,然而第一次试驾让他沮丧不已。

徐滨宽对我回忆说:“我踩油门它没有响应。当时我想推它,太难过了。那时候的感觉,坐在车上,有一种绝望的情绪。因为我不知道我能不能解决它,它连走都不走,它的问题在哪里我不知道,多长时间解决这个问题,我也不知道。待到成功那一天,我自己也不敢相信,简直如在梦中。”

他还说,“所有的核心零部件都是百分之百正向设计的,所有的制造全都是立足于我们自己的技术上,包括检测;所有的总成,包括实验标准、实验规范,都是我们自己的完整的平台。终于有一天,我们成功了!但我已经对这个成功甚至有点麻木了,我们吃过的苦头太多、太多……”

徐滨宽说,研制自动变速器的过程充满了失败。那些日子里,如果哪天没有失败信息就是非常不正常的,甚至会担心工作是不是停了下来。

“还记得失败了多少次吗?”我问。

“记不清了。”徐滨宽回答。

徐滨宽给我仔细地算账:一个变速器有130多个零配件,分布在40多个配套厂,而且这些配套厂中没有一家是国企,都是名不见经传的小企业,因为有经验的企业不会给还没有前景的产品配套。每一个零配件的开发至少有数十次的失败,变速器的壳体就经过了50多次的修改。配件满意了,还有分总成、总成试验,失败的次数就更多了,光离合器总成就折腾了五六十次。一辆车走得好还不行,十辆二十辆都走好才证明一致性没问题。从第一张图纸到自动变速器的产业化生产,近3年的时间里,110辆试验车中,跑过20万公里的就有50辆之多,坏掉的变速器有300余个。

徐滨宽说,别看第一年没有出样品,但是,研发人员通过研制和完善自动变速器研发所必需的专用测试设备,以及对大量各种样品零部件、分总成、总成的台架试验,积累了大量的试验数据,形成100 M字节数据库,筛选出29 219个标志性数据,基本掌握了自动变速器的工作原理、设计结构、匹配原则及控制规律。

这些设备和数据是花多少钱都不能从国外公司买来的,必须自己一点一点积累。吃透原理之后,研发人员仅用了半年的时间就研制出自动变速器,开始搭载试验;接着,仅用一年的时间,就完成了产品定型,形成行业标准和配套体系并建成年产 3 万台的生产线，实现产业化。

2006 年 3 月 28 日，中国汽车工程学会主持了吉利自动变速器科研成果评审。经过几近苛刻的严格“拷问”，评委会郑重宣布：吉利自动变速箱项目开发成功。与会专家给出这样的评价：这一成果“实现了我国在自主开发并批量生产自动变速箱方面的重大突破”，“走出了我国汽车工业自主创新的成功之路”。

我经常听人说起，在经济全球化时代，“自主创新”有什么意义呢？如果听了吉利当年研发自动变速器的故事，我相信持这个说法的人，会慎思了。

第五节　任由评说

2010 年 5 月，中国汽车工程学会理事长张小虞在澳大利亚视察 DSI 工厂生产线之后，就吉利收购 DSI 发表了自己的看法。

张小虞说，从需要真正掌握的汽车动力总成关键零部件的技术来讲，目前吉利收购 DSI 的做法，大概是国内通过合资、引进、技术转让等方式中比较多快好省的一条路。相比较而言，特别是面对国内迅速增长的自动变速箱的市场，它走出了一条快捷而有效的路子。如果按照过去一般的技术引进，按部就班，可能五年都达不到这样的目标。

他认为：“我们过去比较习惯于买技术，我总说买有形的技术不如买脑袋里的技术。技术总会落后，我们能买到的技术，说得好听一点是成熟的技术，说得不好听一点就是快要落后的技术。脑袋里的技术才是最先进的技术。”他还认为：“双方的文化融洽也很好，很快要在中国建三个工厂，不是把澳大利亚的技术拿到中国去，而是把澳大利亚的技术在中国市场上扩大。所以，他们的工程师非常愿意到中国来工作，吉利集团已经派了十几个工程师到澳大利亚来进行培训，大家非常投合，文化也融洽。像这样的节日活动，20 多年来从来没有过，大家都很开心。不只是技术上的融合。文化上的融合可能比技术融合还要重要，人的融合比什么融合都更重要。”

在谈到并购问题时，中国汽车工程学会常务副理事长兼秘书长付于武不看好某些并购行动。“像通用、悍马这样的企业怎么去收购？这是不可能的。我们倒是可以看看吉利收购澳大利亚自动变速箱厂（DSI），这很有意思，很有看头。”

付于武认为，吉利这次收购代价并不大，是非常聪明的做法，更多的企业可以用这样的举措，来加快企业国际化的进程，掌握更多的核心技术。付于武认为，不论是在技术还是制造工艺上，DSI 将会更为直接地给吉利和中国轿车自动变速箱市场带来新的气息。

清华汽车工程开发研究院常务副院长宋健与付于武持同样观点，不过他在看好此次收购的同时，依然表达了自己的担忧："除了要看企业对并购方技术的掌握消化情况，另外针对自动变速器，还需要发动机电控系统的供应商，将ECU（发动机电控系统）和TCU（变速箱电控系统）进行匹配；至于未来产品上市，给行业中的其他企业进行配套，还要看吉利能否解决成本控制等问题。"宋健说："即使是购买别人的技术也是需要自己将其研究明白，才能加以利用。买过来的吸收难度，可能比完全自主研发相对小一点。我一直说缺乏系统技术，有可能你现在99%都有了，但是还差1%，虽然离目标近了很多，但是要攻破最后的1%，可能要花很长的时间。"

这正是吉利正在做的事情。其实这么多年一直在做。

汽车分析师贾新光认为：这次收购在技术突破、品牌提升上获益良多。他认为，澳大利亚虽然整车不强，但在零部件生产方面十分发达，大量出口海外市场。吉利通过这次收购，在变速箱领域一跃成为国际最先进的企业，不但在技术水平上得到突破，在品牌提升方面也很有利。

他甚至认为，收购像DSI这样的汽车零部件公司，比收购沃尔沃这样的整车公司更有意义，也实际得多。在管理方面比收购整车公司更容易，还可以完善核心零部件体系，提高企业的自身实力。这当然是见仁见智的看法，但的确有它剀切的一面。

中国汽车行业的前辈陈光祖也说，这是中国汽车零部件的突围和复兴。

"先不说DSI的技术是不是最先进的，自动变速器的研发比较困难。从3挡、4挡发展到现在的7挡、8挡，就更加复杂了。吉利现在已经做了4挡，收购自动变速器DSI后开始做5挡，在慢慢向上延伸。国际上最先进的是德国采埃孚股份公司，我参观过他们和上海变速器厂的合资工厂，现在研发的8挡用电控系统大大减少了离合器占据的空间，已经非常先进。

"我们汽车工业的发展现在不能用晚多少年来与发达国家作比较，假如是50年前，我们可以说晚20年。但是到了21世纪后是汽车电子，天天都有新的变化，比对手晚多少年根本不知道，这之间的差距是无法量化的，用'可怕'形容并不为过。

"所以信息产业和汽车产业必须广泛融合，融合以后就叫'超汽车制造业'，中国一定要解决这个问题。美国和日本的汽车工业为什么先进？就是早已实现了产业间的资源融合与整合。未来10年是中国零部件复兴的最后10年，不然就真的赶不上了。"

第十三章　沃尔沃并购始末(上)

第一节　时势造英雄

2008年9月16日清晨，我驱车前往坐落于杭州滨江的吉利总部，参加一个极为重要的集团高层会议。太阳照常升起，虎跑精神抖擞，满觉陇暗香浮动。约莫过钱塘江大桥时，我打开收音机听早间新闻。那位声音浑厚的男性播音员，正在播送一条海外电讯，报道雷曼兄弟公司垮台的消息。

令人震惊！这条早间新闻最后说，继美国两家著名的对冲基金出现巨额亏损，信用评级机构下调抵押贷款债券信用等级后，几个月来，雷曼兄弟就像被施了魔咒一样，朝着预测的深渊迅速滑落。在雷曼股票价格暴跌94%的第二天，各信用评级机构将雷曼兄弟的评级调减至D，意味着它破产了。

趁着会议还没有开始，我在总部办公楼与李书福见面时，赶紧与他交换对雷曼兄弟事件的看法。

他习惯性地把脸往上扬，紧了紧那条青灰色斜纹领带，然后迅速看了我一眼，意味深长地说："看来这个世界要乱套了。我估计全球经济会有好多年缓不过神来。也许机会就在这里。我们要有心理准备啊，你觉得呢？"

是的。就在我与李书福这次简短对话前后，包括贝尔斯登、"两房"、美林、AIG等在全球金融市场中称雄一时的那些霸主们几乎无一幸免。"多米诺骨牌"被一只巨兽干脆整个拱翻。这只巨兽就是欲望。从那一刻开始，历史被永远改写了。于是我们看到，人们从生存姿态到出门的神情，从购物习惯到求偶心理，从总统选举到社区议事，从丛林游击战到狂欢派对，都在改变。

从那时起，全球汽车业也步入艰难时世。我和我的同事们清楚地记得那些日子里发生了什么。

美国CNBC电视台2009年3月3日报道说，"世界汽车业正处在彻底的动荡中"。此时正值美国通用汽车公司宣布将撤掉数条生产线，包括土星车型生产线。美国汽车市场低迷，2009年1月美国国内市场销量仅为65.69万辆。

我所在的吉利汽车公司，多年来一直设定以丰田汽车为标杆。可丰田也面临与美国汽车业同样悲惨的命运。此时，丰田正向日本政府申请高达2 000

亿日元的资金援助,继通用之后走上向政府求助之路。日本汽车销售协会理事伏见刚表示:“消费者的心理受到影响,目前是完全看不到未来。”

我的欧洲同行也给我打来电话,带着一种“前线吃紧”的急切语气,叙说着欧洲汽车制造商们纷纷发出盈利警讯并宣布减产的情形。一向被看作标兵行业的德国汽车工业陷入危机之中,戴姆勒公司决定给德国的15万名员工放一个圣诞长假,宝马公司在德国莱比锡的生产线停止运行。法国的标致、雪铁龙和雷诺汽车公司也宣布大规模减少汽车产量。瑞典的沃尔沃卡车公司利润大减。意大利的菲亚特汽车公司表示下一年度可能会出现最糟糕的情况,汽车销量最多或许下降20%……

从长时段看,无数事件内部的纠结和反复,各种巨大危机造就的撕裂,多少次撼动磐石的感觉,不禁使人产生习惯性恐惧。

就在全世界汽车业处在被猛击一棍的晕厥中尚未醒来之时,有人在黎明之前上路了。

那天早上李书福对我说的“做好准备了吗”,就是问我是否可以做到“黎明之前上路”的意思。在日常生活中,他总是睡得很晚,黎明即起简直会要他的命,而在精神上他永远是个早起者。认识李书福将近18年,加上这几年共事,我太了解这一点了。

在东方,在亚洲,世界汽车业的另一条“战线”正在日夜开辟之中,就像抗战后期开辟的中缅印战场。

李书福在金融危机来临之前,就大刀阔斧地实施战略转型,寒流到来后,他要求自己的企业做好“冬泳”准备。他的一个更大的图谋正在酝酿中,很快就会付诸实施。世界汽车产业的重组是他一个备感兴奋的话题,这个时候别人大谈如何躲过这次灾难,而他却说:“机遇终于来了!”

就在2010年底特律北美车展闭幕之后8个月,沃尔沃这家拥有80多年历史的豪华车品牌,终于被置于只有短短13年造车史的中国吉利汽车公司旗下。2010年8月2日,在伦敦举行了吉利与福特就收购沃尔沃达成的交割仪式。

即令这桩历史性的并购案已圆满完成,人们还是有很多需要解答的问题,还是有一系列的质疑不断抛出,直至今天。人们在意识深处,总认为吉利和沃尔沃不般配——一个是只干了十几年汽车的企业,一个是全球名列第三的百年品牌,安全技术世界排名第一,两者之间的并购组合简直闻所未闻。

生活里有太多不可思议的东西。

2010年11月10日,杭州西子宾馆。一次历史性的会见正在这里举行。

这座低调而奢华的酒店,由于地处西湖边的优越地位和典雅格局,多年来都是安排重大会谈和显赫人物下榻的去处，亦是毛泽东生前最喜爱的地方之一。某种神秘感连同山色空濛的景象，使它看上去颇似中国水墨画中的静谧山庄。这时，会客大厅旁的侍者却怎么也放不开手脚，而感到一阵莫名的紧张。其中一个帅气的年轻人发现自己手指尖都冰凉冰凉的了，把闪亮的酒杯又擦了一遍，还下意识地搓了搓手心。

10分钟之后，下榻此间的这位来自欧洲的君王——瑞典国王卡尔十六世古斯塔夫(Carl XVI Gustaf)，就要接见一位十几年前还默默无闻的中国企业家——李书福。正等候在休息大厅的李书福，心情是异常复杂的。趁着这个空隙，他开始信马由缰，过电影一般地把他的造车史和沃尔沃并购历程回放了一遍：他的"公主梦"和娶"明星"的理想，他的光荣与辛酸，他那穷孩子的草鞋和著名企业家的皮鞋，几种感受交织于心，翻腾不息。

2010年11月10日，瑞典国王在杭州会见李书福

他似乎一生都在等待这一天的到来。国王，在他的心目中不仅是一种象征，也昭示着千百个李书福走向汽车王国的可能性。受到瑞典国王召见，意味着对中国汽车光荣的承认，同时意味着自己的梦想成为现实，弟兄们的汗水也没有白流。

对于这个农民的儿子来说，国王曾经是很遥远的事物，神圣且高不可攀，有点像雪山之顶的那团紫气。而就在今天，这位来自北欧的血统高贵的君王要见他。

通向会见厅的大门被打开。穿着浅灰色西装，系上红色领带的瑞典国王卡尔十六世古斯塔夫，带着他的世人皆知的经典式微笑出现了。他身材高大挺拔，从侧面或后背看过去，一点也不像60开外的人。即使他穿着西装，没有佩饰和绶带，也没有枝形吊灯的照耀，他的面孔也是生动而具备仪态的。

而这位等候着的中国企业家也是笑容可掬，健步上前，开始了他们之间的会见。吉利并购沃尔沃交割完成100天之际，李书福的手第一次与瑞典国王卡尔十六世古斯塔夫紧紧地握在一起。国王的这双手曾经与世界上多少名人和政要的手紧握过，还亲手授予多少个诺贝尔奖得主以闪耀的奖章和证书。这双如此细腻、柔润和优雅的手，此刻与这位中国企业家健壮有力的大手，握在了一起……

2010 年 11 月 10 日，李书福在杭州与瑞典皇家科学院和瑞典企业领袖们进行交流

第二节　非分之想

2002 年，当李书福在“中国汽车企业高峰对话”上说出“通用、福特迟早要关门”时，众皆哗然。

他后来解释说，当时只是说出了自己的判断，绝非哗众取宠。一种比较确切的说法是，他在这个论坛上说，“未来十年或二十年，通用一定会破产，不是它经营不好，而是全球经济的发展规律决定了美国将成为汽车行业的沙漠”。当时，台下坐着的通用、福特代表面有愠色，有的甚至愤而离去。临走时，还扔下一句话：“我得赶紧找工作去了，因为有人说通用要倒闭！”后来有人告诉我，几年后这位拂袖而去的通用代表后来真的到他这里求职，而被李书福认了出来。

也就是在 2002 年，李书福在公司中层干部会议上认真地说：“我们要去买沃尔沃，现在起就应该做准备了！”当时在座的全懵了，尽管李书福给大家分析说，“福特购买沃尔沃的目的已经达到，未来的沃尔沃将被福特忍痛割爱，福特必然会出售沃尔沃，而吉利集团将会去收购沃尔沃”，可是你要知道，此时吉利才刚刚拿到汽车生产许可证不久！

2005 年的一天，李书福在北京亚运村一家日本料理店请时任华晨副总裁的赵福全吃饭。当时“海归”赵福全在中国汽车行业名声正盛。对于正处在事业巅峰期的赵福全，李书福没有完全把握能够挖到他，这次会面更多的是试探。

聪明的李书福在这次饭局上没有更多地跟赵福全谈跳槽的事情，而是聊起了自主品牌、民族汽车工业和全球汽车工业格局等大问题。也正是在这次饭局上，赵福全第一次得知了李书福对沃尔沃的“非分之想”。

“你觉得沃尔沃怎么样?”席间李书福突然问赵福全。

“挺好的，知名度很高。”

“怎么好？奔驰、宝马知名度也很高啊?”

“尽管沃尔沃规模不大，但认知度很高，而且买不买沃尔沃车的人都认可它，都认为它是世界绝对的豪华车品牌，且个性特征非常鲜明。你说哪个品牌车不安全？但是它的这种安全是植入血液里的，是它的 DNA 决定的。”赵福全如实回答。

“你觉得我们把它买下来怎么样?”

“蛮好的。”但赵福全心里想到的却是四个字：天方夜谭!

“有病，收购沃尔沃，怎么可能?”赵福全心中迅速反射出这些念头，出于礼貌他把这些反射性答案咽了下去，连夹几口菜，装出并不吃惊的样子。

在这之前，赵福全在公开场合见过李书福几次，有过短暂的寒暄。对于吉利的看法和大多数人一样，这是一个低端车起家的草根企业，来得甚至不如华晨“根正苗红”。

或许对一件事情太执著、太顶真，就会忽略一些细节。李书福并没有了解赵福全的真正想法，只是听到了“蛮好的”这三个字，这正是他所期待的。也许赵福全会怀疑并购沃尔沃的想法，但是他肯定了沃尔沃是一个不错的品牌。

没有人这个时候能相信李书福的吉利会买下沃尔沃。然而，李书福才不理会别人的看法，重要的是他觉得沃尔沃符合他的理想和口味。

其实，自从入行以来，李书福一直在做着一个“好车”梦，起先做的是奔驰、宝马和劳斯莱斯的梦，这个梦的痕迹到了 2009 年 4 月的上海国际车展上还依稀可辨。那款基于 TX4 平台的小劳斯莱斯，一经亮相便争议不断，但却寄托了李书福多年的梦想。

李书福对“世界上最安全的汽车”沃尔沃心仪已久，他曾经对我谈起，他从 2002 年就开始思考并购，直到 2010 年达成并购协议，历时 8 年时间，“这是个漫长的过程”。

有一次他跟我说起并购沃尔沃的事，不无动情地说：“吉利并购沃尔沃一定是有理由的，我们有百分之两百的把握使得沃尔沃有更好的发展。”我知道自信是他的根本特性，而谨慎则主要是对他团队的基本要求。

从 2002 年算起，整整 8 年的时间，吉利之所以如此钟情沃尔沃，基于李书福的两点基本判断：一是中国中高端人群的收入随着经济发展而增长，中国车市应该能够看到中高级市场的爆发，而来自欧洲的品牌沃尔沃拥有很棒的名声，拥有现代化和充满诱惑力的产品线，有很大的潜力。吉利拥有了沃尔沃，就能够在中高级市场取得主动权；二是在拥有沃尔沃之后，吉利当然能够缩短自己的学习过程，并且将很快从沃尔沃的研发中心受益，沃尔沃的工程师、工艺和专业技术会加快吉利的发展进程，从而使吉利在国内市场份额占有和国际出口方面发生变化。

他对并购沃尔沃这件事，有一个贯彻始终的比喻："农村青年与电影明星"、"来自东方的年轻人和北欧公主"。其实，我对这个比喻是很有点不以为然的。现在的中国人太聪明了，谁都知道这个比喻意味着什么。有一句话我没有说出来，就是这样的比喻有点不上台面，尤其是一场超级国际并购案竟然被他自己喻为农村青年与电影明星的谈婚论嫁！他对我的看法似乎很不受用。我后来琢磨过了，也许跟他年轻时的梦想有关，谁在那个年头没有做过明星梦，没有过公主情结呵……

当尘埃落定，人们对吉利进行新一轮挖掘，李书福收购沃尔沃的路线图越来越清晰地展示于世人面前时，人们才相信他当时并非妄说。

第三节 卖还是不卖，这是一个问题

正如哈姆雷特所说，"生存还是死亡，这是一个问题"，现在福特也面临着沃尔沃"卖还是不卖"的艰难选择。这个问题像梦魇一样缠绕着董事长比尔·福特(William Clay Ford, Jr.)，也使福特CEO穆拉利头痛不已。

说起沃尔沃，就不得不提及它的历史与荣耀。总部设在瑞典哥德堡的沃尔沃汽车公司，在超过100个国家设立了销售和服务网络，拥有近2 400个销售点。强大的研发团队和工程师队伍，世界一流的安全中心，特别是各种生产控制和管理技术，人性化的服务理念，都是沃尔沃傲视汽车业的雄厚资本。

除了诺贝尔和"哥德堡号"之外，沃尔沃恐怕是世人最为熟知的一个瑞典传奇了，就像国人的"中国红"情结一般，沃尔沃在某种程度上成为了瑞典民族的代名词，世界安全汽车的代名词。

有谁能相信，沃尔沃这家知名的汽车公司是在一次具有浓厚瑞典传统特征的龙虾晚宴上诞生的？

1924年7月的一天，北欧夏天的傍晚非常迷人，在瑞典素有"水上美人"之称的斯德哥尔摩，两位绅士走进了斯图雷霍夫餐馆。他们便是沃尔沃的创始人古斯塔夫·拉森(Gustaf Larson)和阿瑟·加比利尔森(Assar Gabrielsson)。这两位酷爱汽车的瑞典人要了一盘大龙虾，在享受美餐的同时，开始畅谈起对汽车的热爱和执著，并最终制订了沃尔沃汽车公司的创建计划。

1924 年 7 月 25 日，阿瑟·加比利尔森和古斯塔夫·拉森在斯德哥尔摩的斯图雷霍夫餐馆用餐期间，作出了筹建 Volvo 汽车公司的决定

1927 年，在福特 T 车型宣布停产时，两个怀揣梦想的年轻人成功创立了一个日后著名的运输设备公司。

“汽车是由人驾驶的，我们在沃尔沃所做的任何事，都必须且永远以安全为指导原则。”这是加比利尔森和拉森在创建沃尔沃时定下的一个原则。

提起沃尔沃，人们首先想到的就是安全。

确实，沃尔沃在 80 年的发展里程中，一直把安全性放在首要位置，铸就了其在汽车安全领域首屈一指的成就。安全已成了沃尔沃品牌精髓的一部分。

至于沃尔沃的“长子”雅各布(Jokob)OV4 则更是继承了这一北欧的纯正血统。以安全著称的沃尔沃也是以雅各布闻名于世的。

当时，汽车的速度比今天要慢很多，其最高时速仅达 90 km/h。那还是 1926 年沃尔沃创立之时，在首都斯德哥尔摩的哥得堡公路上，九辆雅各布 OV4 原型车中的一辆与一辆美国轿车进行了正面撞击试验。结果，进口的美国车几近一堆废铁，而沃尔沃大体上安然无恙。

此后每一年，沃尔沃都要投入大量的费用进行安全方面的产品研究和开发，并不断地对已有成就进行改进。

这种自省的精神使沃尔沃在汽车安全产品的研制方面，一直走在世界最前列，为汽车工业奉献了许许多多的革新发明，如 40 年代的安全车厢，60 年代的三点式安全带，90 年代的防侧撞保护系统。最近沃尔沃又发明了可以自动刹车的城市安全系统，以及行人保护安全技术。

拉森提出的核心价值成为 Volvo 产品理念的基础

这些革命性的技术挽救了无数的生命。

在沃尔沃汽车公司的发展轨迹上，"美国"是一个不能回避的词语。1955年，沃尔沃汽车公司开始向美国出口汽车，与强大的美国汽车品牌相抗衡。当时，这被一些瑞典人讥讽为"无异于在北极卖电冰箱"。然而，出人意料的是，短短几年后，美国就成了沃尔沃汽车最大的市场。

20 世纪末，靠着卓越的安全性，沃尔沃汽车公司的事业进入了鼎盛时期。就在此时，福特公司盯上了它。

然而，沃尔沃汽车公司"加入美国籍"后，却迅速地走向衰落。

现在福特自身又陷入一种新的困境。2008 年福特净亏损 147 亿美元，亟须现金流以度过美国汽车工业的危机。而通用、克莱斯勒在这场危机中，最终步入了破产保护程序。

早些时候，福特 CEO 艾伦·穆拉利就提出了"一个福特"(One Ford)战略。所谓"一个福特"，就是要把重点放在福特这"一个"品牌上，通过资源整合，对创新、技术以及资源利用达到最大化集成，开发适合用户真正需要的车型，并且使零配件可以通用，提升规模效应。这一战略旨在减少集团内的地域性品牌，改变福特全球市场过于分割的状态，加强福特品牌的产品阵营。

尽管如此，在人们看来，也许在所有人看来，沃尔沃不同于任何福特已经出售或即将出售的旗下汽车公司。沃尔沃在他们的心中还是一个很有希望的高端汽车品牌，在汽车安全领域的名声和实力，全世界无出其右，而且沃尔沃

“血统纯正”，是真正的欧洲大品牌，尽管目前碰到困难，但并没到山穷水尽地步。

其他品牌可以卖掉，但沃尔沃到底要不要出售，什么时候出售，出售后究竟会“花落谁家”？这些都是问题，非常实际而残酷的问题。

福特汽车 CEO 艾伦·穆拉利：一个传奇人物，美国当代杰出的 CEO，创造了波音公司和福特汽车的“双重神话”

在福特已经售出的几个品牌中，不论是阿斯顿·马丁，还是路虎、捷豹，都是长期处于亏损状态的累赘，卖掉它们对于福特而言是一种解脱。沃尔沃虽然出现了亏损，但整体而言，还是一只“潜力股”。到底是只卖“烂苹果”，还是也卖这只“好苹果”？

福特是很矛盾的。毕竟沃尔沃这个品牌的巨大价值和潜在发展机遇非常诱人，而且福特感到自身与沃尔沃在汽车技术和细分市场方面，正好互补。这既是福特割舍不下沃尔沃的最大原因，也是令竞购者动心的最大卖点。

难点还在于关系复杂。沃尔沃在福特整个平台战略中占据一定地位，福特要将其完全剥离，并不似捷豹、路虎那般简单。

福特要想理顺沃尔沃在集团中的关系并不容易。沃尔沃 S40 与福特的福特斯在某些方面已经实现共享，例如在中国，这两个车型共线生产，在欧洲，这两个车型也实现了部分零部件共享。所以，福特要想出售沃尔沃，还需要理顺关系。

金融危机爆发后，形势变得对美国汽车业越来越不利。

于是，一方面福特汽车公司宣布，将重新评估其针对沃尔沃汽车公司的战略方案，其中包括可能出售这家总部位于瑞典的优秀汽车制造商。福特还表示，决定重新评估有关沃尔沃的战略方案是为了回应全球汽车行业，尤其是过去三个月来的大幅回落，以及全球经济大幅波动的严峻形势。另一方面福特又迟迟不对沃尔沃今后的命运和发展方向作任何暗示或明确表态，或者说，尽可能地拖延发布相关消息的日期。

艾伦·穆拉利表示：“鉴于福特和整个行业当前所面临的空前外部挑战，我们在实施‘一个福特’计划的同时需慎重评估针对沃尔沃的方案。沃尔沃是全球强有力的品牌之一，在安全性和环境责任方面拥有傲人的传统，并且已经制定了一项积极计划来精简其经营部门和改善财务业绩。当我们进行此次评估时，我们将竭力作出有利于福特和沃尔沃今后发展的最佳决策。”

这使我想起了一部电影名字，就是路易斯·布努埃尔导演的《资产阶级的审慎魅力》。全世界汽车行业人士对此事都陷入无尽的“猜想与反驳”状态。

第四节 “福特根本不理睬我”

2007年1月，底特律，北美国际车展。

在一家美国咨询公司的帮助下，李书福会见了当时的福特汽车首席财务官(CFO)勒克莱尔(Don LeClair)。这是吉利与福特第一次接触。就在这次会见中，李书福提到了沃尔沃问题。他表现了前所未有的含蓄，但还是把一层微妙的意思表达出来了。李书福看好沃尔沃，也希图能够跟福特合作。

也许，这还算不上是吉利并购沃尔沃的前奏曲，但李书福感到自己已经为此付出了一份心情。这无异于“恋爱”开头的首次表白。一旦开始有了收购沃尔沃的实际想法，李书福是很难退回的，他的个性决定了这一点。

就在李书福会见福特汽车CFO勒克莱尔之后，从福特总部德尔班传出消息，福特汽车公司在2006年出现127亿美元的巨额亏损，福特每销售一辆车，就平均亏损1 925美元。福特巨亏主要原因是北美市场销量急剧下滑。2006年福特在北美市场的销量为290万辆，比上一年下降了9%，不过仍高于丰田，居第二位，总算保住了一点面子。

除销售下降外，福特为了自救将关闭16家工厂，减少4万名员工，为此福特也需支付巨额的补偿。这次福特很难将这个公司历史上最大的亏损归咎于会计制度的变化。在美国汽车工业的历史上，这次还不是亏损最多的。

在公开场合，福特公司已表示2007年和2008年还将出现更多的亏损，但声明公司的复兴计划正在进行，预计到2009年公司才能恢复赢利。所以从这一点上说，福特还是很自信的。

这正应和了中国人的古话，“瘦死的骆驼比马壮”。

在这次会见中，李书福和勒克莱尔讨论了包括沃尔沃在内的诸多问题，但没达成任何结果。当时彼此的了解很不够。关键是，福特对吉利还是缺乏认知。就普通意义上的交流而言，这次李书福作了很大努力，但没有引起勒克莱尔的高度重视。整个事态也没发展到非要将旗下沃尔沃出售的地步。

当然，回到自己的企业后，李书福并不因此而沉湎在虚幻的想象之中，该做什么还是去做什么。只是他有点“到底意难平”的感觉，对于沃尔沃，他是“才下眉头，却上心头”。

2007年9月，福特美国总部收到一封挂号信，这件从杭州发出的英文书函，正式阐明了吉利收购沃尔沃的想法。

福特收到信后没有回应。看来这个时候还不具备中国人所谓的“天时”，那些世界著名的汽车公司包括福特，对吉利只闻其名，并不熟悉全面情况。也就是说，吉利还没有真正进入他们的视野。

“一开始，福特根本不理睬我。”

李书福这句话到底是饱含心酸还是至今心存芥蒂，一般人很难体味。在李书福看来，彼时的沃尔沃就是一位“国王的千金”，福特则是不折不扣的“国王”，根本看不上吉利这个来自中国的“农村青年”。不过也没有什么好抱怨的。我们如果换一种立场看，就会明白这一点，福特为什么要理睬你？

尽管这个时期福特碰到了巨大的困难，但是福特还是福特，并不因此而掉价。加上新来的穆拉利，多少给福特带来新的希望，人们总觉得福特底气还在，底子不薄，没有必要太发愁。

福特公司 CEO 穆拉利也表示：“我们知道我们的位置，我们正在按照计划逐步改变不利局面。”穆拉利明确表示，福特目前还没有出售高端品牌的计划，但会对这些品牌在公司中的地位进行重新评估。

其实不全是卖还是不卖的问题。福特这样世界著名的汽车公司，向来注重自己的声誉，即使定下来要出售沃尔沃，对收购方的要求也是很高的。因为如果卖的不是地方，出了什么问题，对自己有重大影响，“不负责任”的坏名声他们可是担当不起的。

随行者有些气馁，心里有点渺茫的感觉。而李书福却依然充满信心：“沃尔沃一定会卖。”

第五节 “若启动收购，先告诉你们”

2008 年 3 月，在科特勒咨询集团的帮助下，李书福终于见到了福特和沃尔沃的高管团队，包括负责国际业务的副总裁、董事会办公室主任、研究院院长和采购总监。那次的见面会，吉利这边参加的人员除了李书福，还有尹大庆、赵福全、赵杰和张芃。此外，还有吉利的并购顾问洛希尔，福特的并购顾问花旗与摩根大通。

看得出来，这是双方第一次真正意义上的会面。由于必须选在第三方国家，会见地点是伦敦一家著名酒店的会议室。这次，李书福直接表达了吉利有意收购沃尔沃的想法，并向福特正式递送了提议函件。

不过，福特当时并不完全了解吉利的情况，对吉利的实力和能力表示怀疑。而且当时福特还不想放弃沃尔沃，正在努力挽救这一品牌。

李书福为了让瑞典人进一步了解吉利，伦敦之行的两个月后，就派人去瑞典。此番赵福全和张芃就并购沃尔沃一事首次踏上瑞典国土，拜会瑞典王国副首相兼工业与能源大臣莫德·奥洛夫松(Maud Olofsson)和瑞典汽车工会领导人。赵福全给他们详细介绍了吉利的历史、发展战略、技术以及规划等。

虽然和副首相的会面只有一个小时,但是她记住了吉利。

“在去之前,我和张芃就知道人家肯定不相信我们,但是要把这事情做成,我们就要有足够的耐心和投入,让人家了解我们。”

赵福全认为这些东西很有必要,跟他们聊的时候一定要传播自己这方扎扎实实的工作,“中国企业走出去,人家不相信你很正常,但是你不能因为别人不相信就放弃了”。

2008年7月,吉利给福特递上了收购沃尔沃的意向书,福特依然没有肯定性回应。这是吉利第一次向福特递交收购沃尔沃的书面建议书。在建议书里,吉利历数了收购的全面计划,包括收购的意义、收购后的战略、企业基本情形以及协同效应等。

时机依然没有降临。

时机这玩意儿,有时候差一个月也不行。哪怕差一个星期、一天,也是个时机问题。这年头,都不知道下一分钟会发生什么,等待我们的是什么。不可知因素太多了,包括我们自身的不可知因素。

2008年下半年,随着金融危机的加深,福特已开始秘密运作出售沃尔沃资产。在收购DSI时就与吉利合作的洛希尔,得知这一消息后马上告知了李书福。

可这时的李书福却相当冷静,他并不认为这就意味着吉利可以凭着匹夫之勇上前,把这件事搞定。

他对并购沃尔沃研究项目组提出,立即动手,进一步做好收购沃尔沃前期的各种准备。于是,这个早就成立的并购沃尔沃研究项目组,于2008年7月开始,在上海全封闭地紧张地开展工作,花了整整两个月时间,出了一批极其重要的研究成果。

这个成果,包括前期全面调研得知的沃尔沃基本情况,搞清了这个百年品牌的历史和现实,公司的基本面如财务状况、知识产权、资产债务、产能与营销,以及技术装备,这些虽然都来自公开信息,但经过了详尽的分析与归纳,提出了很多建设性建议,这是非常有用的。

这次大规模的研究成果,更包括了收购沃尔沃的战略可能性,也就是到底能不能做成这件事,以及收购的协同效应问题。

所谓“协同效应”,就是收购沃尔沃这件事,对吉利而言在财务和技术各个层面上,有没有互补效用和“一加一大于二”的好处。比如在发动机方面能否可以联合研发?又比如平台升级的可能性在哪里?等等。

这很重要,这是任何真正成功的国际并购案的基石。

当然项目组还研究了福特这一方的情况，以及世界各地买方中的潜在目标公司，换句话说，就是世界上究竟哪些公司有实力也有可能收购沃尔沃，真正做到了知己知彼。

特别值得一提的是，这次研究不仅非常细化，而且还提出了讲述一个“中国故事”的要求。

这是李书福觉得最值得做的事，他深知，以前之所以他亲自出马与世界著名汽车公司交流不受重视，是因为缺少一个“中国故事”。这个“中国故事”就是以中国这些年的发展和开放为大背景，凸显中国制造和中国人力资本，讲述吉利投身汽车制造以来的企业基本面，包括“中国研发”、“中国营销”、“中国采购”和“中国生产”。这个故事很容易为人理解，也具有巨大的感染力。

2008 年 12 月 1 日，福特宣布出售沃尔沃汽车公司，并且标出了 60 亿美元的售价，约合人民币 412.4 亿元。

在福特公司宣布准备出售沃尔沃汽车公司后，2008 年 12 月 2 日瑞典政府明确表示，政府不会把目前美国福特汽车公司旗下的沃尔沃汽车公司收归国有。瑞典首相赖因费尔特(John Fredrik Reinfeldt)对《每日新闻》表示，政府不是一家救急银行，一旦企业陷入困境就可以提供资金，“我们不能滥用纳税人的钱”。赖因费尔特还证实，沃尔沃和美国通用汽车公司旗下另一家原瑞典轿车制造商萨博汽车公司[①]都已要求政府提供援助。

这一点，在西方人看来，是很正常的事。对李书福和我们来说，这其实也是个好消息。

2009 年初，就在节骨眼上，我们迎来了一位重要客人。福特公司独立董事约翰·L. 桑顿(John L. Thornton)来到吉利汽车考察，考察结果当然令人满意——吉利这些年的进步是显而易见的，汽车公司并非金融业，可以用障眼法掩盖自己的弱点，吉利汽车明摆着的实力让福特高层开始认真讨论李书福的收购计划。

最为激动人心的一刻终于到了。2009 年 1 月，底特律北美汽车展开始了。在洛希尔集团董事长大卫·洛希尔亲自安排下，李书福飞往底特律福特总部，会见了福特 CEO 艾伦·穆拉利。这次会谈的氛围，跟以往任何一次李书福会见福特高层的情形完全不同。

会谈伊始，李书福大谈波音公司的管理理念，以及穆拉利带领波音取得的成就，这很快拉近了他与穆拉利的距离，进而赢得了穆拉利的赏识。

李书福对穆拉利说：“我准备得很充分，顾问团队都请好了。”依照国际并

① 萨博汽车公司：脱胎于飞机制造企业，于 20 世纪 40 年代中期建厂。2009 年 12 月，北汽完成对萨博相关知识产权的收购。2010 年 2 月，通用正式将萨博卖给荷兰世爵汽车。

购的游戏规则，只有花钱请了顾问团队，才能体现认真的态度。李书福在这个方面是高手，不光显示出他对国际游戏规则的理解力很强，也找到了充分表达诚意的绝佳机会。

呵呵，这跟一对男女谈恋爱时，其中一方不失时机地对另一方表达好感，并发誓愿意献更大的殷勤有什么两样？

不少中国企业进行海外收购，都希望谈到十拿九稳后，再花钱请财务顾问，这恰好颠倒了规则，而李书福这次符合游戏规则的拜访，给福特高层留下了深刻印象，穆拉利甚至表示："一旦启动收购程序，将第一时间通知你们。"

这是李书福最愿意听的一句话。几乎等于穆拉利对他说："我爱吉利！"

除了时机到来和其他因素之外，穆拉利和福特高层对李书福本人及其吉利带来的"中国故事"产生浓厚的兴趣，这一点对日后收购沃尔沃产生了至关重要的影响。李书福本人历经磨难而近乎传奇的经历，他的造车史和执著的个性，以及对沃尔沃一以贯之的"爱情"，是穆拉利和福特高层最受感动的。李书福身上有一种很符合美国人创业精神和价值观的东西。福特这些高层人士对吉利的感觉非常好，十分投合。这就是人性中最为微妙和最深刻的地方，我们一生中的所有经验，都可以证实这一切。

2009年2月初，福特与吉利项目团队在中国谋面，其牵线人是洛希尔公司顾问汉斯-奥洛夫·奥尔森(Hans-Olov Olsson)。这次面谈，福特向吉利提供了沃尔沃的相关重要数据。

在外界看来，这有点不可思议。

当再次出现吉利计划收购沃尔沃的传闻时，出乎分析师的预计，因为李书福前不久还否认了这桩交易的可能性。业内人士也对吉利是否有财力收购沃尔沃提出质疑，当时吉利的市值仅有30多亿元人民币，而传说中收购沃尔沃需要高达400多亿元人民币的资金。此外，也有人认为，吉利目前在国内有很多基地，有很大的整合计划，再到国外收购压力很大。

尽管内外还有一些争议，但李书福的决心已经很难动摇了。

2009年4月底上海国际车展期间，有一天中午李书福就在二楼工作室待着，看到杨健、尹大庆、赵福全和我等几个高管都在，就召集我们临时开会。

会议中途，当我们议论到是否真的要搏一次，冒很大的风险去收购沃尔沃，还是潜心把吉利汽车做好，至多考虑收购一个像萨博这样的品牌时，李书福很动情地说："我有一个雄心，或者说是野心，就是一定要通过收购沃尔沃，将吉利和沃尔沃同时引向一个光明的未来，进入世界汽车工业的第一方阵。我们要用有生之年为中国人做一个世界顶级的汽车品牌。相信这一点吧。大家知道，我平时决策是很民主的，但这次你们一定要听我的！"

第六节　群英会

谁能够准确描绘吉利与福特就收购沃尔沃开谈之前，李书福如何情急之中"沙场点兵"，组织一个旗鼓相当的团队和咨询班子的情形，尔后还稳操胜券，打了一个大胜仗，谁就是戏剧大师。

要在气势上压倒别人，还得要有实力。要决胜千里，还得有先锋和干将，有压阵人马和辎重。可吉利的"英雄"在哪里呢？智囊们又在何方？吉利决胜的筹码又是什么呢？不要说别的，就是跟福特这百年老店对阵，跟美国人和欧洲佬儿过招，人家一个八卦阵摆开，一次斧钺出手，一声呐喊，一把弓箭飞过，也会把人吓得半死。

国人当中不少人这样估计当时的形势，对吉利欲收购沃尔沃这事显得疑疑惑惑。也有人认为吉利不可能参与这次并购，即使参加了，也是落得严重不对称的可笑局面，几个回合下来，气喘吁吁，最后只得鸣金收兵，仓皇撤退。

可是那些人错了。李书福自有李书福的"套路"，吉利自有吉利的办法。这世界总是经常出人意表，这就是我常说的，"世事难料"。

极盛时期，李书福麾下聚集了200人的收购团队，堪称是"近卫军"。而在这200人收购团队中，除了吉利自身的几员大将外，还有全球著名、有着逾百年历史的洛希尔家族等，对吉利成功收购沃尔沃都起了巨大的推动作用。

升帐容易点兵难。组成一支骁勇的近卫军谈何容易？

要说有准备，李书福的人才贮备是很充足的，这些年积累了一大批优秀的汽车界人才和各类顶级专家。

吉利控股集团副总裁、财务总监尹大庆，负责技术的副总裁兼吉利汽车研究院院长赵福全，以及另外两位分别负责集团营销和宁波基地、动力总成的副总裁刘金良和安聪慧，吉利内部戏称他们为"四大金刚"。

他们中的两员"金刚"，尹大庆和赵福全，是这次辅佐李书福与福特谈判的主要干将，也是这场"大戏"的重要角色。童志远、沈晖、张芃、袁小林四位"V项目"①团队核心成员，则被媒体戏称为F4。

此后的收购谈判过程中，李书福身后还有一支很厉害的"近卫军"，那就是洛希尔集团(LCF Rothschild Group，又译罗斯柴尔德集团)。这是欧洲老牌家族银行之一，一直占据金融服务业的领导地位。作为家族企业，洛希尔金融集团主要经营私人银行和资产管理业务，其经营资产达800亿美元，拥有2 500

---

① "V项目"：2009年2月，吉利正式启动了代号为V的"胜利项目"。这个项目之所以取名为"V"，正好Volvo的第一个字母和英文Victory(胜利)的第一个字母都是"V"。

多名专业人才。这个家族名声之大,大概只有20世纪美国的肯尼迪家族能够与之相比。世界主要黄金市场曾经为他们所控制。

洛希尔银行有一个“超级四人团队”。他们是:洛希尔银行大中华区总裁俞丽萍,负责汽车业务的梅瑞克·考克斯(Meyrick Cox),洛希尔公司顾问汉斯-奥洛夫·奥尔森,还有洛希尔欧洲公司的副董事长培尔·吉林哈默(Pehr Gyllenhammar)。

由于一个偶然的机会,李书福找到了洛希尔国际投资银行大中华区总裁俞丽萍,希望洛希尔能够担任吉利收购沃尔沃项目独家财务顾问。

帮助企业进行并购业务,是洛希尔国际投资银行的拿手好戏,此前洛希尔也曾帮助吉利收购澳大利亚DSI公司。俞丽萍则曾先后在百富勤上海代表处、新加坡大华银行就职过,深谙并购之道。

虽然洛希尔决策层觉得沃尔沃并购案是个极具诱惑力的业务,但对吉利作为收购方并不是没有争议的。对这个项目洛希尔内部一度搁置。但是俞丽萍2008年6月提出,吉利项目一旦成功,将有助于巩固洛希尔在全球汽车业无可匹敌的地位。这一观点得到了洛希尔集团董事长大卫·洛希尔的认可,因此项目得以继续进行。

在这个“超级四人团队”中,俞丽萍负责帮助吉利疏通与政府的关系,同时与李书福直接沟通,使他能与整个顾问团队保持密切联系。有人这样形容说:“她是在机场被人前呼后拥迅速通过安检的那种人。这让人印象深刻。”

痴迷汽车的考克斯,则在复杂的知识产权谈判上发挥了重要作用。考克斯曾是高盛的合伙人,2002年来到洛希尔银行。当考克斯还是个孩子时,他就和他的朋友、现任伦敦市市长鲍里斯·约翰逊一起获得了伊顿公学的奖学金。

在2008年北京奥运会期间,我和这位特立独行而颇有争议的伦敦市长,为了推广由吉利生产的伦敦出租车,还有过一番交情呢。世界就这么小。

汉斯-奥洛夫·奥尔森曾担任沃尔沃的首席执行官和董事长,随后任职福特公司的首席营销官。他曾任沃尔沃全球总裁兼首席执行官,在沃尔沃工作了40年,是一个典型的瑞典商人,克制、分析力强。他可以帮助吉利与沃尔沃的员工、工会和供应商进行沟通。而洛希尔欧洲公司的副董事长培尔·吉林哈默,曾在沃尔沃的前母公司Volvo AB工作过23年,同时还是汤森路透集团信托董事会主席。

富尔德律师事务所①,作为收购法律顾问,负责收购项目的所有相关法律

① 富尔德律师事务所(Freshfields):成立于1743年。1986年伦敦金融市场放松管制,富尔德因参与风靡一时的并购案而迅速成长。现在是世界上最大的律师事务所之一。

事务，包括知识产权、商业协议、诉讼、雇佣、不动产、经销商及特许经营等。海问、瑞典 Cederquist 等律师事务所也加入这次谈判。

德勤会计师事务所①，负责收购项目的财务咨询，对沃尔沃公司的财务、税务、成本节约计划和分离运营分析、养老金、资金管理和汽车金融进行尽职调查和分析，还负责进行收购完成后的企业整合工作，包括国内市场营销、网点分布、物流及全球联合运营等。

德国咨询业巨头罗兰贝格，负责对收购沃尔沃项目展开 100 天的内部审查。自 1967 年在德国建立以来，罗兰贝格已经成为全球最大的源于欧洲的战略管理咨询公司。

还有博然思维集团，作为吉利收购沃尔沃项目的公关顾问，负责项目的总体公关策划、媒体战略制定和实施。

新的组合开始，“集结号”吹响了。

第七节　头脑风暴

那是 2009 年二三月间的一个夜晚。对我来说，这是一个不寻常的夜晚。

这一夜，我几乎整晚都是在李书福的办公室度过。从晚上 8 时到次日凌晨 3 时，我和他为即将到来的跨国并购“暴风雨”而议论不休，然后和颜悦色地交换意见。说到畅快淋漓处，我们数番仰天大笑。总之，我和李书福围绕着福特、沃尔沃和吉利这三方的未来，进行了一次“超级对话”。

可以说，这时候吉利已经完全进入状态，而福特也的确对吉利很看重。所以这场对话的背景有一个相对稳固的基础，就是吉利已经站在这场跨国并购案的前列了。

那个晚上，我和李书福互相提问，提出了并购中可能会出现的诸多问题，并一一进行探讨。这些问题其实也是外界包括媒体很关注的，我们觉得必须作一次深入思考，并尝试着予以回答，同时列入自己的“收购备忘录”。

李书福平时偶尔吸烟，我常用方言开玩笑地说，你是“拔蜡烛头”的人。在我们老家，这句话的意思是偶尔为之的抽烟者。但这个晚上李书福抽烟达到一个“老烟枪”的地步，缕缕烟雾似乎把墙壁上写着“人间正道”字样的条幅都包裹起来了。烟雾缭绕中，李书福似乎把思路渐渐理清了，一个新的战略方案和策略性计划很快清晰起来。

我和李书福共同列出的 9 大问题是：

---

① 德勤会计师事务所(Deloitte & Touche)：是世界四大会计事务所之一，是德勤全球(Deloitte Touche Tohmatsu)在美国的分支机构，其特长在于国际商务。主营业务有会计和审计、税务咨询等。

1. 前期福特说对沃尔沃正在作战略评估,那么福特为何犹豫不决?

2. 如果要出售,如何出售?以什么方法出售?买家报名的条件是什么?

3. 沃尔沃到底要卖给谁?谁是真正的买家?

4. 出售之后,沃尔沃与新的东家组合,将会对世界汽车工业产生什么影响?

5. 出售后沃尔沃本身会产生什么变化?产品路线、技术方向和工会的影响力等会有什么样的改变?

6. 吉利是否有可能成为沃尔沃真正的新东家?

7. 如何来判定吉利与沃尔沃是否确实“门当户对”?如有可能,如何解决知识产权的问题?吉利如何解决文化融合与工会问题?

8. 1959 年宝马面临破产、走投无路时易主,新的股东把宝马带到了今天,而那时沃尔沃却进入辉煌年代。可今天的沃尔沃被宝马赶上,那么吉利收购后怎样才能使沃尔沃回归到当年的全球地位?

9. 吉利将凭什么能把沃尔沃带向更加全球化、更加繁荣、更加高端和更有竞争力的发展道路,取得更大的成功?

当然我们之间的讨论超出了这 9 个问题,我们进行了很多的思维操练和自我超越,我和李书福仿佛在好几个时空遨游。这很刺激。当然,我们这样做并不是找乐子玩的。

我们觉得,沃尔沃的确具有极高收购价值。但沃尔沃汽车这样一个世界公认的高端品牌,为什么落到一再转手的境地呢?

我们分析,主要原因有两条,首先沃尔沃轿车在老东家瑞典沃尔沃集团中,作为独立的轿车生产商,规模相对较小,有限的财力无法支付开发新车型的巨额资金。1995 年,沃尔沃汽车公司提出要“成为世界上最理想、最成功的专业汽车品牌”,而实现这个雄心勃勃的目标,沃尔沃就必须寻找合作伙伴。此外,管理上鞭长莫及之势、尽在高端游走的车型、拖沓漫长的研发周期及居高不下的生产成本,也影响了沃尔沃的市场业绩。

其次,沃尔沃集团在卡车、客车、建筑设备、航天工业等领域的迅速扩张,需要集中更多的精力、财力、物力来应对,作为相对小规模的沃尔沃轿车的放弃和出售,也就成了沃尔沃集团痛下决心要解决的事情。正是在这种情形下,福特汽车公司顺势将沃尔沃纳入麾下。

按理说,沃尔沃这样的“名门闺秀”嫁入福特这样的百年名企,应该是找到了一个好归宿。然而事与愿违,一场突如其来的金融危机,让沃尔沃的美好前景一夕之间成为海市蜃楼。

由于金融危机的冲击,福特欲出售沃尔沃只能寄希望于全球独荣的中国,这就给吉利参与并购创造了机会,这就是"天时"。如吉利竞购举措得力,"地利"优势可保双赢。

我们还觉得,"人和"优势更可以促成这桩世纪收购,与福特一起书写历史。现在,福特汽车公司对吉利实力开始信任了。福特公司自宣布出售沃尔沃以来,先后有六七家企业参与竞购,资金、规模都比吉利雄厚的企业也大有人在。但据我和李书福分析,福特目前为止,最信任的还是吉利。

我和李书福都知道,数年前我们即对通过并购实施国际化战略进行了前瞻性研究。将近一年来,我们的团队已经做了大量工作。就策略而言,我们觉得此次并购,应该以在国内及海外设立特殊目的项目公司的形式进行。资金要落实,项目公司必须完善,并按照项目进度计划分步增资,以确保满足收购项目正常进展的需要。一旦进入并购程序,我和李书福都认为,知识产权方面的交易是一个难点,由于我们已经建立起一套相对完整的自主知识产权体系,在与卖方的谈判中处于比较主动的地位,因此可以有理、有据、有节地争取在技术与知识产权方面的最大权益。

令我们非常激奋的是:若这次交易成功,我们将获得大量极具价值的知识产权。

李书福和我还讨论了并购后的运营战略问题,诸如:

——通过并购和建设,一方面巩固和扩大沃尔沃产品在欧美成熟市场的占有率,提升你中有我的市场比例;另一方面积极开拓新兴市场。在全球产能分布中,保持原有的欧洲生产能力,增量部分集中体现在中国基地。

——坚持沃尔沃相对独立运营的原则,以"沃人治沃"的思想精神,在品牌管理、产品研发、零部件开发、市场布局等方面给沃尔沃公司更大的自主权和灵活性。坚持沃尔沃全球最安全技术研发方向,在环境及舒适性技术上不断寻求突破,继续领导世界汽车安全与环保技术的潮流。

——注入"中国元素",即中国市场、中国生产、联合研发、中国为主、全球采购。通过在国内建立汽车整车及零部件产业基地,消化吸收沃尔沃产品研发及生产技术,实现规模化生产,建立沃尔沃产品在中国研发、生产、采购、销售的完整产业链。

我们还就规避风险措施、规避劳工风险、规避知识产权风险方面都进行了涉猎广泛的探讨。头脑风暴还在继续,不觉东方之既白。

第十四章　沃尔沃并购始末(下)

第一节　伦敦上空的鹰

维京航空公司的V-251飞机抖动了一下。过会儿又来一次神经质的战栗。机翼倾斜,发出轻微的喘息声,飞机开始下降。

看到伦敦了。她那起伏的胸部,无所顾忌又满脸羞涩的神情,这就是伦敦意象:烟雾、指环、光线、轰炸、爱情、股票和暴雨,"光荣革命"与大卫·科波菲尔,多少年人们编织着传闻与真实故事,然而谁能逐一亲历?

进入海关。我们看到,周围站着等待入境的印度人和巴基斯坦人,以穆斯林装束居多,有的神态拘谨,有的站在警戒线里东张西望,有的干脆做起白日梦。几个年轻人被拒绝入境,露出一副沮丧的样子,长久仰望着天花板,或抱头蜷缩在长凳上。中国人也不少,大多数是商人和留学生。

这次,我们是来完成一个特殊的使命:就收购沃尔沃事宜与福特代表进行谈判。一场世纪汽车并购的正式谈判,就在这里的一家国际驰名律师事务所拉开帷幕。这就是福特方的律师事务所,霍金豪森律师事务所。

大家随身带着的行李相当多,似乎都有点心事。一路上不少人在看资料,做功课,在飞机上偶尔也有些交流,但不如平素在一起那样可以纵情谈笑,指点汽车业的"江山"。这次来是与福特进行实质性的商业谈判,没有人敢怠慢这件事。

人的一生中没有几次这样的机会,这次谈判事关吉利的前途与命运。

其实李书福是很不适应长途旅行的。他经常告诉我,由于对时差的反应过于敏感,晚上总是睡不着,但白天处事必须要有精神。我给了他很多秘方,比如入睡之前喝牛奶,跟他开玩笑,说就想想使你高兴的事,"比如汽车和女人……"他根本就不相信我说的这一套。尽管他整天嚷嚷说睡不好,第二天起来,我看到的还是精力充沛的李书福。

所以我经常跟同事这样说:"企业家和领袖人物一样,首先要有很棒的身体,还要具备苏洵说的'泰山崩于前而色不变,麋鹿兴于左而目不瞬,然后可以制利害,可以待敌'的素质,才可以成大事。"

从吉利创立到现在，我们经历的谈判已经难以计数了。小的不说，从近年来的与英国锰铜合资到收购DSI，从与全球供应商的谈判到与最难缠的日本人谈判，都是既刀光剑影又风和日丽地进行的。这次与福特的谈判，涉及面和深广度却是史无前例。

可以说，与福特进行的收购沃尔沃谈判艰苦而漫长，不亚于一场战争。

自从2009年年初福特方面宣布出售沃尔沃汽车公司后，吉利方面立刻组建了考察团队赴欧。在正式谈判之前的接触中，李书福和富有并购谈判经验的尹大庆和赵福全领衔吉利谈判团队，以充分的诚意消弭了对方在企业理念、收购价格、是否裁员等核心问题的疑虑。

但毕竟吉利收购的是沃尔沃100%的股权，其中包括沃尔沃研发团队、生产基地、营销渠道、企业负债及近2万名员工的安置问题。这是一项十分浩大的工程，此前合资或收购的英国锰铜和澳大利亚DSI均不能与之相匹。

此后，这样的大规模谈判不下于10次，地点分别是在伦敦和哥德堡。

与福特谈判的艰苦程度，也是常人所难以想象的，光是双方准备的必备资料和谈判记录就重达几十公斤，吉利谈判团队成员由于经常往返于国内和欧洲之间，常常早上醒来一时不知自己身在何处。

这次谈判的艰难，连李书福本人也觉得终生难忘。

2009年12月，他在差不多完成谈判时还对记者说："谈判进行得艰苦卓绝，如果最后与福特的交易没有成功，那么责任在福特一边，而非吉利。"《华尔街日报》还这样报道说，李书福表示，吉利收购沃尔沃的交易，其谈判过程"经常发生变化"，并且"遭遇到困难"。

吉利与福特长达一年之久的实质性紧张谈判，足以载入全球企业并购史谈判的"吉尼斯纪录"。从业30多年的国际著名律师富尔德如此评价这场收购："这是我一生所经历过的最复杂、最激动人心的并购案。"

第二节　意志胜，则全局胜

伦敦是一个戏剧性的都会。不是吗？如果此刻您置身伦敦，在环球剧院上演的可能正是莎士比亚的《仲夏夜之梦》，而西区的诺丁山狂欢节上那群加勒比移民刚好敲着锣鼓在街上巡游呢，男欢女爱，酒吧长谈，足球、杂技与彩票，谁能说得出伦敦快感的底牌到底是什么？

伦敦又是一个三缄其口的城市。人们做事彬彬有礼非常谦让，最后却无话可说，对你报以仁慈一笑。我们住在一家离泰晤士河不远的饭店，吃早餐时只能听得到刀叉的声音竟无一人低语，那个漂亮的女侍者也压低嗓门，像一个刚起床喃喃自语的女孩。这是一个谈判和对话的好地方，从商业到政治，从随意的闲谈到正儿八经的法律条例。

在这座城市，即使你有火气，有争执，甚至大动肝火，很快就会熄灭了。因为周围都是有节制的人，沉默寡言，没有太多的人在意你的情绪，在乎你这笔生意的大小，或是政治交易重大与否。一切都擦肩而过，随风飘散。

可我们面临的不是一场单纯的海外并购谈判，而是从精神到体力的马拉松赛跑；这不是马拉松赛跑，而是一次绝境逢生的国际顶级的商业对弈；这不是对弈，而是人生智慧和胆识的较量，民族意志的升旗仪式。

凡是参加过全程谈判的人，都觉得自己经历了一次高峰体验和奇境历险。

福特的阵容也很强大。本身就拥有丰富的技术、法律和财务高级人才，还聘请了霍金豪森律师事务所合伙人比尔·科丁(Bill Curtin)助力此次谈判。后者曾于2008年协助福特将旗下另外两个豪华车品牌捷豹和路虎卖给印度塔塔汽车公司。

福特的顾问阵容中还有花旗银行机构客户集团副董事长 Leon Calvarias 及其全球产业业务集团董事总经理 Eric Levengood，以及摩根大通银行的一个团队。这样，光财务这个板块福特就请了两套人马。

从律师的阵容看，福特方面不仅层次高，而且数量多；不仅整体上有律师分布，而且在各个专业项目上，也有很多律师跟踪和配合。比如主合同部分就有专门的律师，还分环境问题律师、知识产权律师、财务问题律师，等等。

福特是“百年老店”，不仅能请到全球一流的专家和咨询公司，而且他们自身就非常熟悉国际并购程序和惯例，特别是法律和技术的关键点，以及博弈的技巧。他们的分工很细，而且很专业。福特汽车公司自身的各方面专家和领军人物就有不少，特意前来参加这次谈判。这样几股力量结合得更加紧密，更加显得游刃有余了。

在谈判之前，双方就做了几乎是海量的、艰苦卓绝的工作。

我们聘请的各个方面专家，对沃尔沃轿车进行了全面评估。先是在2009年的2月，吉利团队跟沃尔沃团队进行了前期的见面会，也叫“管理层陈述”，为并购沃尔沃项目提供了许多数据。这个数据很重要，因为它全面、权威和新鲜，包括了生产、销售、财务和研发、资产等方面。当然这次陈述并非针对吉利独家，还有其他竞购方也可以接受这个“管理层陈述”，获取必要的数据和沃尔沃的企业家底。

继2009年3月12日按照国际惯例向福特提交了第一轮竞标书之后，吉利又于7月30日递交了约束性竞标书，进入第二轮竞选。

4月份福特向吉利开放了数据库，以方便进行尽职调查和数据分析。

调查持续了4个月之久，总共查阅了上百万次材料，吉利的财务顾问、法律顾问和汽车业咨询专家，全面参与了这次调查。福特首次开放数据库后，期间项目组阅读了 6 473 份文件，通过 10 多次专家会议，2 次现场考察，3 次管理层陈述；同时与福特进行了大量的信息交换，建立了完整的财务预测模型，对各类潜在风险进行了定性和定量分析，制定了收购后运营管理战略及计划。

谈判期间，针对福特起草的 2 000 多页合同，作了 1.5 万多处修改标注。吉利方面向福特方面提问多达千次，内容涉及交易价格、财务、税收、知识产权、发动机、零部件供应、汽车模具、信息技术、养老金、汽车金融等诸多细节。

谈判比想象的复杂得多。双方正式开始谈判之后，围绕着企业估值、股权与价格、知识产权、资金财务、管理架构以及营销网络等方面内容，几乎是步步为营地进行“火力侦察”和“扫雷清障”，同时在交锋和妥协中经常有层出不穷的戏剧性变化。

并购沃尔沃项目是很多人职业生涯中接触到的最复杂交易，主要原因在于它涉及知识产权和其他问题，数量庞大而难解难分。福特收购了沃尔沃以后，两者完全融合在一起了，如今则需要从各个方面重新分拆出来。

这里面，既有文化差异和语言障碍造成的误解，也有消除隔阂后的相视一笑；既有企业利益冲突的激荡风云，也有拓宽视野后的理解与信任。

尽管吉利一方聘请了世界一流的咨询专家，但由于福特的知名度、影响力和娴熟的谈判技巧，特别由于这次谈判规模大、难度高且跨文化，无数细节的推演，无穷的形势变化，加上时间紧迫，使得各方心理压力都非常大。

漫长的谈判，纠结的谈判，庞大的谈判，一天相当于一年，李书福、尹大庆、赵福全和“F4”们甚至感觉这次与福特就并购沃尔沃的谈判，已经持续了一百年……也许，这就是一种“真实的幻觉”。即使在后方，我们这些人也会产生一种幻觉，近乎意识崩溃的感觉。

尹大庆事后说，参加这场谈判必须得智勇双全，得有健全的理性和坚强的意志。要有礼有节还得幽默，有时一句话抵得上千军万马，有时说了一箩筐也没有一点效果。这是一种折磨，也是生死难忘的经历。

像他这样的年纪，做这件事真不容易：不停地进行数据与模型准备，还得进行资金的总调度，掐着时间做事，协调、开会、拜访，谈判、阅读、再交锋，飞赴英伦又要转到瑞典，无数次飞行，特别是在法兰克福的那次转机，独自一人，无比孤独，却感到不能丧失斗志，功亏一篑，那种感觉足够伴随一生。

而赵福全告诉我的是，在 2010 年春节快到的时候，他觉得都患了思乡病。为了这个谈判，他都不知道能不能回国过春节。

“赵总，你怎么定就行了。”李书福甚至这样说，但赵福全还是如履薄冰。

“对啊，就是谈了这么长时间么！整个谈判持续多久，就是知识产权谈了多久。知识产权决定最终能否签约。最终去哥德堡签约之前，最后那几天，每一天和董事长，和福特代表沟通，所有谈的东西，都是围绕着知识产权一些条款的细节。因为其他的事情就是那个样子了，知识产权谈判却很不如意。难就难在这儿，重要就重要在这儿，既有时间的压力，还不能够急于收兵。而且我们这边最后基本上就是我自己一个人，我就代表了全部谈判。”

“时常谈到11点，回来还得研究文件。福特方面确实还都是高手，他们如此娴熟，占领了制高点。我得花十倍的精力。我平时出差一般在公共场合都是休息的。自从开始谈收购沃尔沃，每一次去哥德堡，去伦敦，都是在飞机上12个小时不停地阅读、批注文件。最后对眼睛损害很大，短时间之内就出现了老花眼。所以人家是花了就不近视，或近视就不花，现在我是连老花带近视。最后董事长总结的时候也说，‘你看谈判是很难的，赵福全这么年轻都已经老花眼了。’”赵福全对着我这样回忆道。

有时语言和专业的阻碍也是很伤脑筋的，像赵福全这样的海归派和技术领军人物，也觉得是有生以来第一次碰到这些十分头痛的事情，包括与知识产权有关法律条款的英文单词，有的刚开始都不认识。

“在这个问题上，我们就别吹牛了。真是这样的。”赵福全继续说道，“很自然，我并非学法律出身，这是个难题。我基本上是孤军奋战，除了顾问公司的帮助。而福特方面就多了，他们有七八个人的团队与我一人谈。其中有大律师、专职技术专家，还有商务高手。他们是每个人都分工的，而我是集这些东西于一身，呵呵，反正我很便宜！当然，背后有董事长支持，他在指挥。”

“当时的感觉就是一个，非谈成不可，所以压力相当大。我最高兴的，就是最终可以说，我不需要再谈了！就这句话，‘我不需要再谈了’，你知道不？”赵福全对我说。无论在哥德堡还是伦敦，每次谈判都在一周以上。这样每次一周的谈判起码进行了4次。从早上7点半谈到晚上11点半，有时还不止这些时间，甚至到下半夜。

“我们都很辛苦，福特这些人也给整惨了，没有办法，工作量就那么大，而且情形复杂。”赵福全后来对我回忆。

“几个月下来，我们与福特不停地谈。很多次谈不下去，就休谈，多次休谈。中间由于无法接纳对方提出的种种条件，就僵持了。多次出现这种情况，很多次。真是折磨人啊！”赵福全说这些话的时候，已经是成功了，可他的眼神里还有挥之不去的“疲惫记忆”。

“有没有谈不下去，甚至快要谈崩的这种局面出现？”我问他。

“有太多次了，太多次了！

“其实很简单，因为有的时候，就是觉得你想要的人家不想给，而人家也是非常矛盾，想给你的你不一定感兴趣，不给你的话也担心谈崩掉。

“在谈判的过程中，因为有时候谈得很不愉快，就得采取一些别的办法缓解。

"我跟对方说，我现在跟你们拍桌子，但是都为了一个目标，想把这事做成。等到咱们成了，我们好好放松……我就用这种语言来感化他们。我说，我现在跟你们喊叫，拍桌子，就是苦口良药，为的是把这事谈成。"赵福全说。

"他们如何反应？"我问。

"我说如果吉利买不成沃尔沃，那么福特也达不到目的，是不是？你们之所以想跟我们谈判，不是想卖吗？我们之所以认真谈判，不是想买吗？那么既然这样的话，大家如果达不成共识，永远都买不成也卖不出这个企业。我们要的东西如果得不到，我们就没办法运营这个企业。而没有办法运营这个企业，我们是不会买的。"赵福全说得如此机智。

"用这种经验性逻辑，最后说服他们放弃了一些条款，而且有时是通过拍桌子来讲这些道理的。可谁愿意拍桌子啊？"他继续说。

"那么为了缓和这种氛围，我就开了一个玩笑。我说，司各特先生，等到谈判成功之后，我就和你拥抱，而且我会吻你的。他们也为了缓和气氛，说：'是吻嘴唇呢还是吻脸蛋？'

"我说：'吻哪儿都行！'"赵福全说这话的时候，几乎笑出声来。

"结果呢？"我迫不及待地问。

"我就在最后谈完之后，也就是最后交割前夜的伦敦聚会上，跟他们那个主谈叫司各特的说，'让我们两个人真的拥抱吧'，而且还吻了他的脸蛋，然后呢，全场都高兴坏了……很多人都知道这个故事，大家都鼓掌了。

"有人说：'香槟，开香槟！'"赵福全回忆道。

"这真是意想不到……"我说。

"没有当时拍桌子，就没有最后的这个拥抱，而且拍桌子时我就告诉他，'没有完整的知识产权，我们不买你，字是绝对不会签的'。我告诉他，至少我不会签。"赵福全说。

第三节 收购价格：底线与高点

福特出售沃尔沃，最初是要收购方出大价钱的。在穆拉利们看来，既然李书福认定沃尔沃是个公主，就要拿出公主的身价。

竞争最激烈的阶段，沃尔沃的价格一度被抬到了 25 亿至 30 亿美元。一些人觉得，这是一个合情合理的价格。当初福特买沃尔沃可是付出高昂代价的，沃尔沃是具有纯正"欧洲血统"的世界性汽车品牌。

可是这次并购中，最令人瞩目的价格问题，却出现了有利于吉利的戏剧性变化，最后以 18 亿美元成交。要知道，2009 年下半年和 2010 年初，金融市场已经开始回暖，福特财务危机也减轻很多，吉利反而将并购金额从 25 亿美元左右继续降到 18 亿美元。这就是最大的戏剧性。

在所有的并购案中,无人不认为价格是关键问题。这次吉利收购沃尔沃也不例外。资金是汽车业的血液,这是常识中的常识。穆拉利和李书福对此是最有体会的。但收购价格究竟怎么定,并不是谁的权势大,谁的"背景硬",或是谁善于雄辩就可以定局的。

收购价格的因素太复杂,最终的结果也很难预料。这次吉利收购沃尔沃的价格,既涉及沃尔沃本身的品牌价值和资产估值,也牵涉到在金融危机背景下,福特到底怎么估量沃尔沃的价值,同时还得考虑吉利所处的历史阶段和资金现实,以及金融业领袖对这件国际汽车并购案的评估。

这是一场业务战,也是心理战,有时还是道德战。

外界有人后来问我,谈到这个 18 亿美元的份上,是不是因为福特迫于形势的让步,还是你们这边跟福特谈判有什么"神秘筹码"? 是否来来去去谈,福特觉得你们的确谈到点子上,退让了呢?

很多事情并不是如你我所想象的那么简单。讨价还价是谈判智慧的较量,你要让人家心服口服地把价格降下来。

2009 年的 11、12 两个月,吉利就和福特重点谈出售沃尔沃的价格。大家都知道西方人对圣诞节的看重,所以在心理上都希望在圣诞节之前把这个价格谈判结束掉。这个价格谈判先在英国进行,一谈就是一个多月。以伦敦为主,但其中也去了哥德堡,这样也可以去沃尔沃总部和工厂看看。

整个价格谈判是跌宕起伏的。经过几个回合的磨合,双方就收购价格的讨论就集中在几个关键点上,也就是所谓的"聚焦"。吉利和福特各自举出最有利于自己的理由,来进行价格上的博弈。一场对决在所难免。

先说吉利最终锁定 18 亿美元价格的理由。吉利认为,虽然原框架协议中的价格在 25 亿至 35 亿美元之间,但根据形势的判断和具体分析,觉得这个价格仍偏高。这不仅是吉利的负担问题,更在于收购要有个合理定位。

吉利一方欲降收购价格的理由,既有宏观的局势判断,也有财务上的分析与考量。

首先,整个欧美的金融危机都还没有结束,收购沃尔沃可能还会有经营性风险,如果金融危机继续蔓延,可能沃尔沃今后几年内的经营性亏损也会持续下去。这是一个"历史包袱",更是一个现实问题。就算沃尔沃经营性风险随着金融危机直到 2011 年结束吧,那么这也是个很大的风险。福特应该考虑这个重要的宏观因素。

其次,沃尔沃现在尚属亏损,吉利要是拿在手上继续亏损的话,不给补亏就无法运行。所以福特说要拿 25 亿美元,考虑补亏因素(据估算吉利要拿出 5 亿至 10 亿补亏),吉利只能出 15 亿,相加之后等于吉利实际要出资 20 亿左右了。

第三，沃尔沃的研发经费和固定资产购置的投入，过去几年比前些年明显减少。它后来要卖出了，这方面投入更是显著地减少，3 年减少 20 亿左右。这样后劲就不足了，等于把投资回报预期延后。这是一个重要的问题，需要协商解决。关于这一点，后来《中国经济时报》是这样报道的，“2008 年、2009 年沃尔沃的异常支出，加大了企业的潜在风险(沃尔沃减少固定资产投资和研发投入，吉利收购后风险加大，不合算)，而且吉利用大量的数据说话，要求福特在 13.4 亿美元的基础上，再降低 3 亿美元，即只支付 10.4 亿美元”。

最后，另一个关键点，就是养老金问题。2010 年 3 月 28 日的并购签约声明中，福特也表示过，“交易价格的现金支付比例可能会调整，价格通常会根据养老金赤字、负债、现金与流动资本有所调整，其最终的影响可能会使支付给福特的现金大幅减少”。

到了 2010 年 8 月，吉利集团宣布完成对福特旗下沃尔沃的收购，称整个收购涉资 13 亿美元现金，这与 3 月 28 日吉利集团与福特签署协议时宣称的 18 亿美元收购价格有较大出入。吉利集团解释称，此最终交易价格是根据收购协议，针对养老金义务和运营资本等因素作出调整的结果。

那么福特方对价格问题又是怎么考虑的呢? 尽管福特当年以大价钱买下沃尔沃，但是时过境迁，由于福特自身的战略发生重大变化，加上金融危机的来临，福特出售沃尔沃是个必须要做的事，穆拉利反复强调的是要找个好东家，其实也就暗示了，在价格上是有退让余地的。

有一个很重要的关节点，福特深知，沃尔沃确实处在经营和运营的风险期，即使吉利以较低的收购价得手，后续的投入确实是很大的，特别是流动资金的注入，是激活沃尔沃的重要因素，吉利在这方面需要很好地筹划和集中资金，如果在收购价上把吉利逼急了，人家有可能会知难而退，即使勉强接受了，今后的运营和后续资金出了问题，也是福特所不愿意看到的。

还有一个分析，我们觉得，福特自实施“一个福特”计划之后，资金局势明显好转，不仅是美国三大汽车公司里存活下来的幸运者，也是将来发展前程最好的一个。在资金方面，确实并不追求沃尔沃给它输血，关键是自己要瘦身。

这个价格最后双方都可以接受，而且兼顾沃尔沃和福特、吉利三方的长远利益，所达成的价格协议似乎出乎意料，但仔细分析却在情理之中。

通过谈判，吉利财务部门还从中推出了一个财务模型，也就是出资模型。除了现金流量、业务、再投入产出等，通过问题的发现，构建了一个很有说服力、很理性的模型。

看来，这样重大的谈判并不在于人数多寡，也不在于事先的心理定位，而在于有没有原则立场和条分缕析，有没有占优势的强大根据和理由，有没有坚强的决心和灵活的方法。我很欣赏某种人格和智力结合的形式,这就是人情味和原则性的完美结合。

第四节 知识产权谈判

不言而喻,知识产权是汽车业提升核心竞争力最重要的战略资源。

李书福在意识深处明白这一点,吉利要花那么多的钱去买一个世界顶级的豪华汽车公司,如果没有知识产权的支持,买来的这个公司是苍白无力的。如果没有知识产权去支撑,品牌就是不值钱的。如果把品牌比作皇冠,知识产权就是皇冠上的明珠。“所以在知识产权的内容上,我们是斤斤计较的。”李书福说。我们都觉得,这是很自然的。

他在并购成功后的新闻发布会上说的,有点客气的成分,但基本上符合实情:“福特公司是非常大度的,不愧是世界超级的汽车公司,在这个问题上他们非常通情达理,我们是很满意的。”

尽管如此,吉利与福特关于知识产权的谈判过程还是异常艰苦,我们都可以把它比作是一场令人绝望的战争。

当然最后结果是双赢的,或者说是“三赢”,否则不可能最终签约。

最后的结果令人满意:吉利作为100%的股东,将通过沃尔沃拥有其关键技术及知识产权的所有权,拥有大量知识产权的使用权,包括“双零”计划,所谓安全和环保技术的知识产权。同时,沃尔沃作为一个独立的公司,为了保证其战略商业计划的可持续进行,将拥有所有与福特相关知识产权的使用权。

这是“V项目”取得的最重要胜利。

如果说,沃尔沃并购价格和其他财务谈判,由于有了尹大庆等人的参与,所进行的谈判可以用举重若轻、身手矫捷来形容的话,那么以赵福全为主导的知识产权谈判,就是一场“没有硝烟的博弈”,如此扣人心弦,回肠荡气……

那么,这次知识产权的谈判难在哪里?复杂在什么地方?为什么吉利与福特关于并购沃尔沃的基本框架协议,在2009年12月底就已经完成,唯独知识产权在双方的拉锯中,留到了正式签约的前一周?在这中间到底发生了什么变故和不测事件?吉利与福特谈并购沃尔沃的知识产权问题,以下5个方面的难题足可载入全球企业并购史册。

其一,内容纷繁,面广量大。

总的来说,沃尔沃自身以及它与福特共享的汽车知识产权,经过漫长的知识积累和技术专利凝聚过程,是一笔无可估量的财富。在吉利看来,是这次并购的核心,具有首要的价值。

就内容而言,它既包括专利文件、技术文件,也包括了商业技术信息,还有大量的支撑产品开发的相关原件,甚至技术流程手册、核心技术文本等。汽车零部件和整车设计相关技术,以及零部件供应商和整车厂之间的关系,都涉及知识产权。设计有知识产权,制造也有知识产权。

这些知识产权文献,如果按字数计,有上百万页,足可以装满一架飞机。

其二,跨专业、跨文化,涉及多个企业。

无论是吉利还是福特,以前在并购谈判中也涉及许多知识产权问题,但没有一个在跨专业和跨文化方面,可以与这次谈判相比拟的,而且这次知识产权谈判,涉及欧美和中国三个企业,更是少有的。

就专业而言,这些知识产权涉及技术、商务、法律和管理诸多领域,事关这些企业所采用的商业模式与运营模式,其中一个十分关键的问题是,如何保证沃尔沃拿到所有的知识产权,而且这些知识产权能确保运营,在这个过程中吉利也能有权利使用大量的知识产权,在产品战略、未来研发方面起到推进作用。

所谓跨文化,指的是这次知识产权的谈判,横跨东西方的中国、美国与瑞典三个国家;从语言表述的角度看,也是跨越英语、汉语和瑞典语,这些都在不同程度上给谈判带来更大的难度。

其三,高度融合,拆分困难。

这次谈判所涉及的知识产权,在福特收购了沃尔沃以后,完全融合在一起了,需要从各个方面重新拆分出来。

打个比方,沃尔沃和福特已经结婚 10 年了,已经组成一个大家庭,家产已经是共有了,也就是你中有我我中有你,就是这么难解难分,现在要分开,分开之后还要再嫁,怎么弄得清?而分家就决定了实际谁把财产带走。如果沃尔沃把财产都带走了,福特就受影响;如果沃尔沃带不走,沃尔沃就没办法运营了,沃尔沃也不干,而且吉利也不会买。

对于知识产权这件事,谁也不会轻松。福特方面也有其深切的担忧。最敏感的实际上就是哪些技术是沃尔沃原来的,后来福特跟沃尔沃共享,沃尔沃有使用权?哪些是福特原先拥有的技术,后来向沃尔沃开放的?特别是后者,如果沃尔沃拿走了,福特担心会丧失自己的经营能力。所以这次知识产权谈判,对吉利而言,实际上包括两个部分:那些属于沃尔沃的一定要拿过来,原先属于福特后来跟沃尔沃共享的,吉利也应有所受益。

其四,信息不对称。

在这次谈判中,哪些东西是我们认为有知识产权的,哪些是没有知识产权的,特别是现有知识产权的各种来路和归属,都要搞得清清楚楚。然而这次吉利和福特谈知识产权,沃尔沃并不能介入任何直接谈判。

因为福特认为是买方和卖方的谈判,而被卖的沃尔沃是不能参与谈判的,所以这又增加了谈判的难度。也因为最终有些知识产权上的东西，一些夹缠不清的渊源和延展，吉利并不是很清楚，还需要大量地跟沃尔沃确认。偏偏这种确认很困难，因为福特并不希望沃尔沃站在吉利这一方跟它来谈判。

在这种局势和情形中，吉利如何应对知识产权问题？如果说要双赢或者三赢，那么究竟是怎么个赢法？

按照主谈判手赵福全的说法，这次知识产权谈判，在本质上就是解决吉利在并购沃尔沃的过程中，究竟能从福特那里买到什么？

于是，吉利方在李书福的指导下，确定了一个谈判的原则框架，那就是：首先保证原本属于沃尔沃的知识产权能够回归；其次是保证沃尔沃从福特获得足够的知识产权的充分授权，从而在脱离福特后可以继续使用这些知识产权；再次是通过沃尔沃，为吉利争取到更多知识产权的拥有权和使用权；最后要最大限度地减少和规避吉利对沃尔沃侵犯知识产权的可能性和风险性。

李书福和赵福全在多种场合提到的"艰苦卓绝"工作，就这样开始了。

概括起来说，以赵福全为主谈判手的工作班子和咨询团队，在这次谈判中，以一种智慧、勇气和耐力相结合的精神，忘我投入，做了巨量的、卓有成效的工作，最终大获全胜。

先是面对海量知识产权进行一系列的查阅、滤清和边界限定。

赵福全一开始就意识到，如何对这些列表和清单，通过法律文字，来进行清晰的限定，确保最终用较低的成本，使吉利买到真正的沃尔沃，是这次谈判首先要解决的问题，否则一切无从谈起。

这次与福特的知识产权谈判，涉及研发和制造的各个细节，而且存在着时间压力。比如说，一个零部件，有哪些是属于有福特的知识产权的，哪些又是没有的？怎么来区分？这些都是极其细致的工作，也是很艰苦的工作。每一个清单上都是上千个零部件，都要一个一个地去滤清。

再就是吃透所有与知识产权相关的商业条款，彻底了解相关汽车行业运营模式，由此对知识产权的分割和运用提出合理要求。

知识产权如果离开商业运作，离开法律背景，就会丧失意义和存在价值。如果这些技术不能与商业运作模式结合，等于无用。吉利团队与福特谈知识产权，不光谈技术本身。他们就靠着对技术的这种理解，结合企业运营和商业模式运作，领悟企业运营需要哪些技术，提出吉利方的合理要求。

在这里，关键是要对商业条款吃得透，对汽车行业运营模式要彻底了解。在谈判过程中，赵福全们深切地体会到，只有带着一种管理思想，带着企业发展战略的眼光，知识产权才是鲜活的，有机统一的，否则它会是僵死的，就是一团乱麻。赵福全事后对我说："通过这件事情，我也学会了很多东西。呵呵，在这个过程中，我已经变成了一个没有法学学位的法律专家，也可以算得上是半个律师了。这次知识产权的谈判,你不仅仅是技术专家,还要带着法律的眼光去看它。近1 000页的法律文件,这些带上法律色彩、充满法律词汇和思想的技术文件,我基本上能倒背如流了!”

还有一个重要事情,就是化繁为简,变难为易,站在发展的高度和长远的立场,处理好知识产权的拆分问题。须知,卖方想尽可能地多留下些东西,而买方想要多拿走一些东西,这是天经地义的事情。

在那种你中有我、我中有你,混沌莫辨的情形中,像吉利这样一个相对弱小的收购方,不能卷入其中无法自拔。吉利处理这方面问题的基本原则和技巧,概括起来,就是要站在相当的高度去把握局面,相机而动。

具体地说,赵福全和他的咨询团队,抓住一个事关沃尔沃今后发展的关键点,来说服福特,那就是虽然这些年沃尔沃和福特知识产权难以拆分,但如果沃尔沃在这次并购中得不到有利于商业运营的知识产权,企业将无法运转。吉利也不能买这样没有知识产权可靠来源的企业,即使买了也毫无用处,因为这些东西是企业的命脉。

沃尔沃实际上以什么来量化去卖呢?就是品牌加知识产权。正是这一点,触到了福特的痛处,因为当年收购沃尔沃,福特看重的恰好是沃尔沃拥有的大量安全方面的知识产权,也正是这一点,吉利打动了福特。

起先,福特也是寸土必争的,尽可能地留住自己的东西,即使允许你用的东西,也想尽可能地限制你。但防线一旦打破,就可以坐下来好好谈了。

所以,福特的代表们在与吉利代表的谈判甚至对峙中,已经掂出了吉利的分量。退让和妥协是必然要发生的,关键是各方付出了什么样的代价,又换取了什么宝贝。双方都得理解对方的关切点,寻求互利方案。这样,其余问题就迎刃而解了。至于拆分多少,怎么拆分,都是细节问题,技术性问题。

最后的局面是,福特将这个知识产权分开来处理:属于沃尔沃的,沃尔沃能拿到;属于沃尔沃和福特共有的东西,福特留下来的,沃尔沃也拥有使用权。原则上,沃尔沃尽可能拿到它可以拿走的,即使是共用的也不受限制;拿不走所有权的,还要保证支撑整个产品生命周期的使用权利,也就是保证有免费的知识产权使用权。吉利作为沃尔沃百分之百的购买方,也要在这个过程中,得到对企业将来有价值的相关知识产权。

刚开始时双方就有一个框架协议,也就是双方购买的商业模式,现在可以作些突破,但不能过分地违反框架协议。这是如何把握分寸的问题。

总之,这场知识产权谈判,实际上是基于对技术和商务运作的合理性,以及最终影响的理解,这就需要有充分的想象力和前瞻性。购买价格在某种程度上还得基于知识产权这个因素,所以最终也影响整个并购谈判的进度和价格。因为知识产权谈得快,才能够快点收购呵!

结果我们发现,知识产权的谈判过程,也就是学习了解的过程。人家沃尔沃毕竟是做了80多年的企业,在技术上有很多值得我们学习的地方,特别在安全、节能环保技术方面。

反过来看,吉利也不是一无是处的。吉利在低成本研发方面有着巨大优势,成本要比沃尔沃低很多。这种“低”不是简单指工程师工资低,在集成创新,局部超越,让全球汽车资源为我所用等方面,可能要比其他企业强很多。

这次知识产权谈判,真是一场大考验,一场生死难忘的经历,也是从炼狱到天堂的过程。

正如赵福全后来跟我说的:“知识产权是什么?是企业赖以生存、可持续发展的、最核心的东西。企业多少年的投入结晶,最后就融聚在‘知识产权’这四个字上。那么这些东西如果送给了别人,或不经意之间给了人家,就等于帮了人家大忙。所以谁会轻言放弃呢?又有谁不去据理力争呢?又有谁不去寸土必争呢?放弃了就意味着竞争力的丧失啊!企业有了这个就如虎添翼,没有了这个东西就等于是寸步难行。如果沃尔沃没有了知识产权,就变成了‘空壳’的沃尔沃;有了知识产权,就是沉甸甸的沃尔沃。”

第五节　瞒天过海

关于吉利并购沃尔沃,现在我们都可以轻松地说话了。

现在,媒体该知道的都知道了,不知道的也会以另一种形式获得。据说这个世界是扁平的,所以什么人都可以进入。

变化的情势,中间的阻隔,危机与解决,沉默与鲜花,绝望与香槟,艰难与喜悦,现在都可以倾吐了。我们可以侃侃而谈,追忆困顿的日子,或忘掉不堪的时刻,保留那一份触及灵魂的备忘录,甚至收集一下写于餐厅的那些打油诗。

可是当时大家的心情,远非如此轻松。太多的约束,诸多的不便,出差之前还要善意地对朋友、同事撒谎,或者避而不谈,就径直去了北京、伦敦或哥德堡。

别人还可以回避,以我这样的身份,有时就难以回避,又无法应付。总的来说,我不能随便说话,沉默居多。于是众口铄金,百口莫辩,来势汹汹,责难滔滔。我时不时地接到电话:“海外的媒体都说了,为何你不说话,为何还要对国内媒体如此提防?”还有:“吉利号称自主品牌,就是如此对待我们自己的媒体吗?你这个新闻发言人是干什么的?”

也有一些熟悉的媒体朋友,为此要跟我翻脸。

因为有约在先,我不能对外传递任何信息,不能为了维持与媒体的友好关系，说出影响整个并购大局的话。吉利与福特双方订立的保密协定非常严格，任何一方，如果将洽谈过程或其他机密信息泄露出去，要承担天文数字的罚款。你知道这个天文数字是几位数吗？反正高得离谱。这一招真灵！谁敢啊，试一试吧？

我就是倾家荡产，向全世界求告，也拿不出钱缴纳这个天文数字的罚款。如果这样的悲剧发生，也许吉利还没谈成收购沃尔沃，就关门大吉了。

不，不仅仅如此。即使到了公开宣布吉利为首选竞购方的阶段，也不能随意表态，否则会影响谈判进程，会干扰并购趋势，也会给紧张而静谧的对话环境带来诸多不便。

事实上，整个并购谈判过程，就是一个不断透露信息和收集公众反应的过程，也是吉利与福特、沃尔沃各方在全球媒体面前亮相的过程，更是商业机密的保守与反保守、并购走势顺畅抑或受阻、干扰与反干扰的过程。

这些听起来多像一部侦探片，或是“007”的商业版啊！

作为吉利副总裁兼新闻发言人，对于吉利欲并购沃尔沃一事，我什么都不能说，但又处在被媒体和社会公众误解、曲解和质疑的包围中；既不允许对并购事态的发展发表任何看法，提供任何线索，还得对媒体无止休的质问、询问和提问作出礼貌性回应，哪怕这个回应是：“我什么也不知道！”

李书福对我这段时间的工作要求，仍然是只提基本要求，而不予具体说明和解释。他要求的是“创造性”的工作，而且要达到非凡的境界，做那些寻常之辈几乎认为不可能做到的事，或者“研究规律”从而整合那些稀缺的、简直如人间珍宝一般的资源，最好把遨游在浩茫太空的“资源”和“要素”也组合成新的秩序，为吉利的快速生长提供土壤和基石。

呵呵！我必须适应“老板”的风格和思路，还得充分予以理解和执行。

我不能去询问如何把握对并购沃尔沃的口径和提法，也无法对那些处于保密阶段的事态发展，提出任何问题，除非李书福找我商量工作。我只能在黑暗当中摸索，小心求证和大胆设想，然后在头脑里勾画出一幅并购的未来路线图。我们在内部有个不成文的规定，就是在各自的专业范围内工作，可以互相交流，但不能传播未经核实的信息。

当然李书福和我们这些高管也会在饭桌上继续畅谈现实和未来，包括吉利的前景，沃尔沃的未来和福特的动静，但一般都回避明确提到“收购沃尔沃”这一类敏感字眼，也不谈具体细节。

我也很清楚一个“潜规则”，就是哪怕全世界都在议论的事，媒体都公开报道了，可就是不能露出半点风声。我对吉利的传播工作，特别是范围和戒律，自己做了一个设计，而且自己监督自己按此办理。这就是我所在企业的“文化”，我必须适应它。我不会像有些人那样，要充当绿林好汉。

回顾一下,我在整个并购的传播过程中,把自己对媒体的回应和发言,分为三个阶段。

第一个阶段,也就是从2009年年初媒体对吉利参与并购沃尔沃有了动静之后,我对媒体的表态是"没有这回事",或"我从来没有听说过"。

这是一种最彻底的否定性回应。很多媒体朋友都感到很奇怪,怎么会呢?《华尔街日报》或路透社不是言之凿凿地报道了吗?为什么你还说"没有这回事"?难道这些全球权威媒体也"道听途说"了?还有,既然没有这回事,怎么人家说得那么具体?或者这只不过是一场玩笑?

第二个阶段,也就是从2009年的7至10月,这个阶段我们的并购意向确实有了重大进展,媒体也认为确有此事,但福特还没有发表声明认定吉利为首选竞购方,我的口径是"我没有得到这方面的消息",或者"有关这方面的信息,我没有得到授权"。

这很有意思。如果仔细琢磨一下,就会发现吉利新闻发言人的态度有细微的差别。从"没有这回事"到"我没有得到这方面的消息",显然不是同一个范畴的说法。"没有这回事",是一种比较彻底的否定,而"我没有得到这方面的消息",是有点委婉的说话方式,表明也许有这种事情的存在,但是我还是没有得到信息(或授权)。

这一招是我跟杨健总裁共同探讨出来的。他给了我一个提议,就是坚称"没有得到授权",但我更愿意保守一点,说"没有得到信息"。

第三阶段,是从宣布吉利为首选竞购方之后,我的口径是,"福特的声明是真实的,但其余的细节我暂时不能评论",或者"如果有什么新的情况,我们会召开新闻发布会,或通过新闻发言人谈话形式告诉各位"。因为这个时候再说"我不知情"就显得不合时宜了,也太过分。

言下之意,这个事情在进行中,出于一些约定或其他原因,我无法告诉你们更多,实在抱歉。但对此事我们是很严肃也很慎重的,有新闻发布和新闻发言人谈话制度,应该尊重这一点。同时也告诉媒体,这是一起跨国并购案,即使像吉利这样与媒体朋友很熟悉的民营企业,也要按国际惯例办事,包括新闻透露和信息发布规矩。虽然我做过媒体负责人,也经历过一些特殊的场面,经常面对记者各种形式的采访,但这次对着全球媒体就吉利并购沃尔沃提出的各种各样问题,不分昼夜打来的电话,我得琢磨出一整套应对办法,不能使他们过于失望,也要明确地表明,的确无法满足他们各式各样的要求。

所以有了上述三个阶段的口径和语气,这种虽不是万全之策却能对媒体有所交代的沟通方式,在相当程度上,得到了三家企业管理层和媒体的理解。

第六节 尘埃落定

瑰丽的永夜星光，此刻变成耀眼的白昼光芒。

已是3月，尽管冰雪开始消融，可是瑞典港口城市哥德堡依然显得寒冷，道路、树林和湖泊被一层浅金色的阳光笼罩着，春寒料峭。一篇博客文章如此简洁而美妙地叙述道："当地居民跟我们说，三四月是到瑞典的最佳时间。刚刚过完永夜，雪都很'新'。"

哥德堡的沃尔沃总部，矗立着一幢棕红色大楼，前面是大片的草地，杉木挺拔，一声鸟鸣似乎也能穿越千里。深蓝色的VOLVO五个字母醒目竖立在白雪覆盖的草坪上，标志沃尔沃、瑞典、福特的三面旗帜在微风中飘扬。

3月28日上午，李书福一早起来，就开始忙碌了。

签约时间早就确定，协议书在过去几百个日子里也反复议论、修改和订正。但此时，他和他的团队依然与福特进行最后的谈判，字斟句酌，协议书的主要部分几乎都能背出了。

这会儿，李书福的脸上不时显现出一丝等待的焦虑。好多次了，以前每当我陪着他进入一个大场面或等待重要时刻到来时，他总是流露出这个似曾熟悉的神情。有时他很会出神。他具备一种粗犷的冥想气质。

早就谈判好的签约时间、地点，巧合的是遇到中国国家领导人出访瑞典，并且接到通知说中华人民共和国工业和信息化部部长李毅中将会出席签字仪式，李书福等待的就是李毅中是否已经到来的消息。

李毅中按时到达，李书福眉宇展开，天气真的很好。

当地时间2010年3月28日下午15时，瑞典哥德堡沃尔沃总部。

李书福陪同李毅中部长走进了签约大厅。瑞典副首相兼工业与能源大臣莫德·奥洛夫松、沃尔沃总裁兼CEO斯蒂芬·奥德尔(Stephen Odell)、福特汽车公司首席财务官路易斯·布斯等人已经等在了那里。

长条形签约桌铺上了洁白的台布，看上去简洁而庄重。

背景板上除了标着沃尔沃、福特标志之外，吉利标志已经赫然在列。这个新面孔，在一年前谁也不会在意，甚至没有几个人能辨识，但今天它被放在了前面，与沃尔沃标志平行。福特的标志放在第二排，这个全世界汽车族家喻户晓的标志，很快就要完结它拥有沃尔沃的历史。

一阵寒暄之后，李书福和福特汽车首席财务官路易斯·布斯坐到了签字桌前，打开协议文本，开始签约。快速地签下自己名字后，李书福侧目看了一眼路易斯·布斯，发现他十分规矩地签下名字。随后，两人交换协议，在路易斯·布斯的英文名字边，李书福稍微停顿片刻，再次飞快地签上了"李书福"三个龙飞凤舞的汉字。在协议书上落笔后，满脸笑容的李书福握住路易斯·布斯的手，后者的微笑含蓄而拘谨。

2010年3月28日，李书福和福特汽车首席财务官路易斯·布斯在哥德堡签署协议

2010年3月28日，李书福和路易斯·布斯在签约后拥抱

这张照片在10分钟后，发往了世界各大通讯社和报纸，全世界角角落落都知晓了这件事。

没人会否认，这一刻对于中国汽车工业的重大意义。这是真正的光荣日。

当时我给朋友打了一个电话："不管前面的路有多漫长，但这一刻来之不易，定将进入历史。"

此刻李书福在想些什么呢？恐怕没人会知道。有人看到李书福流下了眼泪，也许他把8年的艰辛化为瞬间的泪花。我太了解他的性格了，他是个有泪不轻弹的人。以前唯一一次见到他流泪，是在吉利基地举行的一次新车型下线仪式上，当时正在上演一出患病的母亲与儿子见面的节目，而且是真人上场，他边看边止不住直抹眼泪。

没人知道此时路易斯·布斯是什么心情，鼎盛时期的1999年，福特高价买下了这个以安全著称于世的豪华车品牌，多年下来，却始终难有骄人的业绩。如今福特壮士断腕，用低位价格把它又卖给了这家中国民营企业。作为福特的高管，对此应该有非常复杂的心理。

路易斯·布斯这种表情转瞬即逝。而李书福这时主动起身，握手并拥抱了这位历经沧桑而声色不露的福特高管。这一天，吉利以18亿美元获得沃尔沃汽车公司100%的股权以及相关资产（包括知识产权）。

现在总结起来，吉利这次收购沃尔沃100%的股权，得到了八大宝贵资产：

首先，得到了沃尔沃商标的全球所有权和使用权，包括轿车、SUV、MPV、十座以下面包车、1.5吨以下轻型卡车和总量5.4吨以下的所有其他车辆（商务车和公交车除外）的沃尔沃商标。

这当然是最重要的资产。也是这次吉利收购沃尔沃的主要目的。一个企业和一个人一样，最重要的是必须明白你要什么？你的核心竞争力在哪里？世界任何一家汽车公司的核心竞争力，就在于拥有一个好的品牌，就在于独特而完整的技术体系和知识产权，优异的商业模式和运营方式，以及供应商和经销商网络。其中以商标为载体的品牌和知识产权，是核心的核心。所以别小看这句话："沃尔沃商标的全球所有权和使用权"，它非常有利于吉利有效弥补品牌短板，提升研发能力、获得关键技术，提高整车和关键零部件制造水平，获取全球经销商网络，赢得一流管理团队和技术人才，进而提升中国汽车的国际竞争力。

其次，吉利获得沃尔沃的10个系列可持续发展的产品，全时四驱①轿车及核心零部件技术，3个高效节能环保的产品平台及发展升级策略。这也很重

① 全时四驱：四驱系统主要分成半时四驱和全时四驱，全时四驱指的是车辆在整个行驶过程中一直保持四轮驱动的形式。

要。10个系列可持续发展的产品和全时四驱轿车及核心零部件技术，正是获得关键技术、提高整车和关键零部件制造水平的主要来源和重大机遇。

这样，不仅吉利能够迅速提高造车水平，而且对提升中国汽车的整体水平也很有意义：提升中国自主汽车在中国本土市场的竞争力，增加“我中有我”的市场比例；提升中国汽车及零部件在欧美日市场的比例，实现在发达国家汽车市场“你中有我”零的突破。

第三，沃尔沃 SPA 平台已进入量产前转换，预计 2013 年投产。

第四，得到了哥德堡托斯兰德、比利时根特市、乌德瓦拉、马来西亚 4 个整车厂约 56.8 万辆的物理产能及先进的制造装备设施。

第五，获得 1 家发动机公司、3 家零部件公司、1 家拥有 40%股权的生产变速箱、悬架及底盘附件的公司及面向全球市场的仓储物流中心。请别忽略这一点。核心零部件是汽车业的重要支柱，它的作用超出了一般人的想象。特别是发动机和变速箱，更是汽车业紧紧盯住的核心零部件，到现在为止，除了少数企业，中国自主品牌里发动机和自动变速箱真正过关的，寥若晨星。

第六，拥有 83 年整车和关键零部件开发经验、数据库齐全、设施完整先进、卓有成效的数字化汽车设计开发平台，拥有 3 800 名高素质科研人才的研发体系和能力。

这更重要。懂行的人都知道，汽车产品平台意味着什么。一个平台就是一只母鸡，可以孵化出很多车型。我们在五花八门的车型上，看到的是平台伟大的作用，而不是具体到某一款车子究竟怎么生动，如何有前景。

沃尔沃高素质科研人才的研发体系和能力，更是“稀缺资源”。你想知道什么叫斯堪的纳维亚设计风格①？什么叫严谨？什么叫超前？什么叫世界首屈一指的安全理念？什么叫“双零”计划？那么你有机会不妨找这些设计师和工程师们，好好聊一聊吧！

第七，是分布于 100 多个国家的 2 325 个网点的销售服务体系。

最后，是获取了涵盖汽车制造各个领域 10 963 项专利和专用知识产权，包括来自沃尔沃公司自有知识产权的商标、专利、非专利技术及注册设计；来自福特公司无偿转让或无偿提供许可给沃尔沃公司的发动机、平台、模具、安全技术、混合动力技术专利及有关权利，以及多个网站、多个设计权利。

别的不说，它们在福特会计报表上体现的无形资产价值就数额巨大。更为重要的是，这些都可以为中国汽车工业的知识产权来源提供正当理由，为中国汽车自主创新提供原始依据，最终打造出一家中国人所拥有的技术来源清楚、受人尊敬的世界级汽车公司。

---

① 斯堪的纳维亚设计风格：将现代主义设计思想与传统的设计文化相结合的一种设计风格。

在签约之后的哥德堡新闻发布会上，李书福与路易斯·布斯和沃尔沃总裁兼CEO斯蒂芬·奥德尔分别站在前台，接受了瑞典和其他国家媒体的采访。面对媒体的提问，李书福还是感受到了人们对其能否运营好沃尔沃的疑虑，特别是对沃尔沃未来的深切关注。

推开窗户，就能看到哥德堡的云杉闪烁着露珠，深蓝色湖水泛起涟漪。成群结队的乌鸫，开始穿越斯堪的纳维亚半岛南部的阔叶林，穿越幽暗的残冬。

第七节　伦敦，准时交割

依然是伦敦。泰晤士河奔腾不息，就像一位不知疲倦的见证者。吉利并购沃尔沃交割仪式，于2010年8月2日中午在这里进行。至此，吉利完成对福特汽车公司沃尔沃业务单元的收购，总收购价18亿美元。

2010年8月2日，吉利并购沃尔沃交割签字仪式现场

一年多来备受全球汽车业关注的中国吉利并购瑞典沃尔沃汽车公司事件，画上了圆满的句号。

福特发表了声明，承诺福特汽车将继续在某些领域保持与沃尔沃的合作，从而确保此次交易能够实现平稳过渡，但是在经过此次交易之后，福特汽车将不再拥有沃尔沃任何股份。根据计划，福特汽车在不同时期内将继续向沃尔沃提供动力系统、冲压件及其他车辆零部件。与此同时，福特汽车还承诺在过渡期内向沃尔沃提供工程支持、信息技术及其他特定的服务。作为交易的组成部分，沃尔沃与福特将继续保持密切的零部件相互供应关系，确保彼此之间继续提供对方需要的零部件。

吉利控股集团董事长李书福表示："对吉利来说，这是具有重要历史意义的一天，我们对能够成功收购沃尔沃汽车公司感到非常自豪。这一瑞典世界级知名豪华汽车品牌将坚守其安全、质量、环保和现代北欧设计这些核心价值，继续巩固和加强沃尔沃在欧美市场的传统地位，积极开拓包括中国在内的新兴国家市场。"

福特汽车总裁兼首席执行官穆拉利表示："沃尔沃是一家杰出的品牌并且有着一条富有竞争力的产品线，在经历了一轮成功的重组之后，沃尔沃已经开始实现盈利。我们十分乐观地认为，沃尔沃在吉利的领导下将拥有一个光明的未来。"

此时出任吉利控股集团董事长助理、沃尔沃汽车并购项目新闻发言人的宁述勇表示："吉利控股集团开出了两亿美元票据，并支付了13亿美元现金，未来还将支付少量资金，具体金额将据收购协议针对养老金义务和运营资本等因素作出的调整而定，但可以确定收购总金额将低于18亿美元。"

事实上，对于吉利来说，无论是16亿美元还是18亿美元都不是问题，关键在于福特提出的沃尔沃未来运营的15亿美元流动资金要求。两项资金合计将超过30亿美元，且都要求在签约前到位，这对吉利不是一件容易的事。

福特曾经提出的流动资金大大少于15亿美元，但实际上，由于福特与沃尔沃有多年的平台共享等技术合作，即使吉利收购沃尔沃后，福特还将与沃尔沃在平台共享等方面保持关联，因此福特对沃尔沃未来运营的流动资金分外看重，所以提出了接近收购价格15亿美元的流动资金要求。

最终，经过多方运作，吉利获得了15亿美元流动资金的保障。不少国际金融资本都看好吉利并购沃尔沃项目，所以愿意提供流动资金。其中，欧洲投资银行愿意提供5亿美元，瑞典政府和比利时政府承诺担保、瑞典第二大银行提高了沃尔沃的授信等级，提供5亿美元流动资金，其余5亿美元则来自中资或美资银行。

在当时，一系列的融资，还是非常棘手的。

前期外资银行是比较积极的，但真刀真枪做起来，也并非如此简单，有的也就退却了。起码找了十几家外资银行，最后选中了北欧斯安(SEB)——瑞典的一家大银行，愿意提供这笔流动资金给沃尔沃。谈完各种条款之后，就跟吉利签约，交割那天它就提供资金。总之，福特、沃尔沃和吉利三家都搞定，才可以交割。

这个过程非常复杂。

到了2010年3月份之后，吉利还在与国内银行谈判和做工作，有的银行比较坚定，有的银行退出了。换来换去，一直到7月份才开始有所稳定，8月份顺利交割。说穿了，中国其他银行都退出了，就只剩下建行一家。当时约定在8月2日英国伦敦时间12点交割。不管怎样，一定要完成交割。

最后，与建行合作很成功，建行伦敦分行起了不小的作用。这是相当不错的结果，在金融危机背景下的跨国并购，我们不能苛求银行。这时，交割是硬道理。如不能及时交割，就违约了。这就叫“功亏一篑”。

具体说来，首先建行把资金调过去，其后把资金借贷给吉利。资金到位，融资到位，就可以付现了，所以就没事了。整个交割既有现金也有票据，票据是一家海外大企业的融通资金，性质是国债。现金由建行伦敦分行支付。

奇迹一般地，最后是提前两小时成功交割。

道琼斯通讯社很快发出报道，说瑞典沃尔沃汽车工会领袖，对吉利控股集团与福特集团完成交割表示欢迎。《金融时报》评价说，吉利从福特手中收购了沃尔沃，是中国公司迄今对外国汽车制造商的最大一宗海外收购。

交割完成之后，新沃尔沃的国际化运营团队也就基本成型了。

2010年7月中旬，吉利宣布了新的沃尔沃汽车公司董事长和副董事长人选，李书福出任董事长，沃尔沃汽车公司前总裁兼首席执行官汉斯-奥洛夫·奥尔森担任副董事长。同时，吉利宣布了其他董事会成员。

大家关注新沃尔沃董事会的重要原因之一，就是有关沃尔沃未来在中国的战略规划。10月12日，沃尔沃中国区正式确认新的人事调整结果。在新的沃尔沃中国区管理团队中，任命了童志远为沃尔沃中国区CEO。原吉利副总裁王召兴被任命为沃尔沃中国区总裁；现任沃尔沃托斯兰达工厂总经理拉尔斯·丹尼尔森(Lars Danielson)担任沃尔沃中国区负责工业系统的副总裁。

收购伊始，很多人认为，以身段换市场，沃尔沃品牌或被低端化。

如何处理吉利与沃尔沃的关系以及如何维护沃尔沃的品牌，这或许是李书福在接下来的整合中面临的最大问题，也是市场最为关心的。换句话说，沃尔沃的安全、低调、高品位的品牌定位能否继续发展?

如何摆脱束缚，突破惯性，在巩固稳定现有欧美成熟市场的同时，积极开拓以中国为代表的新兴市场，提高中国采购比例、降低成本、拓宽产品线，这也是一个大问题。

李书福的确是个聪明人。他借用了国际组织的对话原则，把一些“理念和思路”问题转化为现实主义行动议程，于是“沃尔沃—吉利对话与合作委员会”诞生了。

2010年11月5日，吉利与沃尔沃宣布成立“沃尔沃—吉利对话与合作委员会”。这个委员会由9名成员组成，双方各指派4名，主席是李书福，但他是委员会的独立成员。委员会每年召开两次会议，会议时间由成员商议决定，会议地点在瑞典与中国之间轮换。该委员会是个对话和沟通平台，如果经过协商双方同意进行具体的项目合作，合作具体条款由双方另行签订协议约定。

李书福最近喜欢探讨的问题，用他的语言说就是："吉利和沃尔沃的发展各有战略，接下来的任务是帮助沃尔沃'重新找回自我，实现放虎归山'。"

要将沃尔沃放虎归山，就得尽早确定沃尔沃基地落户中国这件事，可这也是经历了一波三折。

2010年9月14日，李书福宣布，吉利控股集团和沃尔沃汽车公司正考虑在中国三地落户，即东部上海、西南成都和东北大庆。其中上海、大庆工厂为新工厂，成都工厂将利用已建厂房。三工厂的规划起步产能均为10万辆。

2010年10月29日，沃尔沃首席执行官斯蒂芬·雅各布称，该公司可能在中国建设最多3家工厂进行汽车生产。

到了11月11日，李书福又表示沃尔沃中国落地悬而未决。他在一个论坛上明确表示，并不如想象般顺利，"我希望越快越好，但不知道需要多久，可能是一个很漫长的过程"。这显示了沃尔沃落地中国之难。

事实上，完成资产交割后，沃尔沃中国项目何时落地、在哪里落地就成了外界关注的焦点。而从李书福的表态来看，如要实现上述目标，有两个必备条件：一是董事会和管理层达成一致；二是中国政府首肯。

12月9日在瑞典哥德堡举行的会议上，沃尔沃董事会一致提议，接管吉利控股集团位于成都一座现有工厂，并将其改造为沃尔沃的生产车间，为沃尔沃中国战略奠定基石。

第十五章　从兰州，穿越中亚西亚

第一节　“圈地”之谜

近年来，吉利在国内的生产基地布局速度惊人，已投产或正在构建的生产基地已经达到了8处，可谓遍布大江南北。

人们先是满怀狐疑，认为李书福是借造车之名实行“圈地运动”，甚至有人把它演绎成一个旷世罕有的欺世盗名之举，直到发现吉利并没有在基地上做过什么地产生意，很多人最近才开始重新认识此事，知道李书福和吉利正在做一个跨越空间，涉及汽车物流、产业链、营销网和产品规划的生产布局。因为人们发现，到目前为止，吉利并没有把生产基地演变成地产基地，像有些企业所做的那样。

实际上，吉利正在完成一个超级规划，一次宏大叙事。

这个布局，从兰州穿越中亚细亚，从上海和杭州湾都市经济圈到山东沿海地带，从中部重要枢纽长沙到西南中心成都，而把制造心脏和决策中心仍然放在起家的浙江。这很自然，因为“长三角”是中国改革开放以来最具成长性的地区，也是民营经济的策源地和思想文化资源最为活跃的地区之一。我始终认为，“长三角”是当代中国经济成长的主要引擎，自洋务运动以来激荡百年史的思想文化新舞台，显然这里也是近代以来资本、人才和技术的重大交换地。

如果把吉利作为一个重要范本，加上其他所有制类型企业，你就会察觉到，中国这些有作为的汽车企业，正在进行一次生产要素和社会资源的大整合，一次汽车产业的“造山运动”。

如果你是个细心的汽车业观察家，会蓦然发现今天吉利的“军事地图”已经非常漂亮了。除了吉利汽车最早的四大生产基地：台州临海、台州路桥、宁波北仑和上海枫泾外，其他六个生产基地分别坐落在济南、成都、湘潭、兰州、桂林和慈溪，其中济南已经投入了帝豪车型的生产，连规模不是很大的兰州基地，2010年年初也开始启动二期项目，产能由原来的5万辆整车扩大到12万辆，形成年产20万台套零部件的配套能力。

从地理位置上来看，新产生的六个生产基地已经辐射了全国各地。

兰州基地辐射新甘宁青、成都基地辐射成渝、桂林基地辐射两广云贵、湘潭基地辐射中部地区、济南基地辐射晋冀鲁豫以及山海关内外。成都基地可分成渝地区一杯羹;济南基地坐落于全国汽车消费大省,也是吉利家门口的市场;兰州基地直接掐住了进入大西北的咽喉,从甘肃到新疆那狭长的地带拥有最特殊的市场需求;桂林基地则涵盖了目前轿车生产相对薄弱的地方;湘潭基地四周有江西、湖北、广东、重庆等老汽车生产基地,是一着有望"中心开花"的突破之棋。

吉利这样的生产基地布局不仅可以立足本地,还可以辐射周边,形成合围或簇拥之势。

生产基地的属地化,解决的不仅仅是产能问题,还有基于推销、物流、人力资源、配套条件等多方面的问题。吉利新增的生产基地,从各方面来看,都能大幅度缩减整车生产成本以及整车物流成本,实际上也降低了销售成本。

当然,基地建设不可避免地还要涉及各地的政府推销市场。随着自主品牌车型的生产水平、整车性能以及品牌力的提高,政府推销市场将会不失时机地向自主品牌企业倾斜。政府推销市场有一条不成文的潜规则,那就是首先会照顾自家的孩子。直白地说,就是在出租车和公务用车方面,向属地企业倾斜。虽然吉利在这方面做得不尽如人意,基地所在的地方政府也没有着力做这件事,但吉利对此应该是有所期待的。

汽车生产基地建设这件事,也牵涉到政府的支持和政策吸引力。

张五常先生认为,中国的地方政府竞争是促使中国经济奇迹得以出现的主要原因之一。地方政府竞争带来了90年代以来——甚至80年代以来——的中国增长奇迹,这一点,似乎为经济学界很多人所承认。

像吉利这一类企业的生产基地建设,自然也会涉及这一点。地方政府优越的招商引资政策,以及发展当地经济的热情,的确是有利于民营企业和外来企业扎根,对当地的发展和繁荣带来极大的好处,无论是解决劳动就业还是产业链的形成,以及竞争态势的构建,都是这样。

吉利为什么要在全国各地进行生产基地建设?除了物流、产品规划和营销网络等方面需要在全国范围进行合理布局之外,也包裹一层浓重的无奈色彩。

过于分散的基地布局当然不利于管理和成本控制,但由于浙江这样的省份土地资源严重匮乏,民营企业星罗棋布政府不及照应,所以直接影响到吉利的内在扩张。随着产业规划的展开,吉利寻求省外的空间开拓,自然也成为题中应有之意了。

世界上任何事情的发生,总是有其根由的。

一方面由于汽车这个大工业需要辐射全国的生产布局,连外资企业如丰田、本田和大众都基本完成了对中国东西南北中的市场和生产布局，自主品牌企业更可以理由充分地进行生产布局，另一方面，沿海省份产业带的高密集度展开，以及土地资源的稀缺昂贵，促使吉利这样的企业早日“走出去”，在海内外进行生产性投入和规划布局。

说实在的，在浙江这个省份里，连娃哈哈和苏泊尔这样的食品轻工企业都要进行跨省布局，作为集工业之大成的汽车企业自然更要考虑这样做了。制造业不是虚拟经济的附庸，汽车产业已经绝对上升为国民经济支柱，为什么不能跨省发展呢？

也许，李书福这样做的缘由可能还出于更多的难言之隐，那我们也就没有办法瞎猜了。

第二节　西部与中亚市场

2007年2月28日。在甘肃兰州辖区范围内，一个名叫永登的地方。人山人海，载歌载舞。

这一天，我在这里亲眼目睹他们涌向一个地方，就是吉利兰州生产基地。十多支社火队敲响震天的锣鼓，舞起欢快的秧歌。人们开着车子，骑着轻骑摩托，坐着小毛驴，扶老携幼，从四面八方赶过来。举目望去，方圆几十公里内都是人群簇拥，横幅晃动，气球升空，彩旗飘扬。

人们议论着，嬉笑着，欢腾着。老人笑得很开心，年轻人乘机互相追逐着，那一张张红扑扑像苹果一样的脸，任凭谁也会受到感染，谁都会急于把欢乐传递给旁人。

在西北地区，这个情形即使是春节赶庙会也很少有。其实没有什么开会通知，也没有惊天动地的大人物来到，是吉利兰州基地落成了。大工业的搏动，惊醒了沉睡的乡村意识，唤起了当地人对城市、现代化和工业时代到来的好奇和兴奋。我一边布置着吉利兰州基地的落成仪式，一边也为这个场面所吸引，所深深感染。

那些腰鼓和铙钹，那些马匹和羊群，那些高声吆喝和低语怪嗔，你是没有理由不予关注的，也不可能不融入其中。最后，我们不知道到底是沉醉在这浓浓的乡情之中，还是为自己能在西部开拓了这样一片“疆土”而自豪，也许是两者兼而有之。

兰州市和永登县的干部自然也很受感染。他们说，已经多年没有看到这种情景了，这种自发的，不需挨家挨户告知的民间活动，哪怕是最隆重的节日，也没有这般热闹和开怀。这几年县里或乡村开会，总是要动员，而且要给村民们一点经济补助，才肯到指定的地点来开会。这些领导干部们很开心，从他们的笑颜和话语中都能感受到这一点。他们觉得自己为老百姓做了一件大好事，把吉利引进到兰州、到永登。

李书福和杨健等人也深受感动，他们瞬间陶醉在这个情景中，为吉利的未来遐思不已。这些年，我们经历过很多历史性时刻，参加过很多次开业、落成典礼，新生产线运转或新车上市仪式，都没有如此激奋，如此充满豪迈情怀。

说来还正是这样。历时一年建设的吉利兰州基地上，甘肃省第一辆完全拥有自主知识产权的轿车——吉利自由舰这一天顺利下线，填补了甘肃和兰州轿车制造的空白。我们共同见证了这一时刻，尤为难忘。

很少有人知道，在天寒地冻的条件下，我们是怎么把这场活动搞起来的。光插广告刀旗，就得把冻土烤热，还要把一个个小洞挖起来。石头般的冻土，每一次铁锹下去，都震得虎口生痛。我们和当地人一起干，几天没有休息，终于把周围的环境布置好了。毕竟是大西北的严寒季节，我的“士兵”好几个被冻坏了。

公司负责这个基地项目的干部、工人，更是吃尽了苦，付出了常人难以想象的汗水。基地落成过程中，少不了搬运、装配、布置和清理，加上反复调试，好多人几宿没有合眼。大家在生产线上，咬一口馒头就着热水继续干。专家也在一线与工人一起干，真的是汗水融在一起。

说到底，大家都明白一个事理，这个项目对吉利意味着什么，对当地民众意味着什么。

吉利兰州项目建成后，将成为甘肃省工业的标志性项目和西部最大的汽车整车及零部件出口基地。李书福对兰州项目的重视程度，也是很少见的，他始终觉得西部发展还得需要汽车业这样的大工业支撑，自己这样顺势而为是明智的，从企业的物流、运费成本和营销网络等角度看，在西部建设生产基地是正确的。他每次对我说起这件事，都会动感情。

吉利兰州项目的建成不仅圆了甘肃省 30 年的轿车梦，而且还可形成以吉利汽车为产业龙头，带动相关配套产业共同发展的新的产业链，也为当地经济发展和脱贫注入新的活力。庆贺吉利兰州项目首辆车成功下线，之所以其集会规模为历史罕见，就在于人们普遍认为吉利汽车将会给他们带来新的希望。

对兰州基地，李书福还有一个更为深远的考虑，那就是中亚市场的需求。这个富有想象力的空间，是李书福和吉利经营团队最愿意探寻的。

从兰州出发，吉利汽车可以直接瞄准中亚市场，那是一片广阔的天地。中亚国家包括哈萨克斯坦、乌兹别克斯坦、吉尔吉斯斯坦、土库曼斯坦和塔吉克斯坦 5 国。由于受苏联时期行业分工的影响，中亚各国汽车工业极为薄弱。开始现代化进程之后，这些国家以汽车为主要交通工具，其汽车消费大都依赖进口，而且绝大部分汽车目前已陆续进入报废期，汽车消费将进入一个更新换代的历史时期，汽车需求日益看涨。

从海路到中亚过于遥远，颇费周折。而从陆路走，兰州于中亚市场有着得天独厚的便利。往昔“西出阳关无故人”的悲凉，此刻化为交换的便捷和运输的节省。

第三节　成都的诱惑

2009年10月28日，吉利成都基地竣工暨首款SUV车型下线仪式，在成都经济技术开发区(龙泉驿)举行。

仅用217天时间，一座具备总装、涂装、冲压和焊装四大工艺的现代化生产基地宣告建成。

这一次活动也搞得很成功，声光电结合，加上一些精心安排的情景和细节。为这次活动，我和我的团队连续干了很长时间。我尽可能地展示吉利的实力和优势，甚至把当初在成都基地拓荒的照片和影像资料都调动起来，在场的当地官员和基层干部无不感动，而张小虞则发表了热情洋溢、感人肺腑的讲话。

干了40年的汽车，又是成渝这一带的人，他自然为吉利这样的企业扎根成都分享喜悦之情。

事实上，我们一直将西南市场作为重点，成都项目在吉利集团的战略布局中占有很重要的位置。当时，成都基地被定位为吉利面向全国的SUV生产基地，未来五年内后期工程包括零部件生产基地、区域总部经济项目在内的多个项目将陆续落户成都。

成都是个好地方。西南是个很大的市场，成都扼西南之咽喉，又是一个消费性很强的都市，从西南地区的购买力来说，吉利的中高端车型是非常合适的。

还有很重要的一点，就是吉利开拓成都市场比较早，也很成功。李书福对成都的好感，由来已久。造车之初，首先打开销售局面的是成都。他跟成都几个主要经销商的关系，很是信任和亲密。这也算是另一种“血浓于水”了。

近年来，成都汽车产业重点发展整车和关键零部件，而汽车整车以越野车、轿车等为重点，目前成都拥有德国大众和日本丰田两大世界知名品牌企业，高端汽车品牌主要有一汽丰田考斯特(Coaster)客车、丰田霸道(Prado)越野车。

汽车是个配套性和互补性很强的产业，我们都说三百公里配套圈，而成渝地区在这方面是独具优势的。

成渝地区有一批优秀的经销商，生意做得有声有色。不论出现什么情况，这里的经销商总是咬定青山不放松，把吉利汽车推广到无以复加的地步。这一点使李书福和吉利团队心里很安稳。

成都在吉利战略定位中是个区域总部。总的来看，成都优质的投资环境、优良的服务意识、优秀的服务水平和良好的政企合作关系，我们是比较满意的。

汶川地震后，成都开始更加积极地转变经济发展方式、调整产业结构，聚集了一批合资和本土的汽车产业，竞争态势初步形成，配套服务体系也跟上了。我们的汽车产业布局很及时地运用了这一有利因素。李书福曾对记者说起，“成都拥有一个非常广阔自由的，适合创业的成长空间”。

成都自身的禀赋，让企业家能在这里激情发挥，而专家和管理者能够找到创新灵感，技术工人的素质也相对高一些，这样一来，企业的产品品质也有了保障。

也许这是更大的吸引力。这个天府之国的中心城市，浑身散发出诱人的魅力。说到底，西南市场的吸引力太大了。

第四节　沿海东部

我记得，济南基地一期工程是 2007 年 8 月开工建设的，那一年杨健交代给我一个任务，就是要做好这次开工典礼活动。于是我就提前赶赴济南了。开土典礼开始前，李书福下半夜从北京出发，连夜赶到济南。

吉利济南基地，坐落于济南市高新区东部新区，是吉利投资建设的国内领先、集团最大规模、功能最完整的中高档汽车生产基地之一。济南基地的重要性是不言而喻的。山东的人口和经济地位决定了这个省份的分量，而且山东人对吉利汽车向来有好感。我到吉利之后，第一次到山东考察市场时，被山东人对吉利汽车的热情所感染。泉城也好，胶东半岛也好，处处可以看见吉利自由舰或远景的身影。

在开工典礼期间，我还很意外地碰到了山东省委常委、济南市委书记焉竹荣。他也很快认出我，我们几乎是手挽手地走进现场。2000 年，我和浙江省政府一位领导到山东考察经济社会发展状况，一路上老焉陪着我们，从济南、威海到烟台。他那时刚好从日照市委书记卸任，到烟台“履新”——担任烟台市委书记。

这是个精明强干的人，出道很早，也很耿直，20 出头就当了县委书记。我们一路上很谈得来，而且很多想法是投合的，当然是针对现实层面的看法。想不到几年后他当了济南市委书记，而我到了吉利，在这样的场合，又一次戏剧性地见面了。

吉利建设济南基地，还有一个意图就是在东部沿海有一个布局。吉利生产基地在浙江比较密集，上海也有基地，但属于另外的品牌，近年又把经典出租车放在上海了，如果山东基地建设好了，吉利在中国东部沿海就形成一条线，非常有利于发展。

吉利济南基地建成后年产整车 10 万辆，主要分冲压、焊装、涂装、总装四条整车工艺生产线以及发动机厂房、公用动力、污水处理系统等。

在济南基地，这个时候作为整车配套的零部件项目也已启动。

我们当时的目标是，建设零部件生产车间、仓库及辅助设施等项目内容，实现零部件核心总成自主生产，关键总成基地形成配套能力，大体积总成实现基地同步生产，达到年产缸体、缸盖、曲轴、制动器、转向器、箱体零部件、汽车内外饰件、电子温控系统件等乘用车零部件 10 万套的配套能力。

2009 年 10 月 10 日，吉利首款 C 级车①——吉利帝豪 EC825 在吉利济南生产基地成功下线，EC825 的成功下线进一步巩固和提升了帝豪品牌的高端定位。

作为吉利 2015 年规划中家用市场最高档的车型，帝豪 EC825 完全采用欧洲标准打造，遵循国际 C 级车标准，以高舒适性、高静谧性为目标的 EC825 配备最新的 GETEC 发动机系列，为整车提供稳定、澎湃动力，同时成功收购后的澳大利亚 DSI 也将为 EC825 提供高端自动变速器。

这次下线活动也由我负责总体协调，并具体落实。在大伙儿的努力下，这次活动的效果出人意料的好。

第五节 “全球化”肇始

离开吉利一年之后，我又来到了吉利总部。李书福和杨健很高兴地接待了我。我和他们畅谈了一次，主题是吉利的全球化问题，谈着谈着，仿佛找回一种曾经失落的感觉。

这次不是工作汇报，而是友情沟通。我对并购沃尔沃之后的吉利，到底要走什么样的道路很关心。

我其中的一个问题是，为什么要提出从“国际化”转变为“全球化”？

杨健笑吟吟地说：“你在吉利这几年，应该非常明白这一点。我们以前也不很明白这个‘国际化’和‘全球化’之间的差别。经过这几年的发展，特别是经历收购沃尔沃和 DSI 这两件大事之后，我们慢慢悟出一个道理。吉利要走

---

① C 级车：即中大型车，或称作 Executive，即行政级轿车，轴距一般 2.7 米至 2.9 米，排量一般在 2.5 至 3.2 升。这种车型在国内一般为公司用车或行政用车。

的是全球化之路，而不仅仅是国际化。”

最后我和他共同进行了一番总结。概括地说，所谓“国际化”就是产品主要在中国生产，可以有很多的外销，也可以跟国外有很多合作，至于“全球化”，产品至少30%在国外生产，也就是在全球进行布点，工厂和研发中心的布点，配套和营销网络的全球布局。这就是全球化企业与国际化企业的区别。

是的。李书福从一开始就提出“海外战略”，那时虽然是初步的，但也的确雄心勃勃。比如，他最早提出了吉利汽车要三分之二销往海外，后来又提出要三分之一在国内生产销在国内，三分之一在国内生产销往海外，三分之一在海外生产销往海外。当然，这已经有了全球化的雏形了，尽管尚不够完整。

有两件事阻碍了李书福“全球化”雄心或曰“野心”的实现。

一件事，就是这些年来吉利汽车在海外卖得并不尽如人意，虽然在中国称得上外销第二位(奇瑞居第一)，但跟李书福的要求相差甚远；还有一件事，就是海外工厂建设也不是十分理想。墨西哥项目本来是充满遐想的，但由于种种原因无疾而终。印尼、俄罗斯和乌克兰的工厂，大都属CKD① 之类的，虽然布点不错，也风光过一阵，惜乎爆发力和可持续性不足。

这次金融危机倒是成就了吉利，起码吉利寻求到了实现其全球化战略的极佳机会。特别是跨国并购，使我们发现，海外战略的实现原来就是汽车业全球重组和分化过程中的资源整合，也是整车品牌和核心零部件资源的新构建。吉利再也不能坐失良机了。

“今年吉利要实现全年产销同比增长不低于18%的目标。”杨健对我说，2011年吉利集团将通过兼并、重组、合作等方式，重点以6大新兴经济区、10大发展中国家和地区为重点市场，积极准备进入欧美等发达市场，建立以整车为主、CKD、SKD② 为辅的全球生产、销售、服务网络，实现全球研发、全球制造、全球营销。

这就是吉利“全球化”的新含义，或者说新定义。

很清楚，吉利战略转型以后，从一个按照“国际化”要求来布局发展规划的企业，到了今天必然会变成立足中国、面向世界的发展格局，但是这个“面向世界”还是非常有限的。就国内而言，东西南北中都有了布局，按照400公里这样一个配套圈，大致上能够覆盖到中国80%的国土，至少能够辐射到80%至90%的人口，但是从全球眼光看，吉利的布局还处于初始阶段，而且主要是以出口贸易为主。

---

① CKD：是英文Completely Knocked Down的缩写，意思是“完全拆散”，指我国在引进国外汽车先进技术时，将国外先进车型的所有零部件买进来后，再在国内把汽车的全部零部件组装成整车。

② SKD：是英文Semi-Knocked Down的缩写，意思是“半散装”，指从国外进口汽车总成(如发动机、驾驶室、底盘等)，相当于“半成品”，然后在国内汽车厂装配而成的汽车。

应该说,经过 2008 年至 2010 年的不断努力,吉利的全球化进程现在到了新的历史阶段。主要是通过三个途径来解决,那就是通过收购、通过在全球有选择地建厂以及通过合作等途径,来进行全球化谋篇布局。

通过收购沃尔沃和 DSI、入股锰铜等一系列的举措,吉利已经初步地形成了一个全球化的企业。

目下吉利正在着手做的,就是在全球 6 大区域形成制造、销售和研发优势。具体说来,就是以俄罗斯为中心的欧亚经济体,以印度为中心的南亚自由贸易区,以印尼为中心的东盟经济区,以埃及为中心的东南非共同体,以南非为中心的南非共同体,以及以巴西为中心的南方共同体。

这 6 大区域的共同点就是发展中国家,吉利当前的重点市场,仍然是发展中国家。

这是个正确的选择。因为现在不可能长驱直入到欧美。为什么?如印尼等东盟国家,实行的都是零关税。如果把这个地方作为中心点的话,就可以辐射到其他国家。还有俄罗斯为中心的欧亚经济体,包括前苏联国家也都是零关税,进入俄罗斯等于进入了这些国家。

有了这 6 个重点区域,然后再逐渐地向欧洲和北美发展,形成合围之势。

尽管吉利近阶段发展的重点还是发展中国家,但对于沃尔沃来说,它的重点市场却是发达国家。一个是发展中国家,一个是发达经济国家,足以互补。接着是吉利逐渐地向欧洲渗透,沃尔沃逐渐向发展中国家市场进入,形成两个逆向的运动。

吉利汽车的全球战略,最近又下一城。法国弗吉亚集团、浙江利民实业公司、吉利控股集团在杭州正式签署了全球战略合作协议,宣布三方将联合成立合资公司,并在浙江慈溪、山东济南、甘肃兰州、湖南湘潭、四川成都五地的吉利汽车工业园区内设厂。弗吉亚集团在全球的 200 多家工厂,特别是在新兴国家和地区的工厂将为吉利实施全球化战略提供支持,三方合作为吉利汽车开发新的内饰产品。

三方合作设立的合资公司和工厂,将为吉利集团旗下各品牌汽车的主仪表板、副仪表板、门板、立柱、保险杠等产品提供设计、开发和制造的一条龙配套服务,通过这一平台,法国弗吉亚的成熟零部件可以快速实现与吉利产品的匹配和对接,从而使吉利集团各车型内饰在设计、做工、舒适性等方面得到突破性改观。

法国弗吉亚集团是世界 500 强企业,为全球第 6 大汽车零部件供应商。

卷　四

“力量在风中回荡”

一切动机背后的巨大动机，就是物质利益与实现感的交互作用，现实世界与形而上的凝聚，生存问题的解决和想象力的激发。而李书福之所以有号召力，就是他做的梦，这是一个汽车人最热切又最有诱惑性的梦。

李书福说过一句话："力量在风中回荡。"真正的力量是一种无形的东西。虽然它看不见摸不着，却是任何人不能摆脱的规律。我们要认识、研究和运用这些规律，实现自己的目标。

吉利这些年来在研发、管理、人才、创新以及教育和慈善方面的投入，正是一个积聚源动力的过程。正是这些投入，凝聚成吉利起飞时刻活力四射、无比强劲的推动力。而我，见证了这一切是如何化合、聚变和裂变，也目睹了吉利如何一步步壮大崛起，走向世界。

第十六章　风 云 际 会

第一节　户枢不蠹

在接受国内外大量的媒体采访中，我和李书福同样面临着一个问题，吉利造车的资金是怎么筹集的？技术与人才是怎么来的？吉利凭什么并购沃尔沃，收购DSI，与英国锰铜公司合资？是什么样的魅力吸引高盛投资吉利？

我不能仅仅引述李书福“力量在风中回荡”这句话来对付媒体。这显然是一种搪塞。我需要的是对吉利汽车这些年“风生水起”入情入理的解释和数据事实的支持。这种看似突兀的崛起，经营业绩的稳步上升，如果没有一个符合规律的发展方向与战略安排，是不可思议的。如果没有在大调整、大变化历史条件下有迹可寻的“路线图”，吉利成为今天的“新吉利”怎么可能？

程远先生是我所敬佩的汽车评论家、资深汽车媒体人。虽然有几次由于我安排不周怠慢了他，因而引发某些不快，但是这不应该有损我们之间的情谊。我清楚地记得他说过的一句话：“我们要研究一个现象，就是李书福到底有什么魅力，能让他的这个团队围绕着他的强大意志做事，十来年时间就迸发出如此巨大的能量？”

程远先生这个问题很难回答，足见他发问的力道和探寻汽车业成长的思想路径为旁人所不及。我一直琢磨着这件事，这太有意思了。其实如果能圆满地回答程远先生的问题，我对记者们提出的问题就迎刃而解了。

李书福为什么要造汽车？这个问题前面已经涉及很多了。那么资金是怎么筹集的？人才和技术呢？

要是我对别人说，李书福其实不太过问资金的事，恐怕大多数人不会相信；要是我对记者说，李书福对钱既关心又不关心，他们也许会以一种疑惑的眼光打量我，认为我是在忽悠他们：怎么会呢，一个汽车老板怎么会不太在乎资金，不太关心钱的问题？

要是我对所有的人说，李书福有个很强大的团队，在资金筹集和资本运作上很有神来之笔，让造车的钱如涓涓细流汇成海（钱在古代被称作“泉”），再告诉他们，李书福其实是很节俭的，对自己和部下都这样，有时为了一顿好一点的饭菜会大动肝火，那么有一大半人会相信我的话。要是我说，李书福在融资问题上有战略眼光，时机也把握得很好，有一个富有智慧和活力的团队正按既定路线，使资金的力量汇聚和转动，可能更多的人会相信我的话。

要是我继续对别人说，李书福吸引人才主要靠的是他的人格魅力，很多人恐怕也不会相信，在中国企业家中具备人格魅力的也不少，为何独独李书福吸引那么多的人才？我会告诉你更多的事：有些人离开了一段时间还是回来，一再有这样的事情发生，李书福照样给他们安排重要的位置。李书福吸引人才有他的许多法宝和招数，他有一些鲜为人知的东西，放在头脑的仓库里。虽然你可以把这些“秘密武器”搬去，但不用好，不及时用，也会黯然失色的。

其实我要告诉世人的还不完全是这些。

李书福很强调管理的效用，管理的人性化与“军事化”的结合点，其实就是原则性和灵活性的交织，这些都没有错，但是李书福时刻处于变化之中，包括这个管理团队的风格也在变化。凝聚力的形成，不是一两天的事，而决策风格的定型，也是逐步达到的。

初期时，首要是留住人，让投奔吉利的人把根留住，所以更加凸显理想的力量和激励机制，还有对工作上的原创精神予以鼓励和大胆放手，相应地就对“充分授权”比较强调。当时企业实力不强，故而比较注重动手能力的培养，“不花钱也办事”。事实上，对流程的重视和规范运作，是没有也不可能放到显要位置的。生产上较多地鼓励小改小革，以及看得见的成本控制。

到了中期，就明显地倾斜到行为管理上了，包括制度和人事层面的事，引起了管理层的很大关注，于是有了“流程再造”这一说，研发上也更注重力量整合。企业管理幅度的扩展和新产品的涌流，使李书福和他的管理层感到，人治是难以为继的。制度与人的互动，行为规范的研究，生产模式的确立，势在必行。当然富有理想色彩的浪漫追求，仍然是重要的，但很快就集中在一个焦点上，那就是：“造好车，多卖车，自主创新，跻身一流。”

到了最近几年，李书福和我们这些新来的管理者，很快发觉企业行为的形塑，企业文化的成熟，品牌意识的觉醒，以及国际视野的获得，是更为重要的事。管理上的科学性，一定要与人性的需求结合在一起，方能奏效。决策的民主化和适度超前，心态的平稳和规划的稳健，也要与赶超意识平衡。虽然这是一种“危险的平衡”，可正如古话说的“艺高人胆大”，是可以达到的。而早期的理想，也变得更加坚实了——去掉那些“虚火”，剥离了“高大全”的幻影。这应该是吉利的第三个阶段。

这就是李书福的“强力意志”，他的吸引力。这也是吉利管理层所倚重的应变能力，让一些人感到眼花缭乱之处。

为什么能围绕着企业家那种强大的意志，形成一种整体力量，使吉利走到今天这一步？这里面个人因素固然重要，但时代的冲击力也必不可少，而这个“引力场”所吸附的各方力量，也是值得分析的。

以我看来，从李书福创业到现在，到吉利来的基本上是四路人马。第一路人马，是早期响应他召唤的社会基层精英，包括杨健、刘金良①、安聪慧②、顾伟明③、潘巨林④和俞学良⑤等人，他们或是一开始就跟着李书福干，从摩托车甚至装饰材料开始做起来，或是与吉利实业配套的国有供应商负责人，或是当年被李书福选中的大学毕业生，这些人进入造车行列之后，吃得万般苦，做得百件事，在不少岗位上一路转战而来，干过基建、采购、供货、维修、人力资源和情报收集，也干过整车开发、发动机生产和营销，与李书福的磨合以及对企业角角落落的了解，是很彻底的。

人是社会动物固然没错，是社会关系的总和更是真理，但人也是情感动物。李书福的喜怒哀乐，文武张弛，他们都了然于胸，“老板”心里想的是什么，他们也相当明白，而李书福对他们的要求可以严格到极其“无情”的地步，也可以在某些“历史性场面”悲喜交集，相拥而泣。也许这就是李书福的“社会基础”和“依靠力量”，这些人直到今天仍然是吉利的顶梁柱。

第二路人马，是那些来自一汽、二汽、上汽以及其他国企的管理者，还有来自机械、家电行业的其他著名企业管理者，包括柏杨、南阳、尹大庆、陈寅、徐抗、张爱群、刘向阳、王召兴、魏梅、余卫等人，还有徐滨宽这样的中年变速器专家和华福林、张建中等退休之后转到吉利的技术专家。这些人大都拥有汽车行业或机械、家电行业丰富的从业经验，因为各种原因来到这家当时名声开始响亮起来的民营汽车企业，抱着“二次创业”或“换一种活法”的心情，投奔李书福，分头担任管理和技术职务，而且有的还成为国企与吉利的桥梁和纽带，吸引很多中层干部来到吉利。

这可谓是两头受益。最使李书福高兴的是，从国企和其他著名企业来了这么一大批成熟的管理者，尽管他们身上有不少国企痼疾的投影，但对汽车企业的生产经营还是有一套办法的，稍加改造也可以运用于民企；那些来自国企或其他著名企业的管理者和专家，当然也非常乐意在这里干，他们或怀才不遇，或为民企的崛起所吸引，也有为李书福的独特个性和过人之处所折服的，这些人中也不乏“英雄”，英雄总是要有用武之地的，即令英雄暮年也要一展身手。在2002年至2010年这八九年间，他们对吉利的进步和高速成长，起到了

---

① 刘金良：现任吉利集团副总裁，吉利集团销售公司总经理。
② 安聪慧：现任吉利集团副总裁，吉利集团宁波基地总经理。
③ 顾伟民：现任吉利集团副总裁，吉利集团路桥基地总经理。
④ 潘巨林：现任吉利集团副总裁，吉利临海基地总经理。
⑤ 俞学良：现任吉利集团副总裁。

很多意想不到的作用。当然,这里面也有很多意外情形,包括有进退反复的,有岗位变化引起不适的,有年事已高的,就退出舞台了。可是对他们的晚年来说,也足资炫耀了:对子孙辈,对全社会都可以这样。

第三路人马,是来自政府和其他社会组织的人士,人称"空降兵"。这些人包括了徐刚、赵杰、毛勇和本人。虽然人数并不多,但是影响力和作用还是不容抹煞的。有人说,李书福喜欢启用有政府背景的人,这句话并不确切。在创业初期,李书福的确希望吸引来自政府方面的人才,他知道这些人掌握政策、熟悉流程、拥有人脉,甚至在管理上也有一套办法,最重要的是,这些人到吉利之后,会有一些示范效应,营造一种吸引力和支持民企发展的氛围。但是这些人在企业久了之后,在如何使用和对待他们的问题上,李书福也颇感踌躇。

包括李书福本人在内,普遍认为他们这些人(自然包括我),与企业文化和原有团队的融合有一定的难度,对企业的运营和操作也需要相当长的熟悉时间,而且自尊心很强,有时做事不肯放下身段,甚至还有点清高。这些来自政府机构的"空降兵",当然起到了别人起不到的作用,除了社会政治资源整合、企业长远战略制定、企业内部控制和流程规范,以及公共关系的厘清与规范之外,还在相当程度上提升了吉利在消费者和政府心目中的形象。但是这些作用,在无情的现实面前,经常被撞成齑粉。

道理很简单,这些人并非初出茅庐者,他们感到自己原先是"面南而坐"的人,现在万事求人不说,企业的管理层和基层骨干也并不领情,而李书福和他的那些"先行者们",对他们也有先入之见,始终觉得"空降兵"们缺乏磨炼,脸面又薄,不肯脱下长衫,与企业扞格不入。而"空降兵"们也感到难以适应,觉得管理层其他人直至李书福本人在内,跟他们有心理距离。这个距离并不是一天两天能修复的。到今天为止,这些"空降兵"基本完成了历史使命。

第四路人马,就是海归派。就在 2006 年下半年,我跟赵福全开玩笑说,你是"海龟重返大陆"。这话自然是个比方,赵福全这次是继归国加盟华晨之后,第二次加入中国自主品牌阵营。"重返"云云,就是这个意思。当然"海龟"并不孤独,在此前后,由于我们这些人先后"投奔"李书福,也造成了吉利汽车在研发、融资、财务、质量、品牌和传播等方面的逐步规整和方向性变化。

最初的时候,赵福全未必希望到吉利来。像他这样的"海龟",又是在东北工业基地附近成长的技术专家,包括他在华晨汽车日子里的感受,当时再怎么也不会想到去吉利的。有人说过,赵福全与吉利的结合,是最洋的遇到最土的,然而就在这个"最土的"舞台上,赵福全再次找到了激情和创造力。

"海龟"倘若单打独斗,结果可想而知。李书福要的是人才队伍的整体感,他的长远规划也好,宏大叙事的"中国汽车故事"也好,要有一大批人去落实,去勉力实现。按照李书福的说法,他需要的是一大批人,成千上万,甚至更多,而不是几个、十几个人。于是，随着吉利海外并购行动的开始，就有更多的“海龟”加入，如童志远、沈晖、袁小林等人，还有较早“入伙”的张芃。

一切动机背后的巨大动机，就是物质利益和实现感的交互作用，现实世界与形而上的凝聚，生存问题的解决和想象力的激发。而李书福之所以有号召力，就是他做的梦，这是一个汽车人最热切又最有诱惑性的梦。

凡是到吉利工作过的人，大都是有很多想法的人，或是有点怀才不遇的人。即使最早跟随李书福干的，也有不少人是为李的理想和愿景所吸引。比如把造车这件事做成中国第一，或是“汽车王国不是梦”。这样的梦想的确诱人，个人价值的实现也是许多人的梦想，大梦想与小梦想联系在一起了，生出另一番“风云际会”的景象。

第二节　呼唤领军人物

研发与设计是汽车公司的生命线。汽车的高技术含量，其关键部分大多集中在研发系统，即使制造环节的技术，也与研发、设计密切相关。掌握了研发、设计的核心技术，就等于掌握了整个企业的命脉和控制权。

自主研发是一种能力，一种综合性极强的能力。这种能力是不易被竞争对手所模仿的，因此具有强有力的核心竞争力。同时，研发、设计连接着市场和制造环节，它接受市场需求的信息并从事持续创新和适度超越，并及时将标准、体系和数据传递给制造部门，进行供应链的控制和整合。它使汽车公司保持生命力和持续发展能力，并建立起一种历史高度。

吉利早就告别了逆向开发阶段。自2004年之后，在知识产权和发明专利方面也是进展迅速。光这样还不行，因为当时吉利的技术体系和技术标准，是比较脆弱也不完整的。这种情况由于2006年下半年“海龟”赵福全的加盟，发生了根本性改变。

李书福和赵福全交往的时间，其实是比较早的，他们之间的“恋爱”经过相当曲折。他们经常戏剧性地碰在一起，或机场或酒店，甚至排队过海关时。也许这就是所谓的“缘分”或曰“命运”。

李书福对这一类人才重视的程度是“无以复加”的，甚至可以用“无所不用其极”一语来形容（也许太过）。有一点是可以说破的，对核心人才方阵的形成，对研发、销售、融资等方面的人才的搜求，特别是汽车业综合性人才、“领军人物”的获取，是李书福所朝思暮想的。

赵福全身上有着研发领军人物的气质，也许他的价值就在这里。

赵在汽车业的经历，特别是他的海外背景，在华人汽车圈子里的号召力和周旋能力，正是吉利这样的中国民营汽车企业所缺少的。

作为企业家，李书福的发展战略和技术路线需要有人衔接和深化，需要有个“二传手”。反过来说，企业壮大了之后，整体研发力量的分散和技术体系的不成形，还有技术标准的缺失，都是他颇不满意而无能为力的。

一个做董事长的人，总不至于揎拳裸臂地去整合研发和技术上林林总总的资源，哪怕他个人如此着迷于汽车研发和制造技术。

赵福全的到来，恰逢其时。吉利虽然很早就斥巨资成立了汽车研究院，也在研发方面取得了不少成绩，但总的来说还需要提升和整合。进入汽车行业以来，吉利在技术上有很多积累，但真正的技术体系尚未完善。

最为关键的是，吉利正面临着从初步的技术研发到大规模的系统开发阶段，从正向开发的“摸着石子过河”状态到高起点、全方位的自主创新阶段，从核心零部件和外观设计的分散研发阶段到全面整合高度融合研发阶段，也是从基地和车型之间自成技术体系到了全集团内数据化、通用化和标准化阶段。

赵福全的到来，固然要面临着这么一大堆问题，但也为他提供了一个绝佳的机会，一个“海归派”人才在中国民营汽车企业一展身手的机会，颇有点“天降大任于斯人”的意味。

人们终于看到，吉利提出了“5 大技术平台，15 大产品平台，42 款新车”，这是何等光鲜华美的研发技术形象。赵福全和他的汽车研究院，为李书福实现年产 200 万辆的汽车梦想夯实了技术和研发基础。很快，技术体系理顺了，产品规划出台了，数据化、通用化和标准化得以初步实现。

当然，做好这一切不是一蹴而就的。吉利固有的研发基础要逐步使之坚实起来，原先比较分散的技术体系和力量要聚合和整饬，各种技术标准和数据要编制成形，并予以分类汇编。而对于李书福、杨健和赵福全他们来说，一个必须顾及的大前提是，必须很好地处理下面几对重要的关系：

首先碰到是产品市场需求与后续储备之间的关系。赵福全来吉利之前，特别是战略转型之前，不是没有产品规划，也不是没有产品开发计划，但总体上是线性的、随机的，关联度和系统性不强，也不够明晰，更多的是应对市场急需，为企业解决基本生存问题，精雕细刻者较少，“急就章”居多。

现在回过头来看，吉利早期一些车型打上了公司高层的鲜明个性特征，车型的设计风格与吉利初期发展战略有关，也与研发力量相对薄弱有关。

以李书福的悟性和天分，加上他对市场的理解力，当然会在汽车车型的选择和设计方面，打上他的个性烙印和审美特性，这些“中国元素”和汽车观念，是风格化的，也基本迎合了大众的需求。客观地看，在这场自主品牌汽车的急行军中，这可以说是唯一的选择，可以避免因技术储备不足和研发积累较弱带来的掣肘，也可以在相当程度上满足当时中国汽车市场对经济型轿车的需求。

所以，吉利当时卖的车型固然能基本适应市场需求，但产品差异化和市场细分不够清晰，准备也不足；至于产品的长期储备，更是没有太多考虑。

然而这样下去是难以为继的。过分个性化和本土元素的彰显，研发上的战略和战术的不够清晰，会对吉利这样的企业的长远发展带来一定的影响。有时这种影响是致命的，李书福不会不觉察到这一点。

赵福全到吉利之后，对这个问题倾注了很多思考，李书福本人由于战略转型的需要，也积极地推动这个进程，同意杨健和赵福全的建立产品战略委员会的想法，着手解决吉利汽车市场需求与产品储备的问题，同时对产品的长远规划进行梳理和整合。

经过一段时间的紧张工作，一个由平台化战略为核心思想，明晰的技术平台、产品平台和系列新车型的开发，带动吉利战略转型的庞大计划出笼了，一时吸引了媒体和行业的强烈关注。

但在 2008 年至 2009 年间李书福最为关心的是“战略转型”能否成功，于是研发的常规流程必须被打破，而且要获得一种速度和“超越感”。

当时李书福整天考虑的是如何提升产品品质和技术，在产品线的丰富性特别是品牌建设上有一个明显的起色。他周围不绝于耳的是，如何避免边缘化，如何“冬泳强体”度过金融危机的艰难时刻。赵福全和他的汽车研究院必须打破常规，既要对通常的研发流程进行必要的优化和精简，更要按照董事长和总裁的要求，进行超越式的产品开发设计，加快对外合作开发新车型的步伐。

由于赵福全的海外背景和与世界汽车行业千丝万缕的联系，这个事情也就紧锣密鼓地张罗起来了。吉利开始与包括意大利、法国和韩国等国在内的著名设计研发团队，如前文提到的乔治亚罗家族，进行一系列的合作。

对于赵福全的到来，我很感佩也很高兴，因为他身上有一股即使是高端技术专家也不具备的国际视野和本土精神的融合能力。他身上有一种专家型管理人才的气质，甚至还带点东北人特有的既幽默又“匪气”的地域文化特点，但在做具体配合工作时，或协作共事过程中，我感到他那种咄咄逼人的气息使人很难接受。不管你是谁，什么都要“占上风”的阵势，是我难以认同的。

但后来我也渐渐理解了，在这样一种企业文化和社会转型环境里，赵福全要想真正做点事，这种强势的态度和占领“制高点”的心理，还是很管用的。总的来说，我们配合得很是不错，偶尔也抽空喝酒谈心，吐露心事，指点世界汽车业的江山，臧否人物，亦为人生一大快事。

赵福全和他的同事们还通过“矩阵式管理”和创新产品开发流程，基本实现了研发体系的转型。“矩阵式管理”是一个系统，其最大的亮点就是全新的产品开发流程，效率在其中扮演了最大的角色。用赵福全告诉我的话说，就是能够用1 400人干 4 000 人的活，在一个指挥系统下，将一个人的时间分成不同的部分，再进行合理的调配、考核。

赵福全曾经说过，他最自豪的研发管理就是让工程师进行“重复劳动”（设计），这样既可以提高设计效率，更能保证设计质量。我想，这也许是他从泰罗制或卓别林的《摩登时代》里汲取的灵感，把大工业流水线的工作方式应用到了研发方面。其实这种流水线方式的研发，是很合适这个时代的特征和工业化中国的心理的。它的基本方法就是，将一个具体车型的研发分解为由若干小任务组成的“任务流”，把研发部门看成不同的工位，任务流从一个工位转到下一个，形成一条研发“流水线”。在吉利，现在平均每三个月就有一个整车研发从“流水线”上推出去，然后又有一个新的整车研发任务推进“流水线”。

赵福全们的另一个重要贡献，就是只用了两三年时间，完成了至今外界仍没有真正理解的安全技术跨越，简直有点不可思议。

2006年，首次参与中国汽车技术研究中心碰撞测试中心碰撞测试（C-NCAP）的自由舰仅获得两星评价。不要说研发和制造方面的压力，就是对我的压力也很大，因为我觉得很难对媒体和社会公众进行解释，经销商对此很不满，一些媒体也时时鼓噪吉利安全技术的失败，试图对吉利形成新的“围剿”。在高层会议上我们也对此作了反思，痛定思痛，下决心突出整车安全技术的研发和整合，通过提高碰撞星级，采用先进安全技术，将汽车安全性能列入产品的核心竞争力。

刚加盟吉利的赵福全接受了历史性考验，人们把目光迅速地投向他。

终于，2008年7月，吉利的远景碰撞出了“四星”，是此前所有测试过的自主品牌中唯一一个四星，其42.2分的分数超过了很多合资品牌。2009年12月，吉利熊猫以45.3分的成绩，成为首款获得五星安全的A00级小车。

最近我又得到新的消息，中国汽车技术研究中心于2011年1月7日在天津召开新闻发布会，公布了2010年第四批8款车型的C-NCAP碰撞试验①评价结果，其中吉利首款B级车型——帝豪EC7以总计分46.8的成绩，继吉利熊猫之后再次荣膺五星，也是迄今为止中国自主品牌在C-NCAP碰撞试验中获得的最高分。这个成绩甚至超越了包括一汽大众迈腾、上海大众昊锐等在内的合资品牌中的高端车型。

经过四年多的努力，吉利的技术体系整合终于完成。

如今吉利已经在全集团范围内统一了设计标准，统一了开发流程，真正实现了整个集团技术体系的“一盘棋”。以前由不同基地开发的远景、金刚和自由舰，虽然都是吉利产品，但各自的数模竟然也不相同，以至于彼此之间进行

① C-NCAP：China-New Car Assessment Program（中国新车评价规程），是将在市场上购买的新车型按照比我国现有强制性标准更严格和更全面的要求进行碰撞安全性能测试，评价结果按星级划分并公开发布。

技术交流还需要“翻译”图纸。而经过了赵福全的整合，吉利的技术语言——图纸、标准等，很快就在全集团范围内统一了。赵福全还把所有的设计权限和职责完全赋予研究院，并将研发人员和资源都集中起来，从而在短时间内迅速凝聚起了强大的合力。

技术体系整合，的确是一项浩繁的工程。这个过程充满了艰辛与困顿。对于整合的最终成功，赵福全更多地将其归功于李书福和杨健的支持。赵福全经常对我们说，没有这种来自最高层的、一贯的、高度的信任，他是不可能取得整合的最终胜利的，而这也正是吉利在体制上的优势所在。

在吉利的产品和技术规划中，赵福全第一次把自己对大众和丰田车型平台的理解融入其中，形成了见解独到的平台理论。现在吉利未来每款产品所出自的技术平台和产品平台，以及车型之间的关联关系，都已非常清晰。

平台化战略有着丰富的内涵，就是通过标准化、模块化和少件化设计实现通用化，提高研发速度、降低研发成本和采购成本、主动减少质量问题，同时零部件质量更易受控。就技术平台而论，以通用的底盘为基础，拥有相同的前后悬架方式和重要车身结构；就产品平台而言，是在同一技术平台下，以不同的关键尺寸（轴距、轮距）和动力匹配方式，构建一系列产品；而车型产品是在同一产品平台下，以不同车厢形式、车门形式和座椅形式等，衍生出各类车型。

在车型的具体开发过程中，杨健和赵福全引领吉利大力推行通用化建设，以建立在平台化基础上的标准化、模块化和少件化设计，实现通用化目标。按照隐性化设计原则，也就是“看不见的都一样，看得见的都不一样”，在全力推进通用化的同时，确保产品具有足够的差异化。

第三节　要把车卖出去

造车固然不易，卖车更难。从某种意义上说，卖车就是卖品牌，就是出售技术与品质，就是亮出售后服务的底牌。这些事说来容易，实行起来却很难。

吉利开始造车不久，汽车反而容易卖得出去。那是汽车行业竞争的起始阶段，虽然有一些洋品牌，但是为数尚少，而且价格不菲，使得国内普通消费者望而却步，而吉利进入汽车行业，按照李书福的说法，是“不迟也不早”，虽然品牌并不出众，但由于价格低廉，构造紧凑，皮实耐用，深得一些用户的欢迎。

刘金良，这是李书福早年闯荡海南时发现的人才。说起来非常偶然，李书福常住的一个酒店，有一个“门童”做事很利索，也非常勤快，颇有点机巧，热情周到的服务加深了李书福对他的好感。其实这人不是一般的“门童”，是个到这里来闯世界的大学生，毕业于首都经贸大学，出于好奇和创业的欲望，刘金良独自一人来到当时最火热的淘金地——海南。创业需要本钱，刘金良没有什么背景，只能靠自己了。

被李书福看中的人，一般很少“漏网”。

李书福后来感到，在海南这样下去也不是办法，机会虽多，对他来说，并非久留之地，他还是想回去搞实业，因为贸易和房地产不是他所长。刘金良这时也感到海南不太适合自己发展，再说当“门童”亦非他的抱负，即使当个酒店经理又能怎样？有一次李书福问他，愿意不愿意跟他到浙江创业，刘金良高兴极了，这件事算是一拍即合。刘金良跟随李书福到了浙江台州，李书福起先并没有让他干实业，而是让他筹建一家酒店。经过一番折腾，刘金良觉得自己还是对实业感兴趣，创办酒店并非他的意愿。可能李书福也觉得自己身边需要一个得力的干将，就让刘转向实业，一起干摩托车。

从 1995 年开始，刘金良在吉利干过不少事，包括办公室、人力资源管理和搞“三产”，后来就负责销售。我到吉利之后，才结识刘金良。对他的能耐和内在力量的认识，说实在的，经过很长一段时间，才得以完成。

这个时候，刘金良已经是吉利控股集团的副总裁兼集团销售公司总经理。对他的初步印象是，平时说话不多，很会琢磨事，与经销商关系很铁，也很了解实情。对于销售，当然他有自己的一套，从某种意义上看，很贴近现实与市场。他并不是那种振臂一呼，登高望远的人物，但他确实有一种“润物细无声”的感染力，也有一种拓展市场的想象力和行之有效的营销策略。

由于性格不同，起先我觉得他很难接近，甚至有点执拗。我俩之间是有距离的，在配合上我很不够，但他也经常找我的“岔子”，这样一来就心存芥蒂了。本来我们应该是“盟军”，天然需要合作，但我在这个事情上过于清高，觉得既然你如此不可接近，我为何一定要热面孔贴冷屁股呢？

有一段时间，我和他的关系很僵，甚至可以说很糟糕。我知道自己有点意气用事，但碍于面子，就是不予理睬。这一点，李书福看在眼里，急在心里。杨健也觉得有点不太对劲，就做我工作，希望我能有个姿态，多配合销售。我接受了。既然这样，就得行动。首先要调整自己的心态，才谈得上合作。

不管怎么说，销售是很重要的。一个汽车公司，把车卖出去才是硬道理。

在企业发展格局中，除了企业家的战略思想和制度安排之外，团队的合作恐怕是最要紧的，也是最宝贵的了。“包打天下”是行不通的，何况谁也无法包打天下。时代不同了，各种复杂的因素和瞬息变化的市场，令人畏惧。

我们终于取得谅解。刘金良对人说，看来王总的确想把企业搞好，出发点是好的，也做了不少事，他到企业实属不易。我也对他说，在营销方面，有什么需要我配合的，尽管吩咐，我会竭尽全力的。我对北京的一位朋友说，刘总很有办法，也很敬业，我打心底里敬佩。这些话不知怎么传到刘金良耳中，自此在工作中我们更加投缘了。

在关系处理出现危机或不信任感时，不能退避更不能加剧，首先得考虑自己这一方有什么可以改善的。这不是软弱，亦非丧失原则。这是一个建设性的生存姿态。

这些年来，我的确推崇一种建设性的生活。因为建设性的生活中，首先得益的还是本人，而整天怨尤无济于事，也败坏心情。这不会错，即使挨整或摔跤，也是值得的。活着，就要付出许许多多学费。

就是走了弯路，也要学会在路上欣赏风景。

2007 年 2 月，继上海华普汽车董事长徐刚升任吉利控股集团副董事长后，刘金良“空降”任上海华普总经理，余卫任上海华普国润汽车公司总经理。

2007 年 10 月，刘金良再次担任吉利销售公司总经理，统一管理吉利和华普的销售工作。李书福和我们都希望刘金良能像扭转华普颓势般应对吉利面临的营销压力。

刘金良接替徐刚任华普基地负责人后，在质量提升、成本降低和经销商管理等方面“下猛药”，并取得了实效。当年 1 至 9 月份，实现销量 25 790 台，比 2006 年同期增长了 70％以上，6 月份单月甚至实现了 4 000 台销售量，创造了华普销售史上的最好水平。在与经销商合作和汽车销售策略上，刘金良的办法是奏效的，关键就是他的思维和方法“服水土”。他创造了很多方法，也抓得住经销商的心思。分网销售也好，“千县千店”也好，别具特色的售后服务也好，总是那么深获人心，而且步步为营。

在所有这些营销活动中，都得有宣传上的配合和品牌推广上的支持，2008 年之后我将传播的重点，以及车展的基调，转向了技术吉利、创新吉利和品牌吉利，同时把技术推广、产品宣传和企业传播结合得更加紧密了，几乎把所有的车展承担下来，让刘金良集中精力抓营销主体工作，他有更重要的事要做。

我把车展分为三类。一类是上海和北京国际车展，这种国际性的车展影响力巨大，我就主打品牌提升和形象塑造。重要的是策划和创意，特别是车型的诠释、媒体的报道和专家的评价，必须站在制高点上来综合考虑，还有展台的风格和内涵的挖掘，当然声光电等技巧性配合，也很要紧。

第二类车展是全国性的大型车展，比如广州、成都和长春车展，这些车展虽然不及上海和北京国际车展那么重要，但也很有辐射作用，特别对华南、西南和东北等大区，有很好的带动作用，这类车展我让集团新闻中心牵头，请销售和技术部门配合，基本上我都到场，刘金良有空的话，也请他出席，与媒体直接对话，与消费者适当接触，以激发他更多的销售思路。

还有一类车展，我把它们列入第三类，那就是面大量广的全国各地区域性车展，包括昆明车展、西安车展、郑州车展等。对于这类车展，我采取的方法是，有些我们配合经销商做，有些我们直接做，请经销商配合。除了树立品牌形象之外，这些车展上还经常有消费者直接购车，这也未尝不是好事。

这类车展也很重要，但限于精力和财力，我们不可能每次都投入很大的力量，所以我的方针是，要帮助销售公司做好这类车展，不能在这些车展上降低规格和要求，不能让吉利形象扭曲，弄得品牌格调很单薄，如有些国内汽车品牌，参加这一类车展似乎去“摆地摊”。如果这样，宁可不参加。

筹办所有的车展，包括国外车展，我始终把重心放在传播上。试着想一想，能到那些车展上看车的人，就算是成千上万，哪怕是百万大军，相对于全国人口，也是汪洋大海之涓流，满天星斗之一角。

除了传统媒体，我更重视新媒体的力量，如网络、网游等，那是一股不可阻挡的潮流。从传统媒体到新媒体，社会公众的接受有个转变过程，但大体上毕竟转变过来了。即使那些不上网的消费者，也要让子女或周围的年轻人，上网查一查车子的性能与参数，看一看网评如何。

2007 年，我们在营销传播整合方面，还做过几次很有意思的尝试。

在香港回归祖国 10 周年之际，中央电视台第八套节目播出了内地和香港合拍的 58 集电视剧《岁月风云》。剧中频频亮相与吉利极为相似的车标、各款车型、吉利的厂房、吉利的 4S 店，很多观众表示：“这部电视剧给人印象最深的恐怕就是吉利。”这种说法虽然有些夸张，但是可以看出，通过这部电视剧吉利获得了巨大的品牌宣传效果。这部电视剧确实是以吉利为原型创作的，吉利也参与了合作拍摄。这种营销方式，被称为“嵌入式”营销。自主品牌汽车企业大规模使用这样的营销方式，还是第一次。

以吉利创业故事为背景的电视剧《岁月风云》主要演员刘松仁(左)，与本书作者交流在吉利汽车基地拍摄期间的感受

《岁月风云》在华氏汽车掌门人华文翰的画外音中开篇：“让中国汽车走遍世界，不仅是华氏三兄弟的心愿，也是全体中国人的梦想。”全剧以倒叙的手法，描述了一个家族三代人之间的情感纠葛，以及围绕建立中国汽车自主品牌这一目标，三兄弟化解矛盾，最终同心协力，将自主品牌汽车打入美国市场的故事。

在营销策划领域，在 A 事件进行的过程中嵌入 B 事件的营销方式被称为“嵌入式”营销。这种“嵌入式”营销的最早运用，是在 1951 年的《非洲皇后号》电影里出现戈登杜松子酒明显的商标。

在汽车领域，很多企业运用过这种方式。比如在“007”系列影片中，詹姆士·邦德的专属用车阿斯顿·马丁，随着影片在全世界范围内为人们所喜爱，这款车也因此闻名于世。

出乎很多人意料的是，这次合作是香港无线电视台（TVB）主动找到我们的。当时，TVB 想在香港回归祖国 10 年之际，推出通过一个家族、一个行业的变迁，表现中国社会进步发展的电视剧。他们最终选中了汽车行业，希望与具有传奇色彩的民族品牌吉利合作。

在初步达成合作意向后，该剧的艺术总监梁家树、编剧欧冠英多次来到吉利。我和他们有过多次推心置腹的交谈，欧冠英还在吉利工厂生活了一段时间。剧中很多著名演员到吉利体验了生活，他们很开心也很有感触。

为了拍这部片子，有许多细节问题要解决，我们之间的谈判进行了很长时间。但我们还是努力促成这次合作的成功。最大的原因就是该剧的故事原型是吉利。这是在讲述吉利的创业故事，再现李书福等一代汽车人的神韵。

《岁月风云》也帮 TVB 创下了 5 年来的收视率新高。

“嵌入式”营销并不是无往不胜。在当年的贺岁片《天下无贼》中，“贼公”开着宝马说：“开着好车的就一定是好人吗？”这被不少人认为伤害了宝马的美誉度，成为“嵌入式”营销的失败案例。

一些人在看过《岁月风云》后说，这部戏很真实，也很有感染力，在路上看到吉利车都会感到很亲切，表达了想买吉利车的愿望。也有一些人认为，这种方式使电视剧过于商业化。一位网友甚至把这部 58 集的电视剧称为“一部经典的广告巨片”。但我们根本就无意去拍一部广告片，TVB 和央视也没有那么傻。说到底，是人家有故事要说，我们提供了场景和细节。

无论怎样，有论者还是把这件事列入了“嵌入式”营销的案例。因为这种商业化的运作方式在国际上很流行，尤其是在美国好莱坞电影中应用很广。在近几年上映的美国电影《变形金刚》中，擎天柱、救护车、铁皮、爵士、大黄蜂分别对应通用的 Peterbilt 389、悍马、GMC Topkick、Pontiac Solstice、雪佛兰 Camaro。一些营销专家认为，通用把“嵌入式”营销发挥到了极致。

当然，我和金良老总也会经常讨论新的汽车营销模式和渠道创新。快速进入汽车社会后，特别是金融危机之后，运用原先娴熟的战略和策略并不完全适用于新的主场，这就要求汽车公司向纵深变革。我们议论起诸如渠道经营多样化之类的问题，包括分网和混搭经营的利弊得失，如何拓宽 4S 店理念，发展二级直营店，尝试汽车超市（这恰恰是李书福首先倡导的），经销商集团化发展，等等，还有如何做实产品线，引领汽车金融消费，以及创新传播方式，整合营销传播等问题。吉利公司上下对我们这样进行传播和推广品牌是比较满意的。销售公司上下也有了新的合作感，大家都期待着这种合作能做到“无缝连接”。事实上也很快做到了,这很幸运。

第四节 不仅仅理财—融资

汽车业早已不是暴利行业,而大投入的格局不会改变,这就是一个难题。

可是李书福的团队“藏龙卧虎”。除了我上面说到的那些成员之外,尹大庆是出色的一位,就其最基本的一面看,他确实是理财和融资高手,我平生最为服帖的一个财务专家。

这是一个很有意思的人。老尹的经历可谓单纯而复杂。他做过很多事,在他这一代人里,还是很幸运的。一个“老三届”学生,在那个政治风云变幻的年代,一不小心就会陷入泥淖,稍作放弃就会被淘汰出局,变成永远扎根农村的人,或成为下岗工人。尹大庆与我一样,是恢复高考后的1977级大学生。不过这个77级大学生很特殊,年纪比我大十几岁。不简单的是,他那时就修了两个学位:财务与英语。这两样表面上不相干的学科,日后派上了大用场。一切真是难以预料。

尹大庆在杜邦中国公司干过,也在华晨汽车当过老总,这些经历对他在吉利负责财务是很有好处的。在华晨时,刚好是仰融从如日中天到尴尬窘迫的阶段,他看到了很多,也经历了很多。从早年的备尝艰辛到近年的起起伏伏,尹大庆算得上是“阅尽人间春色”了,有一段时间他也很消沉,干脆去香港炒股票,玩了一把,不过最终他还是来到了吉利。

我有一次跟人开玩笑,说李书福找来了一大批明星级高管。这么说起来,李书福有点像导演。企业家从某种意义上看,恐怕最像电影导演。

多年来,尹大庆就领导着吉利财务部门开源节流,与金融部门修好,以便在关键时刻筹措资金,精心构建产品与利润紧密挂钩、点线面结合的管理中心。这个财务团队非常强悍而精明,能够通过参股与合资、收购上市公司、发行可转换债券、发行新股、股权置换等步骤和路径,获得巨大的资本聚集空间。

这些年来,吉利财务能力的迅速提升是有目共睹的。

更重要的是,尹大庆和他的同事们长期以来集中力量打造国际化的资本链条,也就是将汽车业务精心梳理,让业务和资本密切结合,成为真正意义上的实体公司,以从事汽车研发、汽车关键零部件生产和整车销售业务,形成一条完整的资本链,为吉利集团的未来业务发展提供国际空间。为此他们还做了一个十分重要的工作,就是围绕主营业务,清理附加业务,剥离了一些与汽车无关的产业,整合了相关资本,融入汽车业务主线。

同时尹大庆们致力于打造国际化的融资平台,充分意识到香港作为国际性金融中心的作用。吉利汽车通过在香港的上市与越来越多的跨国金融机构、战略投资财团等建立了密切关系,同时也在与他们加强包括资本合作在内的一切有可能的合作,这对吉利汽车资本国际化发展具有重大的战略意义。

对于尹大庆,李书福是很放手的,也很寄予厚望。他经常说:“我不懂什么‘资本运作’,也不关心具体财务,这些是尹总他们的事。”这并不是什么故作姿态的话,或是矫情之言。

从根本上说,李书福是个战略家,为什么一定要把数字搞得这么清楚呢?尹大庆一句“我一生从不做假账”的话,足以使李书福安心睡觉了。

关键是吉利管理层和财务部门这些年通过搭建资本平台,获得了巨大的融资能力,这真是功不可没。在香港市场有一个融资平台,令汽车本身得到了资本,吉利汽车如此快速地发展,又使它具有了更大的融资能力。这就是我们走的“捷径”,一条光明正大的捷径。

当然银行的支持也是不可少的。收购沃尔沃,建行那边就给了 5.5 亿美元 3 年一期的贷款,而兴业银行给了吉利 3 亿美元的贷款。因为有这 8 亿美元,才有吉利资本的春天到来。

从 2007 年至 2008 年,通过一年的时间,吉利把上市公司那些子公司的股权,置换成为上市公司的股权,让上市公司成为这些公司的债务人,那么上市公司整个资本平台就搭建起来了,可以去做收购的事。后来,吉利汽车向高盛集团发行可转换债券和认股权证,由此又募得 25.86 亿港元。

虽然这些钱对于吉利收购沃尔沃来说显然远远不够,但跟高盛等投资银行和财团建立了如此联系,吉利收购沃尔沃的底气无疑更足了。如果没有融资能力,也就没有杠杆作用,收购这么大的一家企业,就很难了。所以我们每一步都是坚持通过这个国际资本平台,然后又撬动国内银行的融资,使吉利的发展得到一笔笔宝贵的资金。

我经常跟尹总说:“古人说‘长袖善舞’,你老兄真是有办法。”他说,“是的,你看我们 2003 年年底的时候,只有 38 亿的总资产,但是到了 2010 年的 6 月底,我们有差不多 360 个亿的总资产,这些都不是凭空得到的,除了企业自身发展,业务不断扩大之外,在资本平台的构筑和对外融资方面,也想尽了办法。我们的确不易!”

作为深受李书福倚重的副总裁,尹大庆在吉利的影响力远超外界所知。除信任以外,很多时候,董事长甚至都有些“畏惧”尹大庆。老尹就是这样一个人,有话直说,精明而不谋私,眼界开阔而心中有本账。

2007 年左右,老尹给负责质量的主管写信,其中直言不讳的程度令人震惊,此信看后我们这些人都感到振聋发聩——

读完报告后我感到事关重大。我们的进步实在是太慢了!

站在财务人员的角度，我希望我们产品的质量始终是趋于完美的。因为质量是企业的生命线。如果产品因为质量问题越卖越少、索赔越来越多，经营就会发生重大亏损，我们不仅失去了市场，而且我们的资金链就断掉了，公司的生命也就终止了！

我也希望我们的董事长和经管会所有成员真正明白什么是"全员质量管理"和"全面质量管理"。我们是否经常去过问重大质量问题，关心反复发生的质量问题？我们是不是总是去搞新项目而忽视在产项目，或对质量问题隔岸观火，或躲避责任，或敷衍了事，或不闻不问?!

我也希望质量管理部门工作人员（企业产品的保健师们）不要在质量问题上净说好话、世故圆滑，要敢于暴露问题、处理问题。这个报告说好话太多，批评太少，对批次质量问题也没有提出严厉的处罚措施。如果质量管理部门总是不痛不痒去抓，这个部门就失去了存在的意义！

关于 AUDIT 评分①的问题，我们产品的主观指标比宝马都要好，这是不可能的！我认为这会误导一些领导者，使他们总以为自己的产品质量还不错。

老尹还有一个绝招，就是能在三五秒之内，把五年八年前的一个销售数字或成本数据，一点不差地报出来。有时我开玩笑地称他为"超级电脑"。热爱生活的他还会武功，有一次我在老尹办公室，亲眼看到他使用一根木棍，动作十分敏捷地把一只正好经过的蟑螂"就地正法"。尹总的煲汤技术、制作果盘水平以及南拳秘诀，都十分惊人。

① AUDIT 评分：是一种新型质量检验方法，它站在消费者的立场上，模拟用户对自己的产品质量进行内部监督的自觉行为。它适用于所有批量生产、质量稳定的产品。目前国内外一些大的汽车生产企业都应用该质检方法。

第十七章 “斜 拉 桥”

第一节 新灵感

不少人认为，吉利这样出身“草莽”的企业，有什么“管理思想”可言？吉利的管理方式，充其量不过是脱胎于作坊式管理的中国民间企业管理集成，有何创新性和创造力？不要说在全球，就是在国内，吉利有什么足可夸耀的管理业绩和亮点吗？

要回答这些问题，真的还不那么容易。

平常业界和媒体关注的，是作为企业家和技术迷的李书福，而不是管理专家的李书福；关注的是吉利的车型、销售和研发，而不是管理思想和模式。

人们即使关注吉利的管理，也是到现场管理这一层面为止，至于成本与利润管理、技术与研发管理、订单管理与物流信息化管理，营销服务管理和供应链管理，乃至知识产权和创造发明管理，那是很少有人关注到的。

行业专家对吉利的技术和制造水平的提升是注目的，但并没有深入到管理层次；而媒体呢，除了一些著名的管理类杂志记者，在这方面也提不出什么问题，遑论探究和论证了。

说实在，就吉利自身而论，对管理思想也是灵活运用多于系统梳理，注重实践甚于理论总结，内部应用重于外部宣扬。以我的视野和有限接触，除了何志毅、陈春花等少数践行型的学者，国内那些管理专家和学者，从没有对吉利的管理思想和模式引起重视并着力研究过。

一直以来，我有一个很执著的看法，认为不了解李书福的管理思想和他在各个时期对管理方式的运用，就不了解吉利取胜的奥秘；不了解吉利拥有一支能灵活运用各种管理思想的坚强、善战的团队，也就无从知晓吉利从低端品牌向中高端延伸，直至成为国际化企业的根本途径。

另外我还认为，媒体最关心的吉利造车资金的来源，第一桶金的来历，并购资金的来龙去脉，则是有点“舍本求末”，尽管是出自记者的职业敏感和本能。虽然我也非常理解媒体这种心理，但感到很可惜。因为研究吉利的题材是太多了，资本构成和资金来源只是其中之一。

吉利围绕着成本管理这个核心管理意识展开的一系列扇面的管理方式和思路,包括最初的"老板化管理"到眼下的"产品线利润中心管理",从中国式的"看板管理"到"滚动订单"管理和物流信息化管理,"黎明工程"和"元动力工程",从技术体系管理,到研发的矩阵管理和"流水线研发管理思维",从技术营销和分网营销的管理思想,到供应链的"流程再造与优化",包括人才的梯度培养思维和"人人是老师,人人是学生"的知识互补与共享思想,以及透明、授权、受控、高效的管理原则,都是中国改革开放 30 多年形成的管理思想组成部分,是一笔巨大财富。

造车 13 年,特别是 2007 年 5 月开始战略转型以来,这些管理思想和方法在吉利得到了淋漓尽致的应用,这个融合了西方和东方管理思想和文化的企业管理模式,正是吉利起飞时刻无比强劲的推动力。

我见证了这一切是如何化合、聚变和裂变的,也眼看着它们如何一步步为中国所接受,为世界所共享。

那是 2007 年七八月间在北京一次聚餐时的闲谈,在场的有李书福、李钢和我,还有原教育部副部长张保庆等人。不知怎么说到了管理思想和方法这样一个平常不太涉及的话题。突然间,李钢说李书福的思维方式其实就像"斜拉桥理论"。李书福接过话头,说了一句:"对,企业管理用的就是'斜拉桥理论'!"起先大家愣了一下,很快就反应过来:哦,真不愧是个"嫁接"高手。

好一个"斜拉桥理论"!我们都知道,斜拉桥是将梁用若干根斜拉索拉在塔柱上的桥,由梁、斜拉索和塔柱三部分组成。桥承受的主要荷载并非它上面的汽车或者火车,而是其自重,主要是脚下的主梁。索塔两侧是对称的斜拉索,通过斜拉索将索塔和主梁连接在一起。

斜拉桥的工程物理结构,主要是"斜"的钢索拉起了"平"的重载,不同于常见的桥墩式支撑承载方式。斜拉桥稳定的三角关系,力的平衡与抵消,可以使桥梁的跨度更大、承载力更强、稳定性更好。李钢的比喻,是说李书福与众不同的思维极像这种力学结构,所以他谋事的结果常常会有出其不意的成功。

把斜拉桥理论运用到管理上,的确是一种灵感,也是多年企业管理摸索的结果。斜拉桥作为一种拉索体系,比梁式桥的跨越能力更大,是大跨度桥梁的最主要桥型。试着想想,企业不也是这样吗?如果把企业家比作塔柱,管理团队就是斜拉索,而员工就是梁,业务、事件和流水线作业,恰如一连串流动的负载。对称的拉力,力的抵消,以及重力的传递,不正是管理上的幅度、平衡、授权和借力吗?

一个精辟的比喻,能把许多难以说清的抽象事物,在我们的脑子里快速建构起来。由此,我想到的不仅是管理与被管理的关系,而且还有作用力的分解和传递,职责和承担。至于拉索的数量,正好与企业规模相似,作为"梁"的员工，其承受能力是由素质和能力决定的。

还有一次，是 2008 年下半年的样子，一天晚上忙完工作之后，我和李书福、李钢仨人在北京亚运村附近的茶室小坐，席间又谈起了企业经营管理。

做过机械行业大型国企高管、在国家部委从事过经济政策研究、现任《科技日报》社长助理的李钢，又一次和我们思辨互动，他说："不能把经营和管理混为一谈，就像'科学'不能混同为'技术'一样。形象地说，我认为管理讲的是'恪守'，依照既定的规矩，要求人们做到'循规蹈矩、一丝不苟'；而经营是针对市场而言，商机面前则应灵活多变，争取'突发奇想、左右逢源'。"一言既毕，我就觉得十分在理，而李书福点头称是，连声说好，随后出神深思。就这个话题我们讨论了整整一个晚上，不觉直至午夜。

记得回到公司，李书福不止一次在会上与中层干部或高管引述并发挥这个观点。这一点我的印象很深刻，因为有好多次和李书福闲谈时，他除了发挥自己的观点之外，总是很注意倾听(有时似乎没有听你讲什么，而在另一个场合他会令你大吃一惊地引述你当时说的一句话)，比你自己还要精确地说出你的观点。

李书福与我谈管理留下深刻印象的，还有就是最近一次。他跟我说了一件"小事"，印象颇为深刻。

一位吉利的高管，因没有干满规定年限公司要扣除住房优惠款，他就不客气地找了李书福，李的处理方式和当时所说的一番话很难令人忘记。

当时那位高管为这件事有点窝火，觉得公司怎么如此不近人情，比起他对吉利的贡献，这点"福利"算是什么，再说他离开企业的原因并不是那么简单可以定义的。抱着试试看的心情，他给李书福写了一封信。其时他的心情异常复杂，很不愿意为这件事找李书福，但既然找了董事长，他也不肯以恳求的口吻说话，信中措辞也颇为不平。他在信中说："最近接到公司的通知，要我补交购房优惠款，理由是我因自身原因离开吉利。我很痛心，为什么要这么做？为什么这样对待一个老同事？"

李书福的回复是："退款这事我不知道，我可以过问。但如果有其事，您也要从内心对吉利的制度表示尊重，说明吉利管理是透明的。企业管理要有章法，我们兄弟之间要有人情。这两者并不矛盾。"

第二节　都是逼出来的

在变革和创新的氛围中孕育独特的管理模式，这是吉利企业管理的历史和自身性质所决定的。

作为最早试水汽车制造业的民营企业，在每一个转折到来的时候，吉利汽车总是能够在看似凶险的生死存亡间，找到一条生路，而且比危机前活得更好。这不是因为"侥幸"，更不是因为民营企业所谓的船小好调头，正是发展变化让新生的吉利学会了"兼容并蓄"，在成长中学习，在学习中管理。

早期的吉利，通过低于市场上同类型车近一半的价格切入市场，引起了强烈反响，并随之引发了中国汽车市场一轮轮降价浪潮。李书福发现，随着价格的降低，市场竞争日趋激烈，人们对汽车品质的要求也越来越高。仅仅凭着低价策略而无核心技术、管理能力，企业就不具备真正的成本控制能力。

我进吉利之后，李书福就告诉我，简单的压制配套件价格带来的直接恶果将是供应商的离心离德，引起连锁反应的是配套件质量的持续下滑。那时召回制、三包法等有关法律法规相继出台，要求建立一车一档。在这种外部环境压力下，吉利的经营管理开始暴露出各种问题。譬如，多车型混线生产，物流不规范，生产效率低下，订单流、物流、信息流、资金流运行体系不健全，信息管道不通畅，等等。

李书福和公司决策层认识到了危机的存在，2002 年年初悄然开始了以"顾客满意、伙伴共赢"为核心的流程再造项目。所谓"顾客满意"，指的是通过内部市场链的运作和不断优化，在内部顾客满意度不断提升的同时，让最终顾客——汽车消费者感受吉利汽车产品的超值特色。而"伙伴共赢"，指的是把员工、供应商、销售服务商的发展和公司的成长紧密联系在一起，从伙伴的角度鼓励、支持共同进步，最终实现双赢。

"流程再造"产生了巨大效益。

我曾经接触过吉利的一个工程师，他说自己 2003 年进入吉利，一直从事一线的生产工作，对于吉利在管理上的变化感触颇深。他介绍说：2004 年，为了一个工序上的问题，他往返浙江临海基地与杭州总部之间十几趟，花了很多路费不说，光路上耽误的时间就有半个月。而到了 2007 年，他只需要在办公室里登录内部管理系统，和相关部门同事开个集体会议就可以解决了。

CPC 协同商务系统①为吉利自动化办公以及各类项目管理提供了一个优秀的平台，整合了 1 058 个流程。在此基础上，我们还开展了各个基地的 EPR 系统②建设，其中应用 SAP 软件的 ERP 试点项目创造了 120 天实现项目成功

---

① CPC 协同商务系统：Collaborative Product Commerce 系统，即协作产品商务系统，指以产品为中心，以 Internet 为基础平台的面向产品全生命周期的全新的电子商务模式。它通过统一的界面提供给授权的企业内外用户透明访问，把产品设计、制造、客户服务及其职能部门、供应商、合作伙伴紧密地联系在一起。该系统多应用于制造业的产品研发管理。

② ERP 系统：Enterprise Resource Planning 系统，即企业资源计划系统，是指建立在信息技术基础上，对企业的所有资源(物流、资金流、信息流、人力资源)进行整合集成管理，采用信息化手段实现企业供销链管理，从而达到对供应链上的每一环节实现科学管理。SAP 软件是目前全世界排名第一的 ERP 软件。

上线运行，创造了国内 ERP 上线时间最短的纪录。

每一次管理上的创新与尝试带来的效益让吉利受益匪浅。

例如新订单管理模式让销售与生产无缝对接起来，实行以后，吉利在成本、速度和柔性等方面都大大改善。在"生产靠市场拉动、订单是生产指令"的理念支配下，"3+3"滚动订单管理①形成了生产对市场的快速反应。

一般来说，一辆轿车需要走完冲压、焊装、涂装和总装四大流程，而制造前端的采购环节更是涉及供应商上千家、零部件上万件，工作复杂、时间周期很长，对 70%的零件依靠外协供应商的汽车制造商来说，更是如此。

因此，吉利根据自身特点和经验制定的订单完成时间，几乎是一种极限追求。一些业内企业甚至一些跨国汽车制造公司也需要 10 天的时间来完成订单。另外传统的生产都是以年月日为计划来安排的，而新模式突破了这一点，以日为单位滚动订单，几乎是同行业中生产应对市场的最小时间单位。

当时集团公司的整车库存总量为 2 000 辆左右，相当于 3 天的销量；而国内另一家知名的合资公司整车库存量超过 2 万辆，几乎是 2 个月的销量，吉利的库存周期只有后者的 1/20。

由此推算，仅此就可节省占压资金近 10 亿元，更重要的是极大地降低了由于车型变化、法规要求变化导致库存产品可能滞销的巨大市场风险。在如此低的库存状态下，吉利仍然做到了 7 天内完成常规订单、实现整车交付，订单满足率不低于 80%。

在汽车品质提升方面，吉利树立了质量网的管理理念；采购体系方面，吉利设计了集团采购体系组织架构，成立了集团采购委员会，负责集团采购供应工作的发展战略、重大政策制定、重要决策、考核等；商务营销方面，确立了市场营销以关注客户为焦点，抓住销售网点的整顿和形象建设，加强呼叫中心的运行功能，快速处理用户反映的问题。

吉利自 2007 年下半年之后做了一个大动作：从专业制造、加工的橄榄形架构向研发链、供应链、管理链、营销链的哑铃式结构转型，管理手段从传统信息传递方式向信息化、数字化转型，实现跨部门、跨地区、跨国界的多点同步管理，即时交流，形成相当健全的统一管理和现场及时服务的管理体系。

在不打破现有公司运行模式、核算方法的前提下，从 2008 年开始，吉利将过去分散考核模式改为以产品线利润为中心，把同产品线的研发、采购、制造、

---

① "3+3"滚动订单管理：吉利吸收优秀的管理思想，进行企业内部流程再造和内部市场化的尝试，创造出滚动订单管理办法，即销售公司每天下午(夏季 5 时前、冬季 4 时前)需下达明天起 6 天的生产订单，其中前 3 天的订单为确认订单不允许更改，后三天的订单为预测订单可以适当更改(但更改率不能大于 30%)，每天以此类推(遇节假日顺延)。"3+3"滚动订单管理办法，降低了企业的资金占用，提高了对市场的快速反应能力。

销售作为其成员的考核目标。

说到底，所谓的“产品线利润中心”，就是通过产品线利润中心管理模式实现了统一产品线上的研发、采购、制造、销售、质量、财务等单位矩阵式参与管理，达到市场质量信息反馈快速响应、市场营销策略共同策划、成本共同关注、利润目标共同实现的管理目的。

这是一个创举，而且实践下来，效果奇佳。

2009 年 4 月，吉利的“产品线利润中心”管理模式在第三届中国管理学院评选活动中入围“十佳管理创新奖”。

刚进吉利的时候，我对这些管理方式一窍不通，有一段时间学习下来，搞得我脑袋发胀，只得采取强制学习和兴趣学习并行的办法，一点一滴地吸收消化，久而久之，我也能自如运用了。之后，我还应邀向媒体和学界介绍这些管理思想和方式。对于这些管理理念和模式，他们都听得很入迷。

第三节 中国式“看板管理”

“精益生产方式”，是美国麻省理工学院“国际汽车计划(IMVP)”对丰田生产方式的命名。

丰田生产方式是为了制造质优而价廉的产品，本着顾客优先的原则，彻底排除浪费现象的生产方式。具体说来，就是以准时生产体制、自动化为支柱的生产管理和生产改善方式。实际上，这一思想既蕴含了丰田公司自身的经营传统，包括其技术创新实践和来自纺织行业经营实践的经验成果，同时也融入了战前日本飞机产业的“知识转移”，特别是来自学习福特大量生产方式的丰富智慧。

我刚加盟吉利时，李书福和杨健就向我灌输自动化、准时生产和零库存理念，并且让我去路桥跟基地老总顾伟明多了解这方面的做法。

本来我对这个问题就非常感兴趣。2002 年 6 月我受浙江省政府的派遣，去日本静冈和东京学了两个月的现代物流和准时制生产管理，在日本企业与中高层甚至工头“打成一片”，其实际体验和感触非常深。现在到了吉利，正好可以亲眼观察和亲手实践了，来一次意义非凡的“再认识”，这当然是一件很令人愉快的事。

在学习丰田管理经验过程中，吉利路桥基地创造了一整套比较完整的管理方式，特别是自动化和准时生产、新型“看板管理”和零库存物流管理等，摸索出了一整套符合吉利生产经营实际的供应链管理模式。

几个月下来，我首先明白了这样一个管理思想：所谓自动化生产思想，就是生产信息传递的自动化以及生产流动性，目的就是消除生产信息传递过程中的信息错误或遗漏现象，就是当作业过程中发生任何异常，机器或生产线自身能够立即作出判断而停止运转，从而发现和消除作业中存在的隐患。而准时生产就是“将必要的产品，在必要的时间，提供必要的数量”，用准时化来最大限度地避免生产浪费现象。

李书福曾多次对我说起“自动纠错”和自动消除隐患的重要性，看来他对人类在这个方面的局限是有足够认识的。这的确是大工业时代的一个带有根本性的问题，也是自动化生产方式和小作坊的主要区别。

准时制生产中很重要的是看板管理。“看板”作为生产、运送指令的传递工具，是表示某工序何时需要何数量的某种物料的卡片。作为精益生产方式中的一种重要管理手段，看板管理是生产、搬运指令的管理工具。

精益生产是一种拉动式的生产方式，它的生产需要从后工序通过信息流向前工序来传递驱动。看板在这种信息流中担当了一个载体的角色，它把信息从生产的末端依次往前传递。通过实施看板管理可以减少生产过程中的在制品和完成品的库存，同时可以极大地提高生产物流和现场管理水平。

摸索了一段时间，发现我们并非照搬丰田的经验，而是有很大的改写，甚至创新。

对于丰田精益生产方式和企业经营管理经验，李书福的心情是很复杂的，他既要吸收全世界包括日本汽车制造企业在内经营管理的长处，又对日本某些行业和企业对中国的百般阻挠和“卡脖子”做法极度反感。他身上有一种保持自我尊严的民族心理和发展自己企业的雄心大志并行不悖，所以我们会感到他在每个时期说话的方式和色彩有着明显差异。

任何外来经验的获得，没有本土的互动性实践，是不可能成就的。从禅宗到社会主义思想，从西学东渐到现代化过程，莫不如此。企业管理思想和模式也是一样。

起先，对没有任何造车经验的吉利来说，最大的难题是如何将丰田的模式与吉利的低成本策略嫁接起来。在吉利的生产车间，丰田的“看板管理”随处可见，吉利也从丰田在国内的合资工厂请来了生产部长、物流部长，并想尽办法去丰田工厂实地参观学习。

有一段时间，李书福下决心把丰田研究透彻，甚至专门建立了一个丰田研究小组，引进了几个博士和相关专家，对丰田进行分类研究，包括精益生产方式、营销理念、车型开发和产品规划，以及物流、现场管理和汽车金融等方面的具体做法。

除了丰田值得借鉴的有用经验，他得出一个结论，“现在丰田出了大问题”。这话虽有点危言耸听，却的确有他的道理。这里面有事实依据和数据支撑，更有对汽车行业大趋势的把握。最关键的是，此时李书福对丰田经营的掌握已经入木三分，对丰田近几年出现的大企业病和成功之后的倨傲也有相当的认识，所以他敢于说这样的话。

事实上，吉利造车之初也经历了跟丰田相仿的摸索过程，所以很能“互通款曲”，学习起来也很快，容易入门。再说，吉利草根经济的特性，与丰田生产经营方式也是有共通之处的。

从本土经验上看，吉利最初是将原来农村生产队的管理方式发展为“计时计件，定额定量目标生产化管理”。通过对产品成本的精算测试，制定公司内部的年度、月度预算，按照成本和质量控制标准，每个月对工厂、销售、采购各个环节进行考核。

在吉利路桥基地总装车间，生产每台车用几度电、多少水、多少人工，甚至用几双手套，都与个人绩效考核挂钩。

2006年开始，路桥基地以三方物流为平台，从标准化作业模式、供货体系、信息化管理、物流管理等诸多环节进行规划与操作，建立了具有本土特色的准时化物料供给体系，实现了国内汽车生产企业中不多见的生产、物流模式上的变革。

通过实施三方物流项目来实现零库存、物料标准化作业和准时化供货，路桥基地根据实际情况采取了分类处理的方式，让供应商自己选择适合的供应模式。部分供应商实现一天供一次货进生产车间；部分供应商租用三方物流仓库作为各供应商的成品仓库自行满足零库存以及准时化供货；其余的供应商通过租用三方物流仓库同时委托三方物流来满足零库存与准时化供货的要求。

在信息流方面，吉利路桥基地通过看板管理、条形码技术，并采用SCM系统①下达每日生产采购计划到供应商，同时注明时间要求，实现公司内部、公司和供应商之间动态数据交换，达到准时化生产的要求。

此外，还专门成立工装设计小组，花费半年时间，完成了150余家1 500余种零部件的工位器具的设计、制作工作，保证零部件包装、投料直接满足上线要求。

第四节 “黎明工程”

“黎明”这个词，总是会使人联想到希望、生气和活力。在吉利宁波基地，

① SCM系统：Supply Chain Management系统，即供应链管理系统。是指在管理中，围绕核心企业，通过对信息流、物流、资金流的控制，从采购原材料开始，制成中间产品以及最终产品，最后由销售网络把产品送到消费者手中的将供应商、制造商、分销商、零售商直到最终用户连成一个整体的功能网链结构模式。

流行着一个独特的名词，就是“黎明工程”。“黎明即起，洒扫庭除”，这在农耕社会是一种美德，在进入工业化时代的当今，又意味着什么呢？

2007 年 6 月的一天，吉利宁波基地总经理安聪慧将整个管理团队召集在会议室，希望他们把对自己的不满表达出来。

略微沉默后，一名资历颇深的副总经理率先把抱怨爆发出来。与会者们拒绝透露会议的具体内容，但可以确定的是，在随后 2 个多小时的会议中，安聪慧一直安静聆听众人对自己的指责，并无反驳。

而在会议结束后，素以行动快速著称的安聪慧决定再次改变自己。一方面，他放弃了事必躬亲的工作方式，积极下放权力以提升整个团队的能力。另一方面，在管理方向上，他更加注重产品质量的控制和改善。为此，安聪慧特意从韩国现代汽车公司聘用了一位质量控制部长。在后者建议下，安聪慧设计了一项颇具创新的质量控制管理方式——“黎明工程”。

那会儿，细心的人会察觉到，宁波基地发生了一些奇妙的变化。这个变化只有起得早的人才感觉得到。

清晨 5 点，出现质量问题的零部件供应商在每个月的固定日期赶赴吉利的生产车间，与安聪慧一起站着现场办公开会，逐一讨论改进方法。

为了保证效果，安聪慧还授权给这位韩国人一柄铁榔头，将不合格的零部件当场砸碎。用这种方式来强化质量管理体系和模具制作，全面实施零部件产品质量管理，这真是闻所未闻的事。

在此之前，安聪慧发现，被吉利奉为样板的丰田，其生产质量的提升依赖于全员参与，年人均提案高达 24 条。于是，安聪慧在吉利设立了一项名为“源动力工程”的管理举措，希望挖掘一线员工的创新动力。

说到底，人就是“源动力”。企业效益的来源是一线员工和班组成员，这些人是企业发展的源头动力。“源动力工程”简单地说就是充分开发出企业发展的源头动力，充分调动一线员工的积极性和创造性，让他们真正参与到企业管理中来。

因为一线员工对自己所在的工位最了解，对情况最熟悉，也最清楚存在什么问题和如何去解决问题，他们对企业来说是非常宝贵的财富和资源。因此充分调动一线员工的能动性，充分发挥他们的聪明才智，很多问题都会迎刃而解，产品质量、生产效率、一次下线合格率等指标也定会大幅度提高。

一个有趣的案例是，在平时工作中，大家经常使用一种昂贵的刀片进行加工，但这种刀片在切割一定次数之后会因为磨损而报废。宁波基地的一位员工发现，在刀刃磨损后，另外一边经过加工仍然能够被重新启用。于是，在后来推广这个做法时，安聪慧直接以这名工人的名字命名。

宁波基地购买过一台日本进口的激光切割机。由于需要使用高度纯氧驱动，使用成本相当昂贵。一名员工通过改进，让这台激光切割机使用普通的氧气就能够正常工作，从而为公司节约了几百万元的成本。

之后，安聪慧亲自将公司特别提供给高级管理层的优惠购车指标奖励给他，此举反过来进一步激励了更多员工的创新兴趣。

李书福对“源动力工程”的重视，可以说到了无以复加的地步。他先是在全集团推广，后来他又把它改成“元动力工程”，意思是这是一切管理的“起始”，也是企业“元气”之所在。

李书福不止一次地告诉我：“我们的管理理念应该是，既要让每一个员工充分感受到归属与温暖，感受到真切的以人为本，又要让大家清楚地认识到游戏规则的刚性与无情，从而保证自觉地遵守规则、尊重规则、维护规则，培养高效的执行精神和执行团队。”

李书福“因地制宜”的权变思想，可以从他对企业管理制度的理解中窥得一二。

他认为，企业的组织结构和体制，基本可以决定一个企业的命运。不同的历史时期，不同的企业特征，不同的发展阶段，必须要有不同的企业组织结构和管理制度。世界上没有最好的体制，也没有最好的制度，更没有最好的企业组织结构。

第五节　知识分享

这些年吉利汽车的迅速扩张，人才增长速度始终跟不上飞跃式发展的需要。

我们的感觉，吉利不仅需要企业快速提高人才数量，更需要大批具有国际化经验的高端专业人才加盟，内部培养和外部引进工作应该并举。还有一个更重要的事，就是要留住人才。

于是，吉利汽车研究院首先创建了管理、技术、项目和技能四条职业发展通道，来确保不同类型的人才都能找到适合自己的位置，以实现人尽其才。其中技术通道可以从指导师升到技术专家直至升到副院级的总工程师；项目通道最高可升到项目总监；在研究院，即使技术工人也有望在技能通道内升到资深技师，享受副部级待遇。目前吉利汽车研究院四条通道内享受副科级以上待遇的员工有近 300 人，这大大稳定了团队。

这一招果然很灵验。吉利汽车研究院从 2006 年的不到 400 人，迅速发展到目前的 1 600 余人，其中包括来自美国、日本、德国等发达国家著名汽车企业的海归人员和硕士博士数百人。

可是如何让这些人才成为真正有用的人才？这可不是一个早晨就可以造

就的。

总的来看，李书福所关注的，不仅仅是具体的产品和技术的研发，更始终致力于吉利研发团队和技术体系的建设和完善。用赵福全的话来说，"'磨刀不误砍柴工'，只有真正建立起具备自主研发'造血功能'的研发团队和体系，产品和技术才能可持续地不断产出。"

"知识分享"是吉利汽车研究院最有影响力的讲座，知识分享彻底贯彻"人人是老师，人人是学生"的宗旨，让某一领域的专业人士来主讲，而这样的专业人士不但来自吉利汽车研究院，更有来自清华大学、浙江大学、上海交大、湖南大学等著名学府的教授和博世汽车等著名企业的专家。

从 2008 年开始，浙江汽车工程学院每周三都开设一堂面向全集团开放的知识分享讲座。知识分享讲座定期举行，已坚持了 120 期，除了外来的专家，只要认为自己有能力，任何吉利员工都可上台，与人分享自己的专业知识、经验教训。

正是有了这样一支队伍，吉利汽车研究院形成了独立的造型设计、工程设计、工程分析、试制试装和同步工程等全方位的开发能力，具备了汽车整车、发动机、变速器及新能源等关键技术的正向自主开发能力。

当然硬件也很重要，近年来吉利研究院盖起了不少研发和试验楼，增加了很多试验和试制试装设备，如转鼓试验台和环境舱，发动机试验台架，各种零部件及总成的性能试验室，还有使研究院具备了自行加工样车能力的两条柔性焊装线，此外，建成了自己的造型中心和工程分析中心。

自然，李书福对赵福全的期望还不仅限于研发和海外并购方面，加盟吉利后不久，赵福全就接到了一个新任务，负责吉利的研究生教育。其时国内还没有过民办研究生教育的实例，不得不从零开始。2007 年 4 月，中国第一家民办的研究生院——浙江汽车工程学院成功创立。

根据学院特点，吉利量身定做了独特的教学模式：首先，采用双导师制培养模式，研究生带课题入学深造，学术论文直接与企业管理、营销和技术研发项目挂钩。其次，实行"课程模块"学位结构，研究生可以根据自己的实际需求自由选择课程模块来制定自己的学习计划，每一个模块都立足于特定的学科领域。

而这些学员，主要来自吉利集团的中、高层管理人员、技术人员和营销人员，是企业运行链各个环节的具体管理者和操作者，承担着企业规划、战略决策、产品设计、市场营销等实际工作，是企业财富的直接创造者。

这是一个快乐的学习过程，唯有快乐，更有利于吸收和消化。

2009 年 3 月 27 日，我听了美国密歇根大学汽车研究中心主任、国际知名汽车研发专家 Dennis Assanis 教授的"全球能源问题、节能发动机现状及未来发展趋势"专题讲座,就觉得很是受益;8 月 7 日,美国国家工程院院士金广平应邀前来授课,举行"工程分析和安全技术开发"的讲座,也令我大开眼界。

高端是这样培训和分享知识的,那么吉利的第一线呢?制造一线是怎么做到"人人是老师,人人是学生"的?

这些年来,吉利生产一线的技术工人,60%是吉利自己学校的毕业生,吉利汽车研究院研发人员中,来自吉利各院校的技术人员就占到了一定的比重。

李书福"练兵"有道,尤其是在人才创新上显示出强劲势头。如招贤纳士,从全世界范围内引进专业人才;又如自育骨干,通过办学,自己培养汽车技术紧缺人才;再如创造全员创新的企业氛围,应该说创新在吉利早已是常态。

2007 年,吉利首次以创新者的名字为其创新改善工艺和技术发明命名。这是对员工的肯定,是对创新成果的尊重。而这一方式本身也是一种新颖的激励方式,一种创新管理模式。

正是这些人才撑起了吉利造车的人才框架,也是这批训练有素的"吉利兵"——他们或是高级人才,或是基层草根,推动吉利取得一个个成果,争得一项项荣誉。

在历届中国汽车(乘用车)装调工职业技能大赛上,吉利集团以强大的阵容组团参赛,多次获竞赛优胜一等奖、二等奖和三等奖。通过比赛,激发全集团技术工人学习技术、钻研业务的热情和营造重视技能、尊重技能人才的氛围。

一个汽车企业,如果没有一大批熟练的、技艺高超的技术工人,一切创新成果都得不到落实。而吉利在李书福的倡导下,技术练兵蔚成风气,诞生了很多高级技工和技术高手,他们中的很多人与国内所有汽车公司的尖子相比,都算得上是佼佼者。

吉利这些年来已经把培训上升到道德和能力的高度。

既然汽车研究院可以搞知识分享,那么所有部门都可以分享经验和知识,包括一般知识和特殊知识。于是,我先在新闻中心开设了一个讲座系列和讨论系列,然后也举办了很多培训和学习活动。

有一次新华社资深记者张毅来了,我就临时邀请他讲课,还有一次一位汽车推广家来了,我也请他说一番。后来请公关专家、设计和摄影专家来讲,我自己也带头讲,总裁助理上来讲,部门经理也来讲,每周抽时间讨论问题,分享各种专门知识,也进行"通识教育",无始无终,滔滔汩汩,润物无声。

平时我们的确很忙,这些可以归类的或不可划分的知识分享,不可能那么按部就班地举行,我就提倡大家"在游泳中学习游泳",哪怕是一个招标活动,第三方的陈述,咨询公司的解疑,还有经销商和供应商会议中的讨论,都是我们学习和分享的机会。

可以这样说,这是在世界上任何一家汽车公司也无法享受到的知识乐趣。

第十八章　战略、决策与生存姿态

第一节　不做蠢事

李书福在造车之初就说，“扛着别人的旗帜登上珠穆朗玛峰是愚蠢的。”

中国已经形成巨大的轿车生产规模，但是正如一位老汽车人所讲的那样，没有自主品牌，不掌握核心技术，造多少车也是别人的辉煌。时任通用 CEO 的瓦格纳更是直截了当地说，我们与中国企业各取所需，中国人得到了 GDP，我们得到了利润。

因此，中国轿车工业一度的辉煌，充其量是一种表面的浮华，缺乏内在价值的浮华。我们不能说合资不对，但经济发展到一定阶段，仍然无止休地发展合资，一味提倡“以市场换技术”，肯定是有问题的，或者说是“此路不通”。

吉利上海华普发动机公司总经理，70 多岁的余挺（我们都叫他“老余挺”）曾谈起一件令他刻骨铭心的往事：“刚开始，吉利豪情车用的是天津丰田 8A 发动机。令人无法理解的是，我们买得越多，丰田不仅不降价，反而加价，而且要先付款，也不管售后服务和索赔。为此，我专门找天津丰田发动机公司的部长及总经理，仍是无果而归。”

这件事对吉利上下刺激很大。好多人蓦然醒悟，自主造车仅仅掌握整车技术还不够，还必须掌握核心技术及关键部件的生产技术，否则就会受制于人。事实上，组装式生产做得越大，风险就越大。没有核心技术，企业将很难从产业高速成长中获得合理利益，永远都是跨国公司的“打工仔”。于是，汽车的核心技术和变速器、发动机等关键部件，开始成为吉利的挑战对象。

有人说，无知者无畏，所以李书福什么都不怕。李书福有一次对我说，其实这些都是偏见，他也不想解释，刚毅的语气里夹杂着些许悲凉：“我就是无畏，但绝不是无知。自主创新虽然很艰难，但这是中国汽车工业发展的唯一成功通道，也是汽车工业发展的普遍规律。不是我刚愎自用，而是我深知创立自主品牌的紧迫性。虽然这条路走起来很艰苦，但我觉得走在这条路上很坦荡、很有前途。只有这条路才能从根本上解决中国汽车工业所面临的问题。”

不管是在汽车行业还是别的什么行业，无论是现在还是将来，成功的企业一定是具有“灵魂”的企业。对于这一点，我们和国家科技部一些领导的认知是相同的，也是朝着这个方向去做的。

先是下大力气攻克轿车核心部件研发技术。自主品牌汽车必须要有自己的发动机、变速箱、整车技术。为此，我们投下巨资，建起现代化的汽车研究院，现代化的基础、电气、道路模拟、多功能实验室，现代化的变速箱、发动机厂……其间自然有无数的艰难险阻，这里毋庸细述。后来一系列的成功，标志着吉利完全具备了一家自主企业必须拥有的整车造型、车身、底盘、汽车附件、发动机、变速箱、整车电子电器等开发设计能力。

再就是零部件全面国产化。多年来中国的纺织、五金、机械、模具、塑料、橡胶、电子电器、石油化工、计算机工程、信息技术等行业都已经得到较好发展。零部件国产化，使吉利汽车能够凭借低成本进入竞争。成本控制之所以成为吉利的重大优势，还是因为零部件供应上的整合优势和控制力。

意识到了这一点，我们与零部件供应商的关系，就具备相当的多样化和协调性。有直接按图纸生产供货的，也有一起进行开发和零部件研发的，也有主机厂参股合资的，一般都进行了双轨制的规范。所谓双轨制，就是每一个零部件必须有两家以上供应商供货，防止出现独家生产中容易产生的质量问题。

到了生产吉利远景特别是帝豪阶段，供应商的选择就向全球拓展了，这样既能控制成本又能保证质量。

第二节　熊彼特的启示

李书福对熊彼特的创新理论最感兴趣。正是约瑟夫·A. 熊彼特在 1912 年出版的《经济发展理论》一书中，首次提出了“创新理论”。有一天晚上，我和李书福在工作之后有点空隙，就谈起了“创新究竟是什么”这样一个话题。

我知道他研究过熊彼特的创新理论，在讨论过熊氏理论之后，我提出现代意义上的创新大多是在资源和技术整合基础上进行超越这样一个命题，李书福很赞成，要我继续往下说。

我的中心观点是，进入技术和管理时代后，原创性的思维创新和基本原理创新不是没有，而是减弱了。而资源整合和思想、技术、管理整合，在第三次浪潮中的意义，不亚于工业革命前后的技术和制度创新。因为世界网络化和扁平化了，地球业已成为一个互相勾连的整体，资本的内涵和性质也产生了深刻的变化，人和知识的要素凸显了。知识、资源、人才和管理的变化，正在寻求制度变迁的新突破口。因此，整合也是创新，而且是更重要的创新。

李书福对我说的很感兴趣，但作为一个企业家，他对创新想得更周全，立意也高。他首先认为，企业家意义上的创新，就是如何在更宽广的范围，更深刻的层次上自由地组合各种社会资源和生产要素；然后，他觉得企业的创新不仅包括技术创新和组织管理创新，也包括营销和品牌的创新，市场创新，核算单位、成本控制和利润获取渠道的创新，企业创新体现了与世界网络化和扁平化一致的趋势；还有，熊彼特认为创新的承担者只能是企业家，企业家的创新活动是经济兴起和发展的主要原因，而他觉得企业家应该与经营团队和员工一起，共同进行创新活动，他宁可把企业视为一个“创新联合体”。

那天我们产生了一个新的想法，既然创新的过程，是不断破坏旧的结构，不断创造新的结构的过程，是一个创造性的破坏过程，那么世界汽车工业的大范围和大规模的重组就变得可以理解了。也就是说，从欧美到日本再到中国，在创新的持续过程中，具有创新能力和活力的汽车企业蓬勃发展，导致一批批老企业被淘汰，一批批新企业的崛起，促使生产要素实现优化组合，推动经济不断发展。持续创新，持续淘汰，持续优化，持续发展，这就是创新的发展逻辑。

尽管如此，我还是坚持企业家是创新主体这个说法，熊彼特这样认识企业家作为创新承载者的意义，肯定有他的历史和现实维度，也有一定的前瞻性。这种相当于“力比多”的成就欲，既是推动企业家追求企业效益最大化的推进器，也会很快转变为创新的动力。企业家自然是创新的主要承担者。

这样的议论和探讨，在我和李书福之间，还有高管之间，是经常发生的。我在吉利这四年，有一点是非常受益的，也很对胃口，那就是我们之间的讨论与争论是家常便饭。这是一种很好的企业文化。当然这种文化的养成，与企业的性质和创业史有关，更与掌舵者的思想风格有关。

除了正儿八经的会议，除了郑重其事的对外交往场合，我们什么时候都可以争论和探讨问题，包括在董事长办公室，在总裁面前，在电梯和走廊，还有路上。我很喜欢这样的精神氛围，这种平等的感觉，还有沟通上的痛快淋漓。这有点意思。起码比一味追逐利润多了点什么。

为了方便讨论问题、沟通企业内部情况，杨健还特意要求食堂开设一个餐厅，中层干部都可以来吃饭，与高管一起分析市场和生产形势，也谈一些会上意犹未尽的话，有时候就现场办公，所以食堂里这个餐厅往往很热闹，乍看有点乱，其实很有序，那是另一种秩序。与这个团队之间，与李书福之间，我觉得不需要察颜观色，小心翼翼，也不需要迎合某种意图。企业也和其他机构一样，有很多规矩和约定，管理上的制度和分寸，有汇报关系和级别层次，但在吉利集团内部，一旦进入讨论，进入对企业和经济环境的分析，以及一个时期的战略安排或技术路线，我们可以争得面红耳赤，但终究能求得和解和统一。即使存疑或搁置，也有很大的好处，日后都会显示思想碰撞的力量。

第三节 希望在民间

在我的记忆中，李书福对“尊严”这个词，有着很深切的诉求。用他自己的语言，可以表述为：创新是一种真正的源动力，真正的创新是有尊严的，中国汽车的希望在民间。

确实，尊严是有多重含义的，民族的、个人的、精神的、物质的，还有心理认知的，价值实现的。一个不经意的细节，都有可能抬升或辱没一个人的尊严。

中国人尊严感的长期丧失，使得“尊严”一词价比黄金。

我曾经对“自主的尊严”作过一番分析，发现这个词在企业家心目中起码有双重含义：其一是在世界汽车列强面前的自尊，一个中国企业家民族精神苏醒之后的自尊。他发现了一个无情的现实——非但不是中国汽车走遍全世界，而是全世界的汽车走遍全中国，强烈的刺激呼唤着他“自主的尊严”，决计要改变这个局面；其二，看到某些权力拥有者和决策者，在外资企业和跨国公司面前一副奴颜婢膝的样子，心里很不是滋味，尤其是不相信中国人和民营企业能造出好车——安全、节能、环保的车，世界一流的汽车，于是觉得这种尊严荡然无存的舆论氛围和严酷现实，很难接受。

在接待记者的时候，或者在一些场合提及吉利造车的原委时，李书福总是这样描述当年的起步：“我们是土生土长的民营企业，过去也没涉足汽车行业，初始资金有限，从进入汽车工业的第一天起，就注定了我们必须要有自强不息的精神，注定我们要将自主创新作为企业的灵魂。”

最令我深感振奋的还不是这些言行，而是李书福的另一个重要命题：“中国汽车工业的希望在民间。”他在上海“文汇大讲堂”的演说就是一例——

> 从 1879 年卡尔·本茨①造出第一辆三轮汽车到现在，汽车工业走过了一百多年，其间造就了很多企业巨人和在各国经济中举足轻重的著名公司，如通用、福特、本田、丰田等。在这些国家中，汽车产业的发展也提升了其他工业的发展。这些汽车公司无一例外都是私营的公司，也就是说，把根部深深地扎在民间。
>
> 汽车工业最大的竞争性体现在企业创新能力的竞争，创新能力不光是某一项技术上的创新，还包括人才、资本、市场、管理、营销。只有抓住了汽车产业的竞争特性，才能够不断地实现汽车产业的升级换代、不断走

---

① 卡尔·弗里德里希·本茨(1844～1929)：德国著名的戴姆勒-奔驰汽车公司的创始人之一，现代汽车工业的先驱者之一，人称“汽车之父”、“汽车鼻祖”。

向新的竞争高度。从根子上讲,汽车竞争力在于团队合作的文化,无论哪个汽车公司,几万个零部件放在一起,就是一个上下产业链的合作。这种合作怎么能够在中国完美地体现?日本汽车业的良好发展归功于相互配合、相互合作,韩国人有民族归属感,富有合作精神。但是中国人很欠缺。

……我始终觉得中国汽车工业的希望还是在民间,这也是我入行时讲的话,是我到处讲的话。为什么?汽车工业有四个特点:规划的长期性、规模的合理性、战略的全球性、上下游产业的关联性。汽车企业的规划必须是长期的。不能说两年、五年的规划,这样是不成的,因为一辆汽车的设计就要两三年,你搞个两三辆车就是十年八年,十年八年也只是起步。

从长远来讲,肯定要从人才培训开始,肯定要从企业的文化建设着手,而私营企业更具备一辈子干一件事情的可能,所以,只有民间,才有全球通盘考虑,才有系统化研究,才有全球的战略性安排;只有民间,才能与上下游产业群建立良好稳固的人际关系、平等合作关系、共同成长的关系。这些特性就决定了民间企业比较适应汽车工业的发展。

我还记得 2008 年至 2009 年间在长沙,李书福在一个场合发表了演说,也是以此为主题的。他以另一种语言表达了相同的题旨——

"中国汽车的希望在民间",这个题目可能有点让人匪夷所思,好像有眼不识泰山。民间的汽车工业在中国有什么地位?国有、合资汽车工业才是中国汽车工业的核心,那才叫中国汽车工业的希望。

大部分人都是持这样的态度,听起来似乎很有道理。但是,我不这么认为。我认为:从目前来看这种说法是有道理的,也是事实,无论从产量、品种、质量、品牌还是各种影响力,民营汽车工业在中国都没有明显优势;但是,从长远看这个观点不一定正确。

中国汽车工业的发展必须要遵守这样一个基本道理:不能简单地用资金、技术、人才去硬拼、硬比,而是要根据全球各种相关因素的复杂变化,找到自己的战略位置,确定自己的战略思想。50 多年来,中国汽车工业没有少投钱,政府也没有少费劲,政策也没有少倾斜,但是中国汽车工业到今天为止依然比不上日本、美国,甚至比不过韩国。这是一个事实。为什么呢?大家众说纷纭,我认为原因只有一个:就是没有按经济规律办事,没有找到汽车工业发展的规律。任何企业的成功都有其自然成长的过程、科学培养的过程,而不是拔苗助长、长官意志的结果。日本丰田公司之所以成功,也就是因为在战略上遵守了这样一个基本规律。

值得欣慰的是,社会各界已经感觉到了中国汽车工业存在的问题。首先是体制上的问题,由于体制性障碍,中国汽车工业被压抑了整整50年。漫长的半个多世纪,中国汽车工业完全是在纯国有体制的襁褓里成长,一切都是高度的垄断,一切都是高度的计划,累了一批又一批热心的领导,苦了一代又一代忠实的卫士;但是,中国汽车工业始终没有形成国际竞争优势。今天,中国汽车工业已经不存在体制性障碍了,已经许可民营企业与外资企业、国有企业平等竞争,这是中国汽车工业崛起的最大机遇。解决问题一定要从根本上着手,解决中国汽车工业发展的问题也必须要从根本上着手。政府在中国汽车工业的发展处于重要历史关头之际,同意像吉利这样的民营企业进入轿车制造业,从而结束了中国轿车工业没有民营企业参与的历史。

我为什么说中国汽车工业的希望在民间,当然有我的道理:

一、纵观世界汽车工业,绝大多数汽车公司都是公众持股的,都是非国有的。

二、目前中国民间的汽车公司发展势头良好。像吉利、比亚迪、力帆等一批民营汽车公司正在快速成长。

三、改革开放的历史表明,民营企业参与的行业,尤其是民营企业占主体的行业,其产品都具备较强的国际竞争力。如纺织、五金、机械、模具、塑料、橡胶、电子电器、石油化工、计算机工程、信息技术等行业目前都发展良好。而这些行业的相关技术合在一起,通过技术集成优化,就是一辆中国汽车。随着时间的推移,民营企业在中国汽车行业必将发挥越来越重要的作用。

四、中国的民营汽车公司完全按经济规律办事,与世界汽车工业的发展规律相吻合。

五、目前中国的汽车工业还是以国有、合资为主体,这是体制惯性的延续。随着改革的深化、开放的扩大,这样的局面一定会发生改变。为什么?因为真正的竞赛要靠自身能力的形成。

眼下,虽然没有形成明显的中国汽车工业优势,但是,随着时间的推移,随着更多的人参与到中国汽车工业中来,随着中国民间汽车工业规模的不断扩大,产品质量、档次的不断提高,中国汽车工业一定能够引起全球的关注,让世界为之感动。

第四节　决策就是选择

很多业内人士和记者问我,吉利决策机制如何?你们和李书福在决策上处于什么关系?有人说李书福的决策太民主了,也有人说有点家长式,到底是哪种情形？这真是一言难尽。不仅见仁见智，而且看你站在什么角度。

如果一定要我以一句话概括，我只能说：如果说民企的决策有灵活性和想象力的话，那就应该归功于一个好的决策机制和战略文化，决定于核心人物的眼光和胸怀。一言以蔽之，决策的最高境界是优化与选择。民主和科学决策是最重要的，吉利显然具备这个文化氛围，核心层在这方面做得够出色。

我想到李书福一句话："我们要主动站在真理这一边。"说决策就是选择，就包含了这个意思。要服从真理，赞成正确的选择，必须能辨析是非，在关键时刻作出决断，决断的基础是对错综复杂事态的分析和判断能力。

这使我想起了一些往事。大约在2007年下半年，在一次企业高层会议上，李书福提出一个议案，就是要求将企业的使命、愿景和战略目标以及企业文化发展方向作出修订，其中最重要的是，他提议将原先的"造老百姓买得起的好车"，改为"造最安全、最环保、最节能的好车"。

让李书福没有料到的是，这个改动竟然在内部掀起了波澜。高管们中的一些人，对这个企业愿景的修订提出了异议。有的甚至言辞相当激烈，认为董事长在说大话，怎么可能做到三个"最"呢？再说，那个时候走到吉利前头的奇瑞也只不过提出三个"更"，即更安全、更环保、更节能而已。难道吉利能做世界汽车的龙头老大？我们凭什么要提出这么高远的，看来不切实际的愿景？会不会被同行笑话？有的担心，有的不解，也有的反对。

我虽然没有发表很多意见，但在言辞之间也流露出担忧，觉得吉利能否做到这三个"最"，值得斟酌。我的想法是，还是稳健一点为好，汽车产业竞争太激烈，有远大志向是好的，可是也要从实际出发，我们在进步，人家也在进步。

李书福一直在听着大家的意见。他也间或出来申明自己的主张，很耐心地做大家的思想转化工作，列举吉利发展的时机、战略和方向，同时也给每个人发表意见的机会，全无那种权威受到挑战的隐忧，也没有流露出自己的看法在本企业受到质疑的躁动不安。即使会场上出现了令人难堪的沉默，他也没说出使大家难堪的话。他竭尽全力解释这个修改方案，他的理由和自信的根据，以及对汽车工业发展的判断，特别是对企业的战略转型之路该怎么走，提出了有根有据的看法。他的发言充满了安详的语调和一以贯之的跳跃性，他总是能找到道理与激情的平衡点。

经人提议，李书福同意以表决方式，对企业战略的重大修改作出决议。

最后这个决议通过了，事实证明他的决断是正确的，但大家没有感到奇怪，因为吉利高层决策的风格向来如此：争论是家常便饭，讨论总是如此充分，董事长、总裁和其他经管会成员发表意见、作决策颇为民主，不用担心与领导人意见不一致会招致什么后果。当时有反对票，也有弃权的，但没有人会事后调查或打听是谁投了反对票，谁弃了权。

我分管这一块工作，也少不了跟其他经管会成员发生龃龉，有时还会爆发小小的冲突，从年度计划到具体操作层面，从关系处理到互相配合，从投放数量到活动形式，从传播到车展等活动，要协调的事太多了，都会发生一些纠葛，但并不会介意什么。

还有一件事给我的印象也很深，使我对企业决策文化有了深切认识。

2008年年底，再次出现吉利计划收购沃尔沃的传闻，这出乎分析师的预计，因为李书福前不久还否认了这桩交易的可能性。业内人士也对吉利是否有财力收购沃尔沃提出质疑，当时吉利汽车的市值仅有30多亿元人民币，而传说中收购沃尔沃需要高达400多亿元人民币的资金。此外，也有人认为，吉利目前在国内有很多基地，很多新车和很大的整合计划，再到国外收购压力很大。

尽管内外还有一些争议，李书福的决心已经很难动摇了。在他看来，企业决策民主化固然很重要，但当企业走到历史性时刻，对重大问题出现争议，企业家的决断是关乎生死存亡的事，必须自己作出最后裁定。

第五节　有尊严的生活

李书福要过一种有尊严的生活。这个尊严是与他“自主创新的尊严”联系在一起的。“有尊严的生活”，是我一次突发奇想得到的名称。可能他自己也没有意识到这一点。有尊严的生活，不是奢侈的生活，也不是所谓尊贵的生活。在一定意义上，有尊严的生活是返璞归真的生活。

首先是简朴。在古罗马和先秦时代，那些伟大的先辈们把心思都放在论辩真理和合纵连横上，放在战事和治乱上，没有时间和心情去骄奢淫逸，是以简朴为荣的，如墨子的摩顶放踵和苏格拉底的随意散淡。奥勒留的《沉思录》也可见一斑。今天的企业家，在精神高度上当然与他们无法比肩，为了名利场上的需要，也常常刻意拾掇，尽可能搞得光鲜体面。而李书福却有他自己的一贯主张和做法，他的简朴的生活方式是出了名的。按照他的说法，过着一种简朴的生活，省事省心，自由自在，比较环保。在他看来，即使像他现在这个生活，也有点过头和受拘束了。我不知道什么样的生活才可以使他更自在，是打赤膊在大树下喝一杯啤酒，谈点世界革命和古巴问题吗？或者在冬天穿着工作服巡视车间后去办公室睡在行军床上，做着“世界一流”的汽车梦？

有一次，李书福在接受中央电视台采访时，曾当场把他皮鞋脱下来给观众们看。观众们还以为是什么值钱的进口大名牌，想不到李书福却说：“这是我们浙江一家企业生产的，物美价廉，结实耐用。今天太忙，没来得及擦亮，擦亮是很好看的。”他又说，“鞋子嘛，只是一种生活用品，结实耐用就可以了，没有必要去刻意追求什么。”平常在公司，李书福常常身着工作服、头戴安全帽出现在车间里。有对外活动时,包括随国家领导人出访、与国外合作伙伴签约、出席“两会”等,也总穿着那身藏青色西服。有一次,李书福在接受采访时,指着自己身上的衣服,告诉记者说:“这是我最贵的西装,也只是和其他高管一样的工作服。我从来没穿过上千元的西装。”

说起吃饭,李书福就更没有那么多讲究了。只要是在公司里,他总是在食堂里就餐。吉利集团的杭州总部和路桥、临海、宁波、上海几大基地的食堂工作人员都知道,董事长的饭菜是最好“对付”的,不需要什么考究的烹饪,甚至也不讲究“色、香、味”。更多的时候,是食堂里现成的家常菜,热乎、干净就行。

李书福说过:“对于财富,我有两点看法:一、钱是挣出来的;二、赚钱是为了实现梦想。我是通过赚钱来完成个人意志的表达。”事实正是这样。在青少年时代,李书福就因不凡业绩获得“浙江省青少年英才”称号,受到省关工委褒扬,从省长手中接过大红证书。27岁时,他赚到了100万,于是他就思考怎样用这笔钱去做更大的事业;当他从生产镁铝曲面板中赚到几个亿时,立马着手向摩托车行业进军;当财富积累得更多时,他毅然向汽车行业发起了进攻。如果说李书福是个农民,那也是个农民英才,可能种地也能做到高产。

因此,我进企业不久在起草向全体员工诠释“吉利精神”的文稿时,就琢磨这件事,于是这样写道:“哪怕是最不起眼的开源节流、节俭办事举动,也会受到推崇和表彰,任何铺张浪费、奢侈炫耀的行为,都是一种严重的错误。”

其实浙江商人的风格就这么结实,说原始积累也好,新伦理也好,他们不想去说什么大道理,但直觉和传统都教会他们将生活尽可能搞得简约些。我们在马云、宗庆后和鲁冠球身上都找得到这种痕迹,只是身在吉利,我对李书福和这个团队认识得更为深透些。他们会想尽一切方法去创造财富,积累财富,但在个人生活上节俭到锱铢必较的程度。

在创业阶段,这些浙商人物能够卧薪尝胆,我当然很钦佩,但企业发展到现在,李书福个人尚过着如此简朴的生活,心里也有点不以为然。作为一个著名汽车公司的董事长,几乎国内外都知晓的人物,还得“讲究”一点。

我也跟他探讨过多次,认为再也不能在媒体面前痛批奢侈,少数人“奢侈而不腐朽”的生活,是一种社会存在,一种必然。我劝过他,作为汽车公司的老板,个人生活也不必如此节俭(这与公司运行中反对浪费是完全不同的概念),有时还得穿着讲究一点,“鲨鱼”不错,“阿玛尼”也能接受,带一块“百达翡丽”腕表又有何妨,至少也得有个“江诗丹顿”。道理很简单,大公司董事长还得要“有型有款”,这也是公司形象。汽车是代步工具固然不错,但也带上很强的时代感和时尚特征,汽车公司老板外出或公开场合露面,公众特别是年轻人是如此关注你的品位和趣味……我还跟李书福说,你的品位不是你个人的,也是企业的。我们宣传吉利汽车工艺如何精良和考究,如何注重细节和人性化服务,也传播吉利汽车品牌往高端走的过程中，如何融入国际化和世界潮流，而作为董事长，你也要从个人生活上配合一下我们的宣传呵！

李书福对此很不以为然，基本上是“我行我素”。

他坚持他的道理，认为公司现在还处于奋斗向上阶段，个人的精力和财富不能花在穿戴和体面上。另外，出身平民的他，再怎么也无法接受那些奢侈品（大概他把超过几千元的服饰和“行头”都当作奢侈品了），即使穿戴上去，也觉得不舒服，很不自在。他的价值观决定了他的审美趣味，而他的选择标准取决于是否符合他对这个物质世界的眼光。他所从事的汽车行业，既需要节俭和集中精力工作，也得研究流行的状况，他努力要在这两者之间保持平衡，保持必要的张力，但是大多数时间他情愿过着所谓“低水平”实际上是简朴的生活。

他还有一个根深蒂固的观念，是我一时无法撼动的，那就是个人的物品不要盲目追随风尚和品牌，“中国制造”的服饰和日用品一点也不差，为什么一定要穿顶级品牌或欧美名品？

这倒有点像美国人，随意而不考究，讲求实用。这个观念已经深入他的血液和骨髓，很难改变。当然他也影响不了我多少。我在穿着上是个“机会主义者”。我信奉到什么山唱什么歌的准则，既不特别注重服饰的品牌，也反对年过半百了还那么简朴到极点，甚至有点邋遢。

但是我很理解公司里的一些规范，特别是对费用的高度控制。我觉得这一点我们要向丰田学习。

吉利在财务上有条规定：集团高管人员出差时，无特殊情况最好乘坐飞机的经济舱；无特殊情况不住豪华酒店。高层经常在会上对一些外人看来“小题大做”的浪费而发狠痛陈，但是，当他们痛感中国教育的滞后和贫困学子无法上学的痛楚时，当四川汶川和青海玉树发生地震后，又会异常慷慨，一掷千金，一次都可以捐一两千万元，有时为了一个新的技术发明和柔性生产线，也不惜倾囊付出。这种收放自如，这种因时制宜，这种“苛刻”与“慷慨”的交替并用，我是举双手拥护的。

李书福理解的“有尊严的生活”，另一重要的侧面就是自信与专注。

他的专注是出了名的，有一次我在北京，办完事之后到了吉利北京代表处，经过一个房间我朝里一看，便傻住了：李书福正在琢磨一个汽车零部件，忘情地把玩发动机零件，以至于我与他打招呼他也没有听见。后来他招呼我坐，一边谈事，一边接着琢磨这个零件的内部构造和尺度，有点像葛洪炼丹被打断，一脸迷惘之余，继续炼他的汽车之“丹”。

我最不理解的一次是，有一次在杭州总部食堂他与一个退休的内燃机专业的大学教授谈类似于永动机之类的话题，他听得入了迷，放射出一种天真而饥渴的眼光，完全相信这个神话式构想和“惊世发明”。我们不好当场戳穿这个神话，只得像听《天方夜谭》一样，一直耐心地听完，同时把酒喝光。

其实李书福心里也明白这个构想不可能变成现实，就像牛顿万有引力定律不可随意更改一样，但他出于对汽车的专注和冥想，很希望有机会试试这个汽车业的“哥德巴赫猜想”。事后他对我说：“我只是好奇而已，有点迷住了！”

一次接待记者完事后，我和李书福谈起汽车和人的关系。他严肃地对我说，觉得自己命定就是一生做一件事，就是造车：“我连做梦也是造车，太纠结了！我甚至很恨这一点，简直想摆脱这个梦魇，这太痛苦了。可是仔细一想，我除了汽车会去做什么呢？什么都不想去做，不会去做。我经常有个幻觉，觉得汽车就是我，我就是汽车。你说说看，这是不是就叫‘命运’？”

说到自信，我真的还觉得没有碰到过如此自信的男人。造车的自信，经营的自信，战略安排的自信，这些不去说它，在李书福身上已经深入骨髓了。他更自信的是自己的车一定是世界上最好的，当初我们在改变有关“企业使命”的提法时，他坚持要提造“最安全、最环保、最节能”的好车，“一定是最好的，吉利汽车一定是这样的。今天做不到，明天就能做到……”

在现实生活中李书福透露出来的对吉利汽车的自信，莫过于他的“坐骑”了。李书福除了早期造摩托车和从事其他行业坐过奔驰等轿车之外，进入自己造车阶段后，一直坐吉利汽车，从优利欧到自由舰，一直到远景、帝豪，还有吉利熊猫和经典出租车。他把自己和吉利高管坐吉利车，作为自信的重要表现。当有人说吉利车的质量和安全性有问题时，因为坐的就是自己生产的车子，李书福的回答是：“难道我的命就那么不值钱吗？”

远景正式下线后，李书福还特意让人把他原来用来接待来访客人的奔驰和普拉多等全部卖掉，换上了吉利远景。他说：“作为汽车公司，你能坐上自己生产的车，用自己生产的车接待客人，这种自豪感是很难用语言来形容的。”

那些自作聪明的人，想象力更丰富，认为李书福即使坐自己生产的轿车，也是经过改装或特装的。事实上，每一台车都是从流水线下来的，大工业生产不会顾及一个董事长的特殊安全感，而生产一辆供李书福享用的特殊座驾，等于要买一条生产线和全套模具、夹具，还得花几个亿开发这种车。

李书福还有一个奇怪的嗜好，就是自己坐的车还不到工厂直接提货，而是让驾驶员和助手到吉利的 4S 店为他买车，这样可以看一看 4S 的服务和话术到底如何，还有可以保证自己和驾驶员对汽车批次质量的真实感受。

后来他对记者说：“我坐吉利汽车，人家就是不相信，还说我乱讲，其实我就是天天坐吉利汽车。有的人看见我坐吉利汽车，他还说这辆车是特制的，汽车怎么特制啊？又不是烘面包、炒年糕，可以特制。它是流水线，无法特制。每一辆车都要经过匹配试验的。汽车公司的负责人不坐自己生产的汽车，那就是对自己生产的汽车没有信心。”

第十九章　决定性力量

第一节　从法兰克福出发

对于海外战略，其实李书福一开始就考虑得很多，目标高远。这个惯于走在时间前面的人，富有联想和实行的力量。很多时候，人们是把它当作大话和空话来看待的。在城府很深的官僚和自以为是的行业专家看来，李书福是给自己打气。

比如李书福认为，吉利的海外战略，第一步是如何走出国门，在世界汽车舞台上露脸亮相，第二步是怎么在海外进行营销和生产布局，第三步应该是全球化战略的展开。用他风格一贯的惊人之语，就是吉利汽车"到 2015 年年产 200 万辆，三分之二出口"。

可当时世界汽车业谁也不认识李书福，也不知道吉利是"何方神圣"。

那是 2005 年 9 月 12 日，当国旗飘扬在法兰克福车展展馆前的广场上时，作为中国唯一受邀参展的自主品牌车企，一夜之间吉利成为全世界汽车媒体瞩目的焦点。

法兰克福车展被称为汽车工业的奥运会，是世界五大车展之一，也是欧洲规模最大的双年车展。但法拉克福车展苛刻的参展条件也让诸多汽车厂家头疼不已。然而，我们却凭借自主创新带来的技术优势敲开了法兰克福车展的大门。

"吉利汽车能够参展，是因为它纯正的'中国血统'。"李书福在向中国记者作介绍时说。的确，法兰克福车展有一条不成文的规定：参展汽车一定是自主研发的。也就是说，一不能是模仿的，二不能是合资的，三它的知识产权是没有争议的，"否则，中国那么多汽车生产商，哪能轮到吉利呀？"

在此次法兰克福车展上，近 300 平方米的吉利展台以牡丹为主视觉背景，来自浙江京剧团的 12 名京剧演员表演的《大闹天宫》、《天女散花》等经典京剧剧目以及功夫茶表演，让整个展台洋溢着浓郁的东方气息。大屏幕上巨大的"I am Geely（我是吉利）"字样和蓝色的吉利厂标则向全世界观众展现了吉利的骄傲。

“法兰克福车展组委会提前一年就邀请了吉利，当时有人还犹豫。但我说，不去参展，世界上谁知道吉利？去法兰克福，全世界搞汽车的就都会知道了，这对我们提高国际化、人才的凝聚、经销商的优化、经销渠道的建设太有帮助了，所以我们应该去。”当有人问起李书福，为什么想到去法兰克福参展时，他回忆说。

事实证明了李书福的远见。据统计，车展期间到吉利展台参观者达到50多万人次，媒体2 000多家，来访客户500多个，来自100多个国家，意向订单10万余辆，吉利由此成为此次世界顶级汽车盛宴的大赢家。

德国图林根州州长Jurgen Reinholz、中国驻德国法兰克福总领事谢俊平女士专程来到吉利展台，通用、奥迪、奔驰、宝马等国际著名跨国公司的巨头也都来到了吉利展台，他们无一例外地对吉利自主研发出的轿车感到惊讶。

当时很多媒体都用显著版面报道了吉利汽车参展的消息。《金融时报》还援引大众集团一位高层的话：“中国汽车在5至10年后非常可怕，应该引起重视。”在一些德国汽车媒体眼里，“中国汽车自主品牌”的代名词不是红旗，而是吉利。

“中国来了！”这是在刚刚开幕的第61届法兰克福国际汽车展上，德国电视一台、二台报道吉利汽车参展消息时采用的标题。

第二年，北美底特律又邀请我们参加，也是中国轿车业的第一次。我印象最深刻的是，美国哥伦比亚广播公司在电视上采访吉利展台的结束语说：“这辆汽车来自中国，没有天窗，地毯也不豪华，无论你们喜欢还是不喜欢，无论你们是同意还是不同意，这就是汽车的未来。”

通用、丰田、本田的高层都来看了。克莱斯勒CEO两次来看我们的自由舰，前看后看，左看右看，带了一批人看了两次。最后克莱斯勒CEO邀请李书福到他的总部交谈，在他办公室谈了好长时间。然后跟李书福讨论关于贴牌生产的问题。他让李书福报价，李书福就报了个价，他认为价格过高，在这种情况下，就转向奇瑞了。

底特律，2008年北美车展。吉利在顶级国际车展中又一次亮相。

中国自主品牌联袂出场的是吉利、比亚迪、长丰、中兴以及李氏光明。吉利已经是第二次登陆北美车展，亮相底特律了。车展一开幕，就有很多记者和观众到吉利展台来，以充满好奇的眼光审视来自中国的汽车，我应付和安排采访都感到机器运转般的紧张。

美国和世界上最著名媒体，如美联社、路透社、道琼斯通讯社、彭博新闻社、《华尔街日报》、《福布斯杂志》、《今日美国》、《纽约每日新闻》、《纽约时报》、《商业周刊》、《新闻周刊》、哥伦比亚广播公司(CBS)、CNN、ABC和NBC电视台等，不约而同地来了。

美国当地报纸则这样评论吉利："两年前，李书福带着一辆车来到底特律，我们知道，中国人开始造车了，不管你喜不喜欢，承不承认，这就是汽车的未来；两年后，李书福一口气带来 6 款车，而且还带来了爆胎监测与安全控制系统，一个我们都没有拥有和达到的技术，我们应当给予足够的尊敬，谁都不能漠视它在两年里的进步与成长。"

我知道有人会问，这些在风中回荡的力量会终结吗？

其实世界就是能量交换的结果，其交换方式和力量蓄积的途径很重要。从这一点来讲，力量只能转换，不会终结。从产业的角度看也是这样，无论是制造业还是 IT 产业，无论是汽车还是芯片，无论是生物工程还是打火机。

杰里米・里夫金等人在《熵：一种新的世界观》一书中描述了由于热力学第二定律造成的我们这个星球的寂灭，能量的枯萎，但我要说的是，在可以想象的未来，新的能量在另一个星球依然储存，无尽传递。

从力量的凝聚到新的力量生成之间，有过渡、有转换，但新物质诞生却是必然的。中国汽车业和吉利的成长也不例外。生死枯荣不可避免，我们的责任就是加速转化和交换，寻求持续活力的可能，一次次重新出发。

从这一点看，依然是"力量在风中回荡"。

第二节　造车与办学

"吉利造车之日，就是办学之时。"我对媒体说的这句话，可以说一点也不夸大。

造车之初就决意办学的李书福，在浙江台州临海广播电视大学办起了职业技术学校。由于企业办学当时还是禁区，教育主管部门不批，所以只能挂靠。就像 20 世纪 80 年代，不能直接创办私营企业，就来个"曲线救国"，戴上一顶所谓的"红帽子"，挂靠"社队企业"（后来叫"乡镇企业"）。当时约定，当地广播电视大学为吉利招几名学生，吉利就给多少钱。

李书福有一次对我回忆说："那时候我们真的很难。电大老师对这样的学校不是很感兴趣，因为是'挂靠'人家的。为了办学，我们把地买过来，别人卖给我们很高的价格，但我们要办学校还是不行，这个工业用地只能盖厂房，至多是可以搞些宿舍，不能办学校，所以就处罚我们，很重的处罚。但是我们要办学校，一定要培养人才。这个决心没有人动摇我。"

为什么要这样干？道理很简单：用他的话说，要造车，必得先"造人"。

很多人都知道这一点：除了资金和研发之外，造车就得积累技术、培养技工，要有一大批熟练的技术工人，特别是高级技工。可当时谁为吉利输送这样的人才啊？那时吉利汽车并不强大，大学生不愿意来。那么，一汽、二汽或者上汽呢？根本就不可能为吉利这样一个在他们看来不该进入汽车行业的民营企业培养技术人才。

吉利必须自己培养技术工人和技术骨干，还有一大批管理人才，这是没有异议的。世界上那些著名的汽车公司，往往都有自己的商学院或工程学院，这一点是其他行业望尘莫及的，这显然与汽车行业涉及面广泛，特别是资金、技术和人才密集等特点有关。汽车制造的工艺要求很高，精准度和熟练程度也需要专业培训。

按照李书福的说法，一开始就得自己动手，创立学校。他提出："把人口的优势转变成人才优势，技术到位，相对质量就上去了"，还说"人力资源是第一资源"。有一段时间，李书福嘴上念叨最多的，不是汽车，而是教育。这使很多不明就里的人深觉纳闷。当时吉利的处境和他的切肤之痛，驱使他这样干。他把一些身边的干将，如罗晓明等人，派遣到"前方"办教育。

吉利办教育，首先从身边入手，所办学校大多是和汽车行业相关的技工、技师类学校。

1997 年，浙江经济管理专修学院批准成立；2001 年，浙江吉利技师学院成立，专门培养专业的技师；2004 年，由原先的浙江吉利中等专业学校与浙江吉利技工学校合并成浙江吉利汽车工业学院；2006 年，成立浙江汽车职业技术学院。这些学校组成了集高等和中等职业教育为一体的民办职业教育基地——吉利教育中心。

2000 年 9 月 1 日，一所新型的综合性民办高校——北京吉利大学正式开学。这所大学以"走进校园的目的是为了更好地走向社会"为办学方针，仅仅花了 10 年时间，在校生已逾 3 万，并跻身全国十大民办高校。

2005 年，吉利出资 2 亿多元资助海南大学三亚学院的建设，至此，吉利在中国热带滨海城市的第一所全日制普通本科高等院校二级学院诞生，形成了以培养学生个人综合素质与相对竞争力为核心的办学体系。

吉利大学是李书福投入精力最大、用情最深的一所民办高校。在我的印象中，李书福只要一提及吉利大学和三亚学院，就喜形于色，激情四溢。特别是吉利大学，从办学思想、教学理念到课程设置以及师资力量，他是经常过问的。有时我随同他到吉利大学，他跟罗晓明以及后来的几任校长，总是作无尽的交流，有交代不完的事情，话题甚至可以细到关心教材编写。的确，他还自己动手编撰了一本德育教材，叫《做人之道》。

李书福在吉利大学的课程设置上，也颇费心思。

他和学校领导一起，构建了十分有特色的吉利人才教育模式——"311"模式。"311"模式中的"3"是指 3 门职业基础课，即语文、英语、计算机；中间的"1"是指一门职业道德素质课；后面的"1"是指围绕一个岗位或职业而设计的专业课程体系。

李书福把最简洁的与最前卫的结合在一起。在“311”模式下所开设的一系列品牌专业课，首家采用国际通用的CBET教学模式（即以职业能力为导向的教学训练体系），实施独特的体验式、案例式互动教学方法，采用学分制管理办法，教学过程充分体现“以学生为本”的思想，同时独家采用由一批国际、国内著名企业人力资源管理部参与开发、论证的课程体系。

吉利大学“311”模式的另一个含义是，按照“学校质量标准、教师专业标准、学生能力标准”3个标准，通过1个“专业课程体系”和1个“素质训练体系”来实现培养学生表达交流、就业上岗、团队合作、批判思维和终身学习等5种能力的教育目标。

除了与吉利汽车公司自身结合之外，吉利大学与国内外优秀企业合作，产学深度结合，使学校的人才培养与企业人才需求直接对接。这些年来，吉利大学学生就业率平均每年达到95%以上。

有一次我在校园里跟李书福谈论起这个教育模式的好处，我觉得，“311”高职教育人才培养模式从根本上区别于过去传统高等学校的所谓经院式、象牙塔状的人才培养模式，把“走进校园的目的是为了更好地走向社会”的办学理念用三个简单的数字高度概括地表达出来，不仅直观、通俗，易于理解和记忆，而且具有丰富的教育理论内涵。

那天，在场一位德高望重的教育专家，也谈了自己的看法，他认为，“311”高职教育人才培养模式的教育创新之处在于，把当代社会经济发展所需要的职业性人才所应具备的知识结构和能力要求，在这个教育模式中给予了最优化的表达。

对于这一点，所有到过吉利大学的媒体和教育专家，无不称赞。

“311”培养模式，在教学上强调以职业需求安排课程，不着眼于学科的系统性，更注重实务操作，以实际职业需求组织学生的专业知识结构；强调突出理论知识的应用和实践动手能力的培养，同时以更多的时间和精力开展以培养职业能力为主的教学实践活动。

吉利大学还有一个成功的地方，就是实施“产学研”相结合、“订单式”培养，指导学生制定职业生涯规划，开设职业资格考试取证培训，使学生在学校期间就能取得毕业文凭和职业资格证书的“双证书”。

吉利大学在与企业的紧密合作中，形成了灵活的人才培养机制。由于能够及时了解企业的需求，学校可以做到及时调整专业设置，根据行业发展趋势和职业岗位需求，调整教学大纲和教学计划，更新教材，以适应专业人才的培养。

吉利大学还有一个有别于其他学校的地方，就是把企业精神与大学理念结合在一起，实行“订单式”教育。

灵活机动，因地制宜，与时俱进，这些都是李书福所擅长的，也是他能够在所有领域很好运用的方法论。虽然“文革”前后教条主义盛行，但某些思想因子和务实观念，给了他很多深远影响，直至运用自如。造车如此，办学也一样。

第三节　四朗德吉们

2006年盛夏的日子，于我是难以忘怀的。

年初李书福就开始考虑拿出5 000万元，资助品学兼优、因家庭贫寒上不起大学的学生。对这件事，我们内部是有争议的。5 000万元，对吉利这样的企业来说，并不是一个小数目，而我们正处于集中力量谋发展时期，也正置大投入时期。把钱用在这一类事情上，管理层有人有不同的看法。有些高管还提出，企业本身并不宽裕，更应该多节流敛财，以备不时之需。

最后，李书福还是说服了大家。尽管这些高管想的也没有错，但李书福认为有更多的理由做这件事。可是李书福做这件事的动机究竟是什么？很多人在猜测：是想更大程度地出名？过一把慈善家的瘾头？还是对吉利汽车进行无形推广？也有些人觉得，你现在还不是做慈善家的时候，搞汽车产业需要太多的钱，很不容易啊！

在这件事情上，我相信自己对李书福的心思有点了解。

从内心深处看，做这件事，李书福有两个目的。这些年虽然吉利造车没有发什么大财，但也发展迅速，基础打得不错，其中一个重要原因是得到社会各方的同情、理解和支持，所以要适时回馈社会，所谓“滴水之恩，当以涌泉相报”是也，此其一；另外，李书福对人才的渴求，近于“疯狂”，说到底民营企业家的资源是有限的，自20世纪80年代以来，李书福就为了找人、育人和求人而奔波于途，寝食不安，虽然办学解决了吉利人才需求的基本面，但李书福还是希望普天之下理解他的求才之意，以及他对培育人才的重视，此其二。

资助困难学生这件事，李书福就交给我和罗晓明来统筹和运作。虽然捐资5 000万元是交给中国教育发展基金会的，但是吉利汽车方面毕竟要有人操办，李书福认为我是合适人选。罗晓明是吉利大学执行校长，当然也必须参与。

就这样，在2006年夏季，我为此事领命而去。

那时我刚加盟吉利，如何用好这笔钱，一时竟颇费踌躇。我很明白，要找到的1 000个孩子，必须是最需要钱的，而且是真正品学兼优的。其实这很难。道理很简单，因为信息不对称。在中国，这样的事会经常发生：骑着摩托车来领困难补助，开着宝马来办经济适用房手续，还有冒名顶替、张冠李戴的，靠权势骗取资助的,不一而足。

为了找到这批真正需要资助的人,我们与中国教育发展基金会制定了章程、程序和细则,规定了很多资助条约,并建立了吉利教育资助专项计划办公室。这还不够。为了做到心里有底,我得有更奏效的办法。于是我们组建了6支小分队,到全国边远和贫困地区去寻访这些孩子。

记得那年6月,我在吉利北京代表处对教育资助专项计划办公室组织的各路寻访人马作了一次动员,并为这些"志愿者"饯行。之后,这6支小分队将分赴湖南、四川、浙江、山东、甘肃、新疆等地寻访贫困学子。那天中午,看到这些年轻人都显得神情激奋,行囊与信心齐备,必胜的信念写上青春的面庞,于是我的心也踏实不少。

那天为这些人饯行时,我喝了不少酒。一种无比美好的情愫充溢于怀:即将寻访到的这批孩子,他们的命运,由于李书福的资助,将被永远改写了。他们虽然贫困,却是好学生,有的还考上了著名学府。得到这笔资助,他们可以圆"大学梦"。

看来,我也要做一次"寻访的寻访"。我得亲眼看一看,这6支寻访队伍是如何开展工作的,实际效果如何。我最关心的是,即将找到的这1 000个孩子(分三年完成),该不该接受资助?他们是些什么人,实际情形究竟如何?

记得2006年7、8月间,我和王军、李夏两位一起,先到山西太原,接着马不停蹄地赶到陕北佳县。因为时间安排得很紧,我们从早上出发到深夜回来,不觉间竟然一天驱车800多公里。虽然疲惫至极,心里还是很畅快的。

人,只要觉得自己在做着有意思的事,或肩负使命,是不会轻易被疲劳占据的。

在陕北佳县,我并没有被流经眼前的滚滚黄河所震慑,却被这片土地上浓郁的乡情和老乡们朴实的神情所感染,更为找到25个亟须我们资助的孩子们而备感欣慰。我们寻访到的这些孩子们,在如此贫困、严酷的环境中成长为一名未来的大学生,实在是太不容易了。

我们的寻访小分队成员都去过这些高中生的家庭,他们中的不少人至今住着窑洞,门窗不全,家境贫寒,连招待客人像样的桌子和板凳都难找,更谈不上电视机和电话了,家中也没有一张报纸可供阅读。除了一双双勤勉的手,一对对渴望知晓外部世界的眼睛,在那些勉强可以称为家的地方,根本找不到称得上"财富"的东西。

这些孩子们确实品学兼优,懂事得让人心疼。他们学习用功的程度和方式,是城里的孩子们难以想象的——放学回家总是先帮助父母干活,再利用可怜的时间,凑着黄昏户外的余光,看书做习题,默读记诵。教辅书或课外书基本上都是借来的,有的已经皱巴巴了,一直在那些粗糙的小手间反复传阅。

那天下午，在陕西佳县的中学操场，这些孩子接受吉利给予他们的资助款项时含泪的表情，至今仍然镌刻在我脑海深处。强烈的阳光下，我正好和县长坐在台上，25个孩子陆续走上前来，很快排成一排，向我们致意之后转身站着，这时我发现他们中的5、6个孩子头发都变得灰白了，显然是由于严重营养不良加上过于用功造成的，当时我的泪水刷地流了下来。

代表这25个孩子上前发言的那位女孩，考取了一座西安名校。她掏出发言稿，在阳光下双肩发抖，念出第一句话之后就泣不成声。而那位上台发言的学生家长代表，从嗓音到身体都很沉厚朴实，一上来就接连向我们鞠躬，这时我恨不得隐身而去。他发言的第一句话是："我要说，吉利公司还有李书福，是我们的大恩人……孩子们有盼头了！"他声音哽咽着，再也说不下去了。

第二年，我和罗晓明、苏保群、李夏等人，到宁夏固原地区回访，与这些接受资助的大学生作一次对话。那天深夜，我乘坐一架很小的飞机从杭州到西宁，在空中飞机像打摆子一样抖个不停。第二天坐车来到固原后，我们在一个会场里见到那些接受了资助的孩子。他们汇报了一年来大学生活的种种情形，也谈了今后的想法。那天当地官员和老战士都来了，他们也讲了很动情的话。见面会一结束，年轻人把时任吉利大学校长的罗晓明和我围成一圈，有的上前拥抱我和校长，有的与我们相拥而泣。有两位姑娘哭得像泪人一样。

这种场景，简直没齿难忘。谁说中国百姓麻木冷淡？谁说我们的孩子们不懂事？只是你没有到过真正的底层，没有亲自去领略人性深处的光辉，甚至你还没有以巨大的悲悯和同情，去接触这些需要你帮助的人。是啊，只是你还没有学会如何洞察生活和存在……

这些接受资助的孩子，有的进了吉利大学，更多的到北京和成都、西安、武汉等地，进其他高校深造。在接受资助的时候，我们并没有规定一定要进吉利大学或三亚学院，而是根据他们自己的考分和志愿，进入他们喜欢的大学。学校反映，接受吉利资助的孩子，学习和生活都很顺利，很出色，也非常懂事。

当我将这些事讲述给李书福听的时候，他深感欣慰，也受到强大的感染。后来，我发现他也是眼圈红红的。呵呵，硬汉有泪不轻弹，只是未到深情时。

爱与温情，是无敌之春天。

李书福对人说过这样的话，捐赠5 000万元资助贫困学子，并非是吉利的一时冲动之举，而是出于对教育事业的一份持久热爱。他本人始终认为，企业怀有对民族和社会的一份责任感，是企业存在于社会之价值所在。

原教育部副部长张保庆，对此事作过很恰切的评价。他说："作为一家民营企业，吉利还在不断成长和壮大之中，既不是最强的，也不是最大的，更不是最有钱的，但吉利依然拿出相当款项用于慈善和教育事业，成为目前对中国教育发展基金会捐赠数额最大的企业，这是有长远发展眼光的善举和做法，值得效法。”

是啊，我永远也不会忘记那个叫四朗德吉的藏族女孩，一个来自四川甘孜藏族自治州的大学生。

四朗德吉的家，按照她自己的说法，“离北京好远好远”。很多人不知道甘孜，但一说到长征途中，红四方面军南下后，被迫退往西康的甘孜一带，并于1936年7月在此与红二、六军团会师，就知道这是什么地方了。如果再说出甘孜州府所在地是康定，几乎所有的人就明白了它的位置。

四朗德吉，这个名字的意思是“吉祥如意”，她似乎生来就是一只来自高原的百灵鸟。她的歌声如此高亢、醇美而纯净，用“响遏行云”和“纯如甘露”来形容一点也不为过。

你无法想象，那些歌声是从如此娇小的身躯发出的，你也无法想象她歌唱时的迷人神情，是从一个貌不惊人的姑娘脸上散发出来的。当你听到她用藏语唱出的歌，你就能丈量出那个原野有多么宽广深沉，那片天空是多么深邃无边。歌中饱含的深情与纯粹，是难以描述的，只能用“天籁”来形容。

四朗德吉的父母是由牧民转为农民的，父亲还当过兵，在县城炉霍县做过厨师。炉霍，作为霍岭大战的主战场，藏民族英雄格萨尔曾在这里征战。在这个环境下长大，小德吉身上流淌着一种自由奔放而纯净如水的血液。当然她是一块有待雕琢的璞玉。在这次资助行动中，我们发现了有歌唱天赋的四朗德吉，就毫不犹豫地接受了她的申请。四朗德吉与一般的女孩子想法很不一样，她放弃了进入四川艺术类院校深造的机会，进了吉利大学新闻专业。

2006年下半年，我抽空到了吉利大学。我让吉利资助办公室负责人李夏去把四朗德吉请来，与她交谈了一个小时左右。我发现这个孩子很有想法。当我问她为什么要选择新闻作为专业时，她的回答使我吃惊：“要用我的笔，把我的家乡写出来，让全世界的人知道。”她说她的家乡太美了，仅仅歌唱它是远远不够的。她还对我说，这一带地方，祖祖辈辈没有读书人，她成为大学生是那些藏民的骄傲，成为乡亲的“格桑梅朵”（草原上的花）。

四朗德吉果然不负众望。在学校她除了苦修学业之外，经常参加社团活动，还在重大庆典和公益活动中登台歌唱。现在她已经大学毕业了，留在吉利大学图书馆工作。她身上有一股韧劲，又很勤快，深得同事和师生的喜欢。前不久我又见到德吉，她很高兴地对我说，周围的人待她很好，父母也很放心。她很敬业，还利用业余时间自学，准备攻读在职的新闻学研究生。

第四节 与杜英姿对话

李书福说过一句话：“力量在风中回荡。”

对于这句话，很多人把它当作是一句偶尔得来、字字蹈空的警句，或是企业家颇具哲理的言论，有点浪漫的诗句，觉得这很好玩。更多的人表示不解，一脸迷惑：李书福到底想说什么？

2007年5月20日，我陪同李书福接待人民日报社的《大地》周刊社长杜英姿一行来访时，面对她提及为什么会有"力量在风中回荡"这样的表达时，他说了一番惊人的宏论：

"有一种力量在风中回荡，也就是说，有钱并不代表力量，有权也不代表力量，有原子弹、有飞机、有大炮、有航空母舰都不代表力量，因为这些都不在风中回荡，这些都是看得见、摸得着的，都是人可以掌控的。真正的力量是一种无形的东西。虽然它看不见、摸不着，却是任何人不能摆脱的规律。我们要认识、研究和运用这些规律，实现自己的目标。"

杜英姿接着说："是啊，这句话充满哲学意味，因为风既有形又无形，它蕴藏着巨大的能量，它可以触摸，但又无处把握，而且'风'是中国文学的源头，所以说'风'这个词是非常有意思的。"

李书福点头称是，"对。可以大到无边无际的宇宙，也可以小到一把扇子，看你如何去掌控、把握、应用、学习、研究和发动，把你的思想融入到这样一个浩瀚无边的大世界里面去，不要被眼前的钱和权势所局限。我们一开始什么都没有。我的精神寄托就是'力量在风中回荡'"。

李书福告诉杜英姿，这句话是刚开始造汽车的时候，也就是1997年写下的，此后它就在自己的脑海里扎根了。

李书福说，当时说要造汽车很多人不信，但是我要干，对汽车工业在中国的崛起，我是充满自信的。自信这个事情我是可以做到的，但是人家都不信，所以我在这首诗里说：天上有一组音符，一直在天上不断地跳动，它没有声音，但是人家很好奇，觉得它有灵感，它可以为人类带来理想，所以很多人来向它祈祷，希望它可以发出声音，希望它能够来到人间。

杜英姿说："想不到李董事长是这样的一个人。"

李书福回答："二十多年来我们就是在这样的一个环境里面成长起来的，这是一个真实的写照，我们就是凭着这样一种信念和心灵寄托，从事这样的事业。"

杜英姿不无感慨地说："我觉得情感的力量会穿透很多东西，穿透壁垒。"

这时我就说："其实台风的形成就是风在空中回荡的结果。起先你是看不见的，慢慢地冷热空气结合，回旋往复，形成巨大的风暴，也就是我们说的热带气旋。"

这是一次殊为难得的对话。在我的印象中，李书福关于"力量"的谈话不少，但这次发挥得最好。

李书福接着我的话题说："是啊。本来'力量在风中回荡'就还有一层意思在里边的。我觉得这个世界原来是欧美领导整个地球，可以叫欧美时代，今后要进入亚非时代。人类文明就是这样发展的，古罗马竞技场现在已经成为博物馆了，慢慢地已经消亡了。两百年前的美国，它根本就不怎么样，可是现在很'牛'，欧洲慢慢地要沉下去了，亚洲虽然现在不怎么样，但是慢慢会崛起的。

"台风本来是没有的，由于气候的变化，温差的形成才出现台风。经济、政治、文化也一样，慢慢的变化到一定的程度以后，就会势不可挡，最终形成力量在风中回荡。非洲的崛起也是势不可挡的，所以说这个世界会慢慢走向亚洲和非洲时代。其理论根据是什么呢？我也在想这个事情。毛泽东提出农村包围城市理论，对中国人来说农村包围城市，共产党得天下，对全世界而言是不发达国家包围欧美发达国家，最后实现整个地球繁荣。我们造汽车也是这个样，力量在风中回荡。"

杜英姿说："我觉得你解释得非常好，力量不是权力，也不是金钱，是一种力的综合。"

我接着说："的确。就汽车来说，传统与现代的结合，科学与艺术的结合，中国文化背景的凝聚，与汽车技术结合在一起，最终走向千家万户，走向世界。我们先在头脑里形成一种'风暴'，这很重要。李董事长造车，也已经变成了一种信念，造车就是他的一切，他已经达到了这种境界。"

杜英姿说："我觉得这是一种完美的艺术。"

李书福说："我现在可以什么都不要，但是不能不延续我们的造车理念，不能没有造车事业。就我个人而言，已经完全把自己的生命和造汽车捆绑在一起，为汽车而生，把情感驻留在汽车上。现在一些外国公司，有些愿意买下吉利，我也可以把它卖掉不干了，但是我和汽车是分不开的，我的生命、灵魂跟吉利汽车是割不开的。当你的生命和灵魂，和你从事的事业割不开的时候，钱就是买不了的。说实在话，要那么多钱有什么用？把钱堆一房间有什么用？我要追求的不是这种东西。"

我说，有人写过文章，谈李书福的生活观和财富观。从他的生活细节开始写，把他的习惯、性格和理念一同表达出来。

李书福最后说道："我这件衬衣是浙江生产的，有什么不好？皮鞋也是这样。我在中央电视台讲过这些话，人家说我太牛，像赫鲁晓夫一样讲话的时候把鞋子脱下，说李书福当众脱鞋子。我的意思是向大家证明，我穿的鞋子不是你们所认为的名牌，这有什么不好？假如中国十三亿人都是用中国自己生产的衣服、鞋帽，那将会对中国的自主品牌形成很大的支持力度。这种风暴形成以后，洋品牌也是抵挡不住的，因为商业竞争从根本上讲，就是从百分之一到百分之十之间的竞争。丰田汽车现在成功了，就能说明通用汽车和福特汽车很差吗？不是的，其实就是差百分之一左右的市场氛围，为什么？因为丰田搞了普瑞斯油电混合动力汽车，走在了前面，它的影响力也形成了，大家都认为它这个省油、环保、技术领先，就是这么百分之一左右的份额，导致了所谓的‘你死我活’。”

第五节　我的风暴

那么在这四年间，我体内和周围的力量是怎么聚集起来的？而我又是怎么平衡着这些力量，像走钢丝一样完成我的使命？

很难厘清服务吉利四年期间的得失是非。很多事从来就是难解难分的。不过，我觉得还是可以表达一些认知与感触、印象与原委的。某种如鲠在喉、不吐不快的欲望，就是我的写作动力，同时也抱着人贵自知的心态，做一番告白与深思。

最强烈的一点，就是感到在这个国度和文化氛围里做事之难，企业和自身转折的不易。嗟乎！吾国成事如上蜀道。蜀道之难尚可说，做事之难难尽言。——这恐怕是我的最大感触，四年来最深切的体验。

离开吉利之后，我听到的是两种说法，一是此君为何中途辞别？一定是有难言之隐，也许是与李书福发生冲突了，或与这个团队合不来，所以拂袖而去；一是这位老兄如此潇洒地完成了华丽转身，很少有人做到这一点，从媒体头脑到政府官员，而后又是企业高管，如今做了大学教授，这等人生何其快意，何等受用！

其实这两个结论都是错的。天底之下很多事，没有如此泾渭分明、非此即彼的。

也许，通过媒体和口头相传，世人看到的只是我的一个个精神侧影和物质生活片段，一次次个人生活表象的闪回，以及我与这个急遽变化的社会交融的叠影而已。没有人能知晓我对这个世界的感慨，也没有人知道我对自己这四年的恰切估价，因为我自己从未觉得对世俗生活可以用三言两语来结论的。

如果一定要说出来，而且非得用三个字，那么我的第一个字是“难”，第二个字依然是“难”，第三个字仍然是“难”。为什么这样说？既非艰难时世，亦非事物本身的难度，而是环境、观念与利益的交互作用，多维世界冲突引发的艰难选择。

归根结底，这是我们这一代人的宿命，是命运的阴差阳错，时代的正打误撞，铸就了所谓的“华丽转身”。从本质上说，我只是一个好奇的观察家，一个学者型的好奇者。而要如我这样的人去做什么生活的宏大叙事者，去建功立业，去做一个现时代的“三立（立德、立功、立言）”者，岂非难煞我？

我在吉利的工作性质，对我来说是难事，因为传播和品牌的提升在短期见效是困难的，而吉利在中国受到的曲解和误解，以及它的创业创新的崎岖曲折之路，决定了我是在一个困境中做一件为难之事。

试着想一想，虽然我有一些办法去激活某些所谓的资源，去整合飘荡在空中的“力量”，但是我的身份只是一个民营企业的高管，而这个民营企业一度是很多媒体和政府官员甚至相当一部分公众不看好的草根企业，谁能给我开绿灯，除了求人和自身的勤勉？

每次部署落实重大的上市、下线活动和庆典仪式，张罗参与国际性的车展，那种分身乏术的难处和考虑程序、检查细节的焦虑，是如此难以忘怀。无眠就无眠，问题是通宵达旦之后，不能出任何乱子，不能出现现场卡壳之类砸锅的事。与第三方公司的协调，演练和彩排，衔接与响应，要反复进行，直到胸有成竹。声光电的结合，声音与形象的出彩，以及各路人马的底细，都要绝对把控，了然于胸。但问题还是照常出现，就是最担心的地方，反复试过的细节问题，有时偏偏出了问题！

跟媒体打交道，是令人兴奋，也令人不安的事。起码，我要知道媒体需要什么，记者希望得到什么，而我又能提供什么。对于媒体接待和采访要求，我是有点底子的，因为我自己就曾在媒体工作过。可是我要换个立场，以前是“面南”的，现在要换成“朝拜（北）”了，这是一份不同的心情，也是迥异的做法。总的来说，媒体对我是满意的，也有一些因不周和疏漏，大腕们就拂袖而去的尴尬场面，或突如其来发难时的穷于应付，都是令我大伤脑筋的事。哪怕是新闻基调的选定，媒体位置的排列，采访形式的斟酌，额外要求的满足，无一不是大事。“无冕之王”是不可疏忽的，更不能开罪。

有时候，为了一个细小的问题，我都得自己出面找人疏通，我得引用近似宪法的语言来捍卫企业权益，还得以斗智斗勇的无畏来解决矛盾，学会以法律语言执行合约，最后当此路不通时，很需使用人文精神来感化那些怀有敌意的人。无论是举行新闻发布、发表发言人谈话、做系列广场活动和参与国际车展，还是与政府部门合作做事，参与各种社会活动和经营推广，大到一个事关企业发展命运的战略性公共关系，小到组织一次媒体采访和对话，莫不如此。

我很不习惯求人，但在企业里做事，在以商为末的文化氛围里，求人尽管很难、很无趣却是必须要去做的事。我经常给自己打气：我不为自己求人，该求还得求；我不为私欲求人，求又何妨？但是当我接触那些不可一世的高官甚至低等办事员时，看到他们趾高气扬或炙手可热的模样，我就很不情愿去求他们，很有一种羞辱感；或碰上颇有资历、私心很重、口气狂妄的所谓资深媒体人、行业专家时，也很不高兴去进一步接触，但是事到临头也只能硬着头皮去找上门，或弄出个新版的“三请樊梨花”来。

有一次，听到一个相当级别的官员向我说出“求人也是生产力”的著名论断的时候，我简直昏将过去，事后又觉得他也有难处，不过这种自我解嘲，简直是“新国粹”。人情社会，肯定是现代化的腐蚀剂。这种情景，眼下愈是深浓了，悲夫！

在工作中，还有一件很难的事，就是要经常应对企业外部的突发事件。

那是2008年上半年，成都一家媒体因为吉利在本省的另一家报纸投了数量可观的广告，“激愤”之下转而召集数家媒体，连夜商议一起“对付”吉利，发誓不使吉利“投降”誓不罢休，并率先在“本报”赫然登出有关吉利的负面报道，一连三期在头版头条位置“轰炸”吉利汽车，或直接谩骂，或指桑骂槐，一时唯恐天下不乱，搞得流言四起，黑云压城。其标题就够吓人的，什么《不吉利的遭遇，新车减震器两个月就出毛病》，还有《吉利凭什么代表中国民族汽车?!》，内容更是子虚乌有，胡编乱造——

在(底特律车展)热闹和喧哗背后，吉利并非仅仅收获了荣耀，在世界顶尖的汽车制造工艺面前，吉利参展的车型就难以得到苛刻的专业人士认同。不少一线汽车品牌工程师在仔细看过参展车型后，都对车上较大的引擎盖缝隙、喷漆工艺等问题感到失望，一些媒体记者和专业人士对展品提出了批评意见(纯属捏造——引者注)。

网络上，对于吉利参加北美车展的举动争议不断。赞成者称，吉利参加国际一流车展，是中国汽车工业和自主品牌的骄傲，表明了中国汽车企业的信心。而反对的声音似乎更加明显，有网友言辞锋利地称“丢脸丢到国外去了”，甚至提出疑问：“古利拿什么代表中国汽车?”认为吉利到北美车展参展只不过是一场作秀，开拓国外市场的意图还不如说是为了制造更多的噱头，吸引更多国内客户的注意。

甚至还写出了这样的“编后记”，把吉利说得几乎一无是处，简直成为“国人皆曰杀”的企业了——

一石激起千层浪。本报推出《吉利凭什么代表中国民族汽车?!》强势报道以来，引起了国内许多媒体的强烈关注和纷纷转载。在搜狐汽车、汽车之家、驰骋汽车网、亚讯车网、网易汽车、太平洋汽车网等专业网站更是开设专栏，网友火爆跟帖。一时，赞许声、争议声甚至骂声不绝于耳。

杭州网友说，前期吉利车的产品质量拖累了吉利品牌，吉利是应该踏踏实实地做事了，希望吉利在高调宣传自己的同时，加强内功基础，而一位贵州网友跟帖毫不客气地指出：欲速不达啊！不止吉利，中国的很多品牌很多人都是这种思想来做生意的，吉利在我心目中就是一个不负责的代表。

“吉利的车确实没有其吹的那么好。还有其4S店的服务，态度是嘻嘻哈哈的，但真正做事的时候就不认真了。作为吉利的拥有者和支持者我们还是奉献一句：踏实一点，老实一点，目光放远一点，每天前进一点！”深圳一车迷直言不讳。

而另一名深圳网友似乎更加尖锐地说，超级吉利把中国的脸丢尽了，把这些皱巴巴的垃圾汽车给外国人看，把中国人的脸丢尽了！

看来光反击是没有用了！更为厉害的一招，是在第二篇负面文章登出后，这家汽车类报纸负责人告诉吉利派到四川与其“会商”的代表，说是还要出吉利的批判文章，要使你们知道为了这件事（在另一家报纸登广告）应该付出怎样的沉重代价。这等于告诉我们：等着吉利的是“死路一条”。这个报社负责人年纪尚轻，但说起话来真够狠，毫不手软。

带上向四川省和成都市的陈述报告，连夜飞到成都。我们必须奋起反击，必须澄清真相，必须把吉利“受辱记”昭示天下。退路是没有的了！我们如实向四川省主管部门和成都市委领导汇报了情况，同时汇报了这些年企业的发展与进步，吉利技术的先进性和质量、品质的提升之路，有关吉利汽车的口碑，还指出这些漏洞百出的文章是如何无中生有攻讦吉利汽车的。这些领导闻讯之后，感到非常惊讶也很重视这件事。

次日，四川省委宣传部领导过问了此事，成都市委领导经过调查核实，做出了处理此事的八条决定，其中几条我还印象深刻，比如该报社负责人停职一个月检查反思，收回刊登第三篇攻击吉利文章的报纸并销毁，以同样的篇幅陆续刊登吉利汽车自主创新的文章，随后还准备作出一个更加严厉的决定，撤销这个报社负责人的职务。

恰恰最后一条使我们很为难。李书福闻讯之后，让我转告成都市委宣传部领导，请求不要撤销该报社负责人职务，只要他总结经验教训，我们将既往不咎。这件事使那个当事人（该报社负责人）大为感动，此刻他已经清醒过来了，表示一定要深刻反思，不再犯类似过失。我都可以想象他很懊悔的样子，觉得虽然前期做了如此不应该的事，但毕竟年轻，不谙世事，一时冲动，也就情有可原。四川和成都的相关领导意想不到我们会替他说情，觉得李书福的确有雅量，吉利的企业文化是进取向上的，有前瞻性。记得这一年的上海国际车展期间，成都市委宣传部领导还亲自带着一批媒体专程到吉利展台采访，自然我们也与那个报社的负责人“握手言和”。

这个风波结束之后，我们也作了总结。不论这家媒体多么“不上路”，某些区域的舆论环境多么险恶，也不管这个危机事件是如何跌宕起伏，险象环生，最后得以化解的，我和吉利管理层始终觉得，这绝不是什么偶发事件，而是转型期社会的一个带有普遍意义的现象：利益支配下的精神扭曲和价值颠倒，以及行业自律精神的沦丧。我们无力匡救这个局面，只能把汽车做得更出色，好自为之。

这四年间找上门的，除了“难”之外还有“烦”。对后者我感到更是难以应对。如果说“难”还是可以迎击的话，对“烦”我就有点束手无策了……

在我的家乡浙江台州方言中，是把“烦”和“难”放在一起说的，那就是“烦难”。我的外祖母经常说的话是：“做人烦烦难难。”是的，经历这般那样的“烦难”足以使人“犯难”。以我的性格，如果这两种状态同时来临，是不惮“难”而畏“烦”的。

人生最可怖的莫过于“烦”：琐屑，猥琐，陷阱，不测风云，整人小报告，还有节外生枝，流言与阴影，困惑与泥淖。连帝王也有烦事：宫廷与政变，阴谋与爱情。说到底，“烦”是一种心境与环境的不和谐，也是一种由不纯粹的“活着”状态派生出来的纠葛不休、口舌纷争，是利益冲突和观念撞击之后的“次生、衍生灾害”。

对此我想到了海德格尔的《存在与时间》。在这部他最负盛名的作品中，概括人生有三态，即“烦”、“害怕”和“向死”。因为人生在世，你不得不和很多事物发生联系，所以不免繁忙；又不得不和各种人打交道，所以很烦神，两种“烦”组合在一起，那就是“烦心”。所谓“害怕”，是本体论意义上的，是无名之怕，一种无端的恐惧。至于“向死而在”，那是不可逆转的过程，令人感到毫无希望，没有光明。

当然，若真的毫无希望，海德格尔也无须写作，放下笔等死。在他眼中，人若要冲破这样障碍，首要前提是认识到人之“三态”。而以前的哲学观念，最大的问题就是让人不能意识到存在的有限性，误导人们，使人不能面对存在的问题，使人陷入“异化”。

话得说回来，我在这四年碰到的“烦”，不一定全是哲学意义上的“烦”，但其中某些状态和表现形式，还是非常相像的。

就外部来说，我要应对各种各样的“合作”要求，说穿了就是各色人等向企业要钱的企图。各种伸手要钱的方式，简直到了穷尽伎俩、光怪陆离的程度，一时蔚为大观。这些人大都来自北京，也有当地的，简直多如牛毛：什么国家部门的“研究院”、“交流中心”，中央媒体的“传播公司”，甚至铁路、航空和行业协会等鸡零狗碎的下属单位。有些是“领导”亲自打来的电话，有些一听就知道是挂靠单位的“小混混”，还有江湖骗子、北漂一族、九等文官，有故作深沉者，口吻吓人者，应变如常者，也有嗲气轻声者，或者以死相胁者，楞充名人者，精神错乱者。

更为烦人的是，一旦你的电话被这些人知道了，你的工作秩序经常被打乱，情绪大受干扰，有几位“仁兄贤妹”一天到晚给我电话，下班也不停歇，回家也紧追不舍，口气大了去了，什么“党中央、国务院对你们民营企业很重视，你们干得不错(有点像总书记的口吻，起码也是总理的样子)”，话锋一转，“王总，你们要重视宣传啊，该合作的还是要合作，不要在乎几个钱(露出马脚了)”。

还有几个男女疯子，不停地发短信，还打电话到办公室，威胁、利诱、肉麻，什么话都说得出来。有一次我让助理向北京市警方报了警，可人家见怪不怪：“我们也知道办企业难。骚扰？下流？扰乱公共秩序？可你得拿出治罪的证据啊！”

最近30年来，我做的事情不算少，阅人颇多，结识一批相当优秀的人，有些成为莫逆知己；且喜与“民间人士”打交道，引车卖浆者流也不回避，有的成为好朋友。可那时(尤其是20世纪80年代)人们的功利心没有如此深重，也没见过厚颜无耻到这等地步的。因为在企业做事，而且是民营企业，这些有“企图”者几乎都把我们当作“唐僧一族”。能骗则骗，能诳就诳，能顺手牵羊的，也就不客气地下手了。其死缠烂打、变脸幻化、百般骚扰的状态，就是想象力再丰富，也难以穷尽。最高明的，是某些所谓领导，说穿了就是“黑老大”，先卡后要，胃口惊人，且面目狰狞。当然我们无法满足他们，也不想姑息养奸。

心里很烦，但脸上不能烦，也不能因此罢手。我对自己提出要求，也与同事、部属商定，一定不要上当，不能被动，不得受干扰。很多电话就干脆不接，特别是那些明显的圈套，就得心中有数，不能往里钻；对那些确是领导交代的合作事宜，也要根据企业的实际情况，需要合作的就转化为商业合作模式，或按照战略合作方案，在法律框架内进行合作，确实不需要的，就作出一番解释，表示歉意，即使人家不高兴，也只能到这个份上了。至于那些带有商业企图，却打着官方招牌的事项，就婉言谢绝，无论它披着多少“政治外衣”。

内部也有使人心烦意乱的事，“打横炮”的有之，不配合的有之，乱传话的有之，打小报告的有之，无中生有的有之，拿着雉鸡毛当令箭的有之。林子大了，什么鸟都有，我只能一笑了之，有的也不去理睬了。能解释的就去解释，能化解的就化解，至于别有用心者，反击不了的，也就让它去了。若要弄清这一切，除非太阳西出黄河清，一生也陪不起。

我们都不是完人，都有闪失和疏漏，亦非三头六臂，或圣贤再世，都有局限与弱点，对于人家的批评和指点，真是需要聆听记取。尽管烦恼多多，磨难重重，毕竟有云开见日的时候。我经常告诫自己，一切以事业为重，余事皆可平章。

尾声：学 会 告 别

也许，急流勇退是一种更大的智慧。

这是我曾经聊以自慰的话，也是真实的想法。针对普遍认为我不应该在吉利收购沃尔沃，正处于上升时期时离开企业的社会舆论，我提出了这样一个想法。

本来就需要转身，何况我也很累。我知道汽车业需要我继续奋斗，也知道李书福和吉利团队需要我的继续合作，但我决心已下，就无法更改了。

我很明白，自己真正的使命不是干一辈子企业。这四年，我做了不少事，使企业在宣传、公关和品牌提升上变得有规划、讲规范和步入更高层次了，吉利的形象有了根本性的改变。这是我最大的成就感，自然与李书福的引导，与整个团队对我的支持分不开。

我目睹吉利转身，接着就应该是我转身了。

我最终的使命是什么？我的归宿呢？快要离开吉利的日子里，我痛苦而幸福地思索着，真可谓"思前想后，梦牵魂绕"。我首先得解放自己的心灵，才谈得上解放我的躯体，适应和改善周边环境。我经常跟年轻人说，人活着，必须知道自己要什么，想成为什么人。如今我再一次地碰到这个严峻的问题。人有很多"结"需要解开，而这是最大的"结"，终生之结。

我的路，我生命中的交叉路径，又一次展现在我面前。

就现实状况来说，我有很多建立所谓功业的机会，比如成为一个政治上的"老手"，往上攀升，可是我做不到，也不愿做。很多事不是"不会"，而是"不屑"，不是"不知"而是"不愿"。又如做一个有良知的媒体人，但是也很难，除了水平和能力问题之外，还有环境问题，我可以适应环境但很难战胜环境。最后，我也可以做一个自由职业者，如自由撰稿人和专栏作家，浪迹四方的行吟诗人，可是我自忖并非这一路人，我需要的是精神探索和现实观察，做一个自然和社会的双重观察者。

对了，说到"观察"这个词，恰好为吾所愿。我需要"水文站"和"观象台"，对着人间万象和山川河流，对着天空与海洋，悉心观摩，陷入真正的狂喜状态。壮观的、精微的，一草一木直至天地洪荒，我需要以这种方式进行体验与观察，这是我毕生的兴奋点，经久不衰，回肠荡气。

我一直以来抱有一种心态,借用奥威尔①的专有名词,我可以过着一种"双重生活",不是那种变态的"双重",也不是精神与人格的分裂,而是那种踏实工作和精神漫游的"双重生活",一边挽起袖子大干一场,一边体验生活、生存和生命的"双重生活"。天底下有这等好事?不管怎样也得试试。体验与见证,是我的人生基点。我要"回归"的,要集中精力做的,正是如此。没有人能阻挡我这样做,尤其现在。

干企业是有烦恼,确有摧折和磨难,这其实也不算什么。我已经很感激了,跟随李书福造车,见证和参与吉利的大变局,是很幸运的。我不想抱怨甚或抱憾,只想过一种建设性的生活,我基本上实现了这个目标。对于毕其一生的体验、见证、观察和参与过程来说,吉利只是一个途中快驿,一场不大不小的战役,一个精彩纷呈的段落。

当初离开政府部门到企业是对的,现在离开也是对的。到吉利"投奔"李书福不是落草为寇,而今天的告辞也不是仓皇出逃。难道不是吗?细细想来,没有告别怎有新的占有和重逢?没有死亡何来新生?没有休整何来重新出发?

2006年年初赴美途中发生的那场"太平洋上空的激战",实难忘却。正是那个晚上我决定要去吉利,与李书福为伍的。一切还历历在目,而现在又要离开吉利,然而那一幕更加深沉地潜入我的心灵。我没有后悔,因为我得到的是如此之多,多得像一位因稻穗太沉重而笑弯了腰的老农。我也没有因此而执意占据一个位置,一辈子收获不辍。这不太像话,人不能太"贪心"。

关键在于,体验、思想和表达是我的宿命。

对于吉利和李书福,我要抱歉地说一声,对不起,尊敬的董事长,亲爱的同事们,我要微笑地和你们道别了。我有更多的事情要做,我体验生命,体验生活,思索存在与虚无,因此我需要独处,或到一个相对沉静之处,如大学这样一个美妙的地方。一切皆成往事,一切都是体验。我有我的价值观和方法论,正如伟大的吉利人拥有自己的精神财富。我的终极目标是:做我的学问,干我的"精神炼金术"。大千世界,多元生活,升华坠落,各得其所。每个人都有其使命,至少有其宿命,而我的精神家园,也是命定的。

唯有感恩,是恒久不变的,如同星空。而今,我心存猛虎,独嗅蔷薇。

---

① 乔治·奥威尔(1903~1950),原名埃里克·阿瑟·布莱尔(Eric Arthur Blair),英国记者、小说家、散文家和评论家。其代表作有《动物庄园》和《一九八四》。

参 考 文 献

第一部分

[美] 艾尔弗雷德·斯隆. 我在通用汽车的岁月：斯隆自传[M]. 刘昕译. 北京：华夏出版社，2005.

[美] 亨利·福特. 我的工作和生活：福特自传[M]. 李伟译. 北京：新世界出版社，2010.

[美] 帕特里克·A. 高根. 兼并、收购与公司重组[M]. 朱宝宪、吴亚君译. 北京：机械工业出版社，2004.

[美] 汤姆·彼得斯、罗伯特·沃特曼. 追求卓越[M]. 胡玮珊译. 北京：中信出版社，2009.

[美] 米什莱恩·梅纳德. 底特律的没落[M]. 朱敏、杨力峰等译. 上海：上海译文出版社，2006.

[日] 读卖新闻特别取材班. 丰田传[M]. 李颖秋译. 北京：中信出版社，2007.

[韩] W. 钱·金、[美] 勒妮·莫博涅. 蓝海战略——超越产业竞争，开创全新市场[M]. 吉宓译. 北京：商务印书馆，2005.

吴迎秋. 世界向东——聚焦吉利收购沃尔沃案[M]. 广州：广东经济出版社，2010.

杨建文、陆军荣. 危机与变局：透视全球汽车业的重组与调整[M]. 上海：上海社会科学院出版社，2010.

程远. 有话就说——中国汽车这些年[M]. 北京：企业管理出版社，2008.

吴敬琏. 中国增长模式抉择[M]. 上海：上海远东出版社，2008.

吴晓波. 激荡三十年[M]. 北京：中信出版社，2008 年.

薛可. 解剖日本强势汽车品牌——丰田、日产、本田品牌成功之道[M]. 上海：上海交通大学出版社，2006.

李安定. 家庭轿车诱惑中国[M]. 北京：作家出版社，1998.

张古斌. 比较优势：中国汽车产业的政策、模式、战略[M]. 北京：清华大学出版社，2004.

陈春花、赵曙明、赵海然.领先之道[M].北京：中信出版社，2004.

何志毅、柯银斌.中国企业跨国并购10大案例[M].上海：上海交通大学出版社，2010.

李国刚、许明华.联想并购之后[M].北京：北京大学出版社，2010.

李书福.做人之道[M].北京：中国经济出版社，2010.

王自亮主编.力量——吉利与中国汽车工业[M].北京：人民日报出版社，2007.

第二部分

报纸

《人民日报》、《参考消息》、《京华时报》、《环球时报》、《中国汽车报》、《经济观察报》、《国际先驱导报》、《第一财经日报》、《中国经济时报》、《上海证券报》、《21世纪经济报道》、《中国联合商报》、《金融时报》、《车世界》；《华尔街日报》(美国)、《纽约时报》(美国)、《泰晤士报》(英国)、《金融时报》(英国)

期刊

《环球企业家》、《中国企业家》、《管理学家》、《证券市场周刊》、《北大商业评论》；《经济学人》(英国)、《商业周刊》(美国)、《明镜》(德国)

网络

人民网、新华网、中国新闻网、环球网；新浪汽车频道、搜狐汽车频道、网易汽车频道、腾讯汽车频道、凤凰汽车频道、太平洋汽车网

后　记

又到四月，又是春天。

天空如此变幻无常，而树木和草地是不顾一切地绿。阳光搅拌着雨水，涂抹着这座世界著名的城市，马可波罗心中的“最美丽华贵的天城”。那些随着山势起伏、围绕湖水散布的建筑，以江南浅近而悠远的山水或者河埠、塔影和道路为背景，呈现为一幅幅英国水彩，或是中国水墨。这样看来，季节的轮回并不以内心的焦虑与思想的出神而稍作停留，而这人世间的变局和幻化，也遵循“天行健”的无情规则，把悲欢离合和一己喜乐抛诸尘土之中。

而今我相信另一些“轮回”。肉体的、精神的，宇宙万物的、内心世界的，物质状态的、形而上领域的，都在轮回。大爆炸之后是急剧膨胀，而后收缩、坍陷，直至寂灭，然后重新开始。从生到死，向死而生。生等于死，死等于生。这神奇的两端都是一样的，几乎没有差异，而大有深意的是“过程”：这里有大欢喜、大悲哀。

写作本书也是一个很有意思的过程，一件艰辛中的乐事。

每天坐在工作室，我的窗口面对着西溪湿地，看得见那些云与树，那些掩映在绿叶和黑色枝干中的屋宇，仿古的街道和真实的寺庙，以及不可摧折的芦苇，绝处逢生的紫云英，它们在迎风吟诵。当然这不是诗歌的音调和语词，而是内心的对应物，是想象力的大声喧哗。而思维深沉之处，却日夜涌动着类似英国工业革命时期的狂飙突进或美国 19 世纪下半叶“镀金时代”的骚动不安。这是额外折磨也是狂喜体验，在这里，在城市与自然的边缘地带，我几乎没有白天黑夜地劳作，为了这本书。而此刻，我终于可以搁笔了。

20 世纪 90 年代初见到柯灵先生，他送了我一本书，叫《墨磨人》，当时心里很是震惊。没想到这块“墨”，居然磨了我半生。更没有想到的是，除了诗歌、文学评论、随笔和学术著作之外，现在还会写这本记录自己吉利造车生涯的“亲历记”。

这不是一部回忆录，也不是记者手记或文学作品，甚至不是一部严格意义上的财经著作，虽然它有着财经类书籍的很多元素。这是一部中国汽车企业的另类传记，记录了这个名叫“吉利”的企业的艰辛与激奋，盘整与前行；这是一部吉利汽车的创业与转型史，虽然并不完整和周详。这也是我的见闻录（不是传统意义上的)，与李书福一起造车的“风云实录”，就好像斯诺的《西行漫记》或哈里森·索尔兹伯里的《长征：前所未闻的故事》，但我的这本书与中国的政治没有直接关系。说实在，这本书是自己这四年的内心独白和众多新生代中国汽车人的旁白之混成，或是这场前所未有的“工业征战”的画外音(如此漫长而短促)，或是当代生活史诗碎片的展现(如此令人激奋又深沉)，如果说这些话不算太狂妄的话。

对于我个人来说，进入工业领域是一件不可思议的事。不管我在汽车公司从事什么工作，职责重大与否，以前我做梦也没有想到把自己与汽车行业联系在一起。我经常与朋友开玩笑说，“你今天这样想自有你的道理，但最后的结果总会有意外的，这就是世事难料！”谁知道这句话竟然在我身上应验了。更加难料的是，我在吉利干了四年后，居然在人们最意想不到的时候(吉利即将并购沃尔沃、快要成就大事的那些日子里)，以最出人意表的方式(突然告诉老板“我不干了”)，又以最令人难以预测的结果(到大学做教授)，完成我的转身。吉利的转型是成功的，起码现在看来如此，而我的转身是否划算和成功呢？这有待历史检验。

现在，我的生活基调是宁静与勤勉，也就是活力与沉默的调和。我喜欢校园生活，并且把它视为精神归宿。有起点必有归宿，新的起点也是归宿。处于宁静状态，不等于什么事情也不做，我要做的事很多。而写作本书就是一个很重要的事，尽管我起先没有这么看待这本书的写作，起码没有看得那么重。现在我似乎有一种责任或义务，把这段历史，把我这四年所经历的事，接触的人，特别是我对之负责的公司领导人——李书福，尽可能客观、精准和公正地写出来。这里面自然会有一层感情色彩，世界上没有什么纯客观的叙述，也不存在一点也不带好恶的“镜头”。

至于我内心的感受，我在这四年的奔波、疲惫、开怀、沮丧、激奋和充实，包括充盈于心的自豪，甩开不顾的烦恼，以及太多的意外，太少的闲暇，还有一时半刻的旁骛和适意，在这本书里有些能找到踪影，有些还没有进入“史册”。总之，这是一部个人视界中的“公司断代史”，也是时代激流中的“个人心灵史”。

这30年来，中国的发展依仗着广袤的国土、众多的人口和无比庞大的市场，特别是由于生产力的部分解放所激发出来的创造力，以及中国人勤奋、劬劳和顽强生命力，释放了巨大的能量和想象力，创造了连续几十年增长的所谓经济奇迹。在这里，钢铁、能源、通讯、交通和其他重化工业，是其推动增长的主干产业，而21世纪头十年中国进入汽车社会绝对是一个标志性事件。

汽车行业的开放虽然并不早，却让李书福们适时地迈进了这个门槛，演绎了一个个“中国制造”的故事，包括研发与制造的进步，营销经验的获取，总体管理水准的提升，以及海外战略如跨国并购的展开。我把这些成就的因由，都归之于意志，归之于“知其不可为而为之”的信条。

我在本书中所表现的是一个群体，塑造的是一个群像，一组并非突兀的关联事件。当然“领袖人物”的意志是必须充分体现的，充满传奇色彩的早期创业史与近期的转型，以及这两者的逻辑联系，是一定要讲透的。至于“我”，读者可以将其当作一个真实的人（我的第一使命是真实），也可以视之为“串场”的精神角色。

“我”即视角，“我”即声音。所以，“我”非我。

写完这本书，我心情既轻松又沉重。那些文字就像自己的孩子，成群结队地告别我，陆续走进读者的眼中，构成一个伟大或渺小的意念、故事和情绪，一次次地建构或解构，聚集或耗散。它们不再属于我，而是属于这个时代和读者诸君。此为轻松。说到沉重，那一定是由于我的词不达意所造成的“失落”，细节与主干的关系恐难处理的一时茫然，以及近观现实与远视人物时的功力不逮，这些都足以使我感到惶惑与不安。

好在文字的最终评审权在读者手中，何况我还可以继续努力。我希望听到人们对这本书的批评，包括不留情面的驳难。其实文字就是思维，就是“内里”。我们是否与时俱进，是否看破世事，是否勘得人性的矿藏，只需剥开文字的“画皮”，就能显示真相。

我要感谢的人很多，父母和亲人，友人与同事，不一而足。

感谢吉利控股集团、浙江吉利汽车有限公司（香港上市公司）、铭泰集团、吉利大学、三亚学院、浙江吉利教育中心，特别是吉利控股集团的董事长、经管会新老成员以及吉利新闻中心的同事们，给予我很多支持，特别是无时无刻的精神支持和友情交流。吉利公司赵小晓曾经提供了一些相关文字素材，特表感谢。

感谢海内外媒体朋友，特别要感谢杜英姿、焦然、李钢、王勇、魏晓惠和张燕、徐园等，感谢中国汽车行业协会的领导，尤其是中国机械工业联合会张小虞副会长、中国汽车工程学会付于武理事长的长期支持和帮助，感谢中国汽车界的前辈和专家们，尤其是郭孔辉院士和清华大学欧阳明高教授在我投身吉利期间的指点。

我还要特意对下列人士致以深深的谢意。

首先我要感谢东方出版中心领导，他们闻知我正准备写作本书，很快表现出最大的诚意，就很多事宜达成一致。如果赞扬他们是“慧眼识珠”有抬举自己之嫌，那么说这家出版社领导有着长远眼光和开阔胸怀，是一点也不过分的。

其次，我要特别感谢的是，我所在大学——浙江工商大学的领导和公共管理学院的师生，对我写作本书提供了大量的帮助和支持。我的一些学生，包括研究生和本科生，自从去年7月以来，一直在分类整理资料、汇集媒体相关报道、编制企业发展详情、校核数据与事实、搜集图片、汇集参考文献并反复讨论写作框架、提供文字注解、多次校阅全书。没有他们的帮助，我根本不可能在如此之短的时间里完成此书，也不可能将此书以现在的面貌呈现在读者面前。他们的细致、敬业和飞速提升的专业水平，本人和本书是最大的受益者。

这些学生是：研究生吴小榕、本科生林玛琍、陈伟晶、杨琦、凌海、佘敏、郑璐、周梦、沈丽云等。特别是林玛琍、陈伟晶、吴小榕和郑璐等几位学生，所付心血更多，于本书贡献更大。

他们在繁忙的学业当中，大半年来牺牲了几乎所有节假日，忘情投入，忘我劳动，支持、配合我的写作，此情感人尤深。当然，这也足以证明80后、90后是大有可为的。

这些年轻人将来的人生，一定是灿若夏花，美如春野。

王自亮

2011年4月25日，于杭州西溪

图书在版编目(CIP)数据

经营改变世界：吉利传奇/王自亮著. —上海：东方出版中心，2011.8

ISBN 978-7-5473-0401-3

Ⅰ.①经… Ⅱ.①王… Ⅲ.①汽车工业－工业企业－概况－浙江省 Ⅳ.①F426.471

中国版本图书馆CIP数据核字(2011)第135337号

经营改变世界：吉利传奇

出版发行：东方出版中心
地　　址：上海市仙霞路345号
电　　话：62417400
邮政编码：200336
经　　销：全国新华书店
印　　刷：昆山亭林印刷有限责任公司
开　　本：710×1020毫米　1/16
字　　数：319千
印　　张：17.5
版　　次：2011年8月第1版第1次印刷
ISBN 978-7-5473-0401-3
定　　价：39.00元